JN271271

エピソード記述で
保育を描く

鯨岡 峻/鯨岡和子著

ミネルヴァ書房

エピソード記述で保育を描く

もくじ

序章　なぜ，いま保育にエピソード記述が必要なのか　_1_

1　子どもの心を育てる保育 …………………………………………… _1_
    エピソード1：生きてる音　_3_
    エピソード2：「だっこして！」　_6_
2　目に見えないものを見えるものにするために ……………………… _10_
    (1)　心の育ちへの危機感と「させる保育」の問題　_11_
    (2)　「させる保育」を助長したもの　_13_
        1)　子ども一人ひとりよりも，まずは集団に目を向ける　_13_
        2)　子どもの心よりも行動に視点を置く　_13_
        3)　過程よりも結果に視点を置く　_14_
    (3)　「させる保育」は保護者に「見せる保育」に通じる　_14_
    (4)　子どもの心の動きも，保育者の心の動きも，目には見えない　_15_
    (5)　目に見えないものを見えるものにするために　_17_
3　主体である保育者がエピソードを描く …………………………… _18_
    (1)　従来の記録との違い　_18_
    (2)　保育者もまた一個の主体である　_19_
4　本書の概要 ………………………………………………………… _21_

第1章　子どもの思いを受け止める　_25_

1　母を想う子どもの気持ち …………………………………………… _25_
    エピソード1：「ラブちゃん，いいにおい」　_25_
    エピソード2：「おかあちゃん，きはらへん」　_29_
    エピソード3：「ママの車を見てる」　_34_
    エピソード4：「ママとちゃんとバイバイしたかった」　_37_
    エピソード5：「お母さんがいい！」　_41_
2　トラブル場面で子どもの思いを受け止める ……………………… _44_
    エピソード6：「ごめんなぁ…まだ好きじゃない」　_44_

　　　　エピソード 7：「どうしたらいいんかなぁ」　48
　　　　エピソード 8：「全部ボクのオモチャ！」　52
　　3　子どもの思いを受け止めると………………………………………… 55
　　　　エピソード 9：「みんなのせんせいなんやで！」　55
　　　　エピソード10：「先生，おだんごつくって」　59
　　　　エピソード11：遊びたいけど食べたいし…　64
　　　　エピソード12：お家にいたかった…　67
　　4　子どもならではの子どもの思い……………………………………… 69
　　　　エピソード13：セリフは言えなかったけれど…　69
　　　　エピソード14：ちょうちょが大人になったら…　73
　　　　エピソード15：祖母の死の経験を通して　76
　　　　エピソード16：「じぶんで」と「いっしょに」　78
　　　　エピソード17：「ぼく，がんばったよ」　81
　　5　受け止め切れなかった子どもの思い………………………………… 84
　　　　エピソード18：「ミニーちゃんと一緒に寝たいの」　84
　　　　エピソード19：「マメが痛い！竹馬，いやだ！」　91

第2章　家族関係のなかの子どもの思い………………………… 97
　1　家族構成が変わるとき………………………………………………… 95
　　　　エピソード 1：Ｋちゃんの気持ち　97
　　　　エピソード 2：新しい家族の誕生　100
　　　　エピソード 3：お姉ちゃんになる…　102
　　　　エピソード 4：Ａちゃんが私の膝に来た！　105
　　　　エピソード 5：「ママ，だっこしてくれへん」　109
　2　ちょっと気になる子ども……………………………………………… 112
　　　　エピソード 6：おばけなんか怖くないし…　113
　　　　エピソード 7：おんぶしてほしい　115
　　　　エピソード 8：ちょっと気になる子　119
　　　　エピソード 9：チョキチョキしたのは私，Ｋちゃんじゃない！　122

3　複雑な家庭環境と子どもの思い …………………………………… *125*
　　　エピソード10：「こんな保育園，出ていったるわ！」　*125*
　　　エピソード11：クリスマス・プレゼント　*131*
　　　エピソード12：Aくん親子の七五三祝い　*134*

第3章　エピソード記述を研修参加者で読み合う …… *139*

1　エピソード記述を読み合う ………………………………………… *139*
　　　エピソード 1：「パパと約束したのに…」　*139*
　　　エピソード 2：「押したんちがうもん！」　*143*
　　　エピソード 3：お団子，壊れちゃった　*147*
　　　エピソード 4：Sちゃん，行こうか？　*149*

2　エピソード記述の研修会に臨むときの心得 ……………………… *153*
　　(1)　書き手は自分の保育のありのままを正直に書くこと　*153*
　　(2)　読み手は書き手の思いを十分に受け止め尊重すること　*154*
　　(3)　散漫にならないよう，テーマに沿った議論を心がけること　*154*

第4章　保護者支援（子育て支援） ……………………… *156*

1　私の保育園の子育て支援 …………………………………………… *156*
　　(1)　概　観　*156*
　　(2)　エピソード：「その玩具，貸してあげなさい」　*157*

2　私の園の子育て支援 ………………………………………………… *162*
　　(1)　園庭開放　*162*
　　(2)　エピソード：「離乳食の悩み」　*163*

3　本園の子育て支援の実態 …………………………………………… *169*
　　(1)　実　態　*169*
　　(2)　ボランティアをしたいお母さん　*171*
　　　エピソード：「もう，うんざり！」　*172*

第5章　一つの事例をエピソードで綴る 177
1　Cちゃんの事例を取り上げるに至った経緯 177
2　エピソード1：「先生，赤ちゃんごっこしよう」 179
3　エピソード2：「Cちゃん，赤ちゃんごっこしよう」 182
4　エピソード3：「先生を切って」 183
5　このエピソードを読む私の基本的なスタンス 186
　(1)　保育者の1対1の対応のあり方として　187
　　　1)　赤ちゃんごっこの経過　187
　　　2)　保育者の1対1対応のあり方として考えるべきこと　188
　(2)　ごっこ遊びの解釈の問題として　190
　　　1)　このごっこ遊びから見えてくること　190
　　　2)　ごっこ遊びの「治療的」意味　191
　(3)　エピソード記述として　194

第6章　障碍児保育 195
1　障碍児と向き合う 195
　　エピソード1：Mちゃん，強いよ！　195
　　エピソード2：周りは全員，敵か味方か！　198
　　エピソード3：言えない気持ち　201
　　エピソード4：「集団行動が苦手なKくん」　203
　　エピソード5：「いまのまんまじゃ小学校行けないね」　206
　　エピソード6：「遊びたかったんよね」　208
　　エピソード7：事例発表から：高機能自閉症と診断された
　　　　　　　　Aくんとの関わり　211
　　エピソード8：木に登りたい　221
　　エピソード9：僕の友達だから…　225
2　障碍児保育をエピソードに綴ることの意味 229

第7章　エピソード記述を職員間で読み合う …………… 231
　1　エピソード：「つばしてもスキ？」……………………… 231
　2　エピソード記述会議録 ………………………………… 233
　3　このエピソード記述と会議録を読んで ……………………… 248
　　(1)　研修会での私のエピソード記述の読みとコメント　　248
　　(2)　討論を読んで　　251
あとがき ……………………………………………………………… 254
協力者一覧

序章　なぜ，いま保育にエピソード記述が必要なのか

1．子どもの心を育てる保育

　いま，保育の世界ではエピソード記述への関心が高まっていますが，なぜ，保育にエピソード記述が必要なのでしょうか。理由はいくつもあると思いますが，エピソード記述を保育のみなさんに推奨してきた私にとっては，何よりも従来の保育を見直して，目に見えない子どもの心（気持ちや思い）に保育者がしっかり目を向け，それを受け止め，保育者の思いを返すところをエピソードに描き出すことによって，これまでの「させる保育」の流れを変え，「子どもの心を育てる保育」の流れを作り出したいというのが，その最大の理由です。

　なぜこれまでの保育を見直して，子どもの心を育てる保育に切り替える必要があるのかといえば，少なくとも私の目には，家庭の養育も保育も，子どもの思いを受け止める部分が極めて弱くなって，そのために本来の「子どもを育てる」営みから遠く隔たってしまい，その結果，子どもの心の育ちが十分でない，あるいは子どもの心の育ちに歪みが生まれている，という現実への深刻な危機感があるからです。

　まず保育について言えば，身辺自立をはじめ，さまざまな「できること」を身につけさせ，発達を促進して集団活動が営めるようにすることが，保育者の使命であるかのような考えが大勢を占めるようになり，保育現場は子ども一人ひとりを主体として受け止めることがおろそかになって，保育者の「させる」働きかけや集団として動かす働きかけが必要以上に強くなっているように見えます。そしてそのことによって，子ども一人ひとりの自分らしい心の動きが圧

迫され，周囲を信頼し，自分に自信と自己肯定感をもった子どもが育ちにくくなってきている実態があります。

　他方，家庭について言えば，離婚や貧困や仕事の事情などによって，家庭の生活と養育に安定を欠く子どもが著しく増えました。そのような難しい家庭環境下にある子どもは，大人の都合で振り回されることが多く，自分の思いを受け止めてもらえないばかりか，虐待に近い扱われ方をしている場合さえ少なくないようです。そのために大人への信頼感と自分への自己肯定感をしっかり育くめないまま，保育の場では元気がなかったり，落ち着かなかったり，他の子どもに乱暴だったりと，保育者にとって扱いにくいと見える子どもが増えています。また，そのような厳しい状況ではなくても，親の都合や親の思いで子どもが動かされることが多く，その場合も子どもの心が育ちにくくなるといわねばなりません。

　現行の保育や家庭の養育に共通するのは，いずれも大人の「こうさせたい」という思いや都合が先行して，子どもの思いを十分に受け止めていないことです。自分の思いをしっかり受け止めてもらえない子どもは，自分の存在が認められていないように感じ，何かしら不安に駆られ，自分がいまこうして自分らしくあることに自信をもてず，元気をなくしたり，意欲的に外界を探索できなくなったりして，次第に大人の言うがままになるか，逆に周りのことに無関心になって自分勝手になるかの両極に振り分けられてしまいます。こうして結局は自己肯定感の乏しい人格をかたち作ることになってしまうのです。

　周囲の大人への信頼感と自分への自己肯定感など，心の育ちが十分でない子どもを多数見るにつけ，保育の基本，つまり子どもを育てることの基本は，「まずは子どもの思いを受け止め，それから大人の願いを伝えていくこと」だと改めて気づかされます。

　エピソード記述への関心は，いま見たような子どもの心の育ちへの危機感と，その育ちを重視することと切り離しては考えられません。実際，保育者の「子どもの思いを受け止める」という部分も，保育者がそこで抱くさまざまな「思い」も，周囲には目に見えません。ですから，子どもと保育者のあいだで起こ

っている心と心の繋がる営みは、そのままでは外部の者には皆目わかりません。「思いを受け止め、思いを返す」という目に見えない子どもと保育者の心の動きをエピソードに描き、描かれたエピソードを周囲の者が読んで、その場面を共有するしか、それについて周囲が知るすべがないのです。これがいま、エピソード記述が保育の場に必要になる第1の理由なのですが、それはまた、保育の振り返りに直結する動きでもあります。

　面倒な議論はこのぐらいにして、早速ここで具体的なエピソード記述を2つ紹介し、これまで述べてきたことを振り返ってみましょう。

エピソード1：生きてる音　　　　　　　　　　　　　　　M保育士

〈背景〉

　Dくん（4歳）とMちゃん（6歳）は、4人きょうだいの2番目と3番目の姉と弟。とても明るく、朗らかな姉弟で、小学2年生の長女、2歳の三女と仲良く遊んだり、けんかをしたりと家庭でのほほえましい様子をこまめに保護者が連絡帳等で伝えてくれる。ご両親も大らかな子育てをなさっており、子どもたちのやりたいことを面倒がらずにやらせてあげている姿をかいま見ることも多く、頭が下がることもしばしばだ。そんなことが影響しているのか、Dくんは発想がおもしろく、おもしろいことを言ってびっくりさせられたり、笑わされたり、感心させられたりすることがしょっちゅうある。しかし父親が最近大病を患い、手術・入院と続き、子ども達もその間寂し気だったり、甘えてきたりすることが時々見られた。父親の退院後はまた元気な笑顔を多く目にするようになり安心していた。私は今は主任という立場で、朝夕しか一緒に遊ぶ機会がなく、寂しさを感じながらも、このDくんやMちゃんたちのユニークな発言を耳にするたびに、かわいいなとほのぼのとした気持ちになっていた。父親が手術した後、「おなかに傷がある」とDくんが目を丸くして私に教えてくれたが、心配そうな表情も見られたので、「父ちゃん早く元気になったらいいねえ」と話をしたりしていた。

〈エピソード〉

　冬の寒いある朝，登園してきたMちゃん，Dくんと3人で「寒いね～」と言い合って室内で体をくっつけたり，さすったり，だっこしたりして遊んでいた。Dくんが，座った私の膝に立っておしゃべりしている時，ちょうどDくんの心臓が私の目の前にあり，耳を押しあてると，トクトクと心臓の鼓動が聞こえてきた。「Dくんの心臓の音が聞こえるよ」と言うと，Mちゃんに教え，Mちゃんも耳を押しあてて「ほんとだ！『生きてる音』がする！トトトトッてする！」。それを聞いたDくんはMちゃんと交代してMちゃんの鼓動を聴いて「ほんとだ！『生きてる音』だ！父ちゃんの音と一緒だ！」と目を輝かせた。Mちゃんも「父ちゃんの音と一緒だ。父ちゃんお腹を切ったけど，元気になったからこの音がするよねえ」と2人で上気した顔を見合わせて言い合っていた。2人の明るく嬉しそうな表情を見て，「父ちゃん元気になってよかったねえ」と私も心から2人に言うと，「うん！」とうなずき，しばらくまた3人で心臓の音を聴きあって遊んでいた。

〈考察〉

　何かの折りに家庭で父親の心臓の音を聴かせてもらったり，心臓の音が「生きている証」というような話を聞いたりしたのだろうか。鼓動＝「生きている音」＝父親の命という連鎖が2人の共通の思いとして心にあることにびっくりしたり，感心したりした。当たり前のことだけど，ひとりひとりに心臓があり鼓動を続け，かけがえのないたったひとりの存在としてここにいることやそれぞれが体の中で「生きてる音」を刻み続けていること。その命の愛しさ，大切さを改めてひしひしと感じた2人との会話だった。子どもが成長するにしたがい，まわりのおとなはいろんな欲が出てこうなって欲しいとか，もっとこうして欲しいとか願ってしまいがちだと思う。私自身気がつけば，いつも何かを要求していることに思い至り反省することが多い。子ども達をそんなふうにみるのではなく，子どもの命そのものを愛おしいと思うおとなになりたいとつくづく思う。

〈私からのコメント〉
　私の余分なコメントを差し挟むと，せっかくの読後の感動が台無しになってしまいそうな，本当に余韻の残る素敵なエピソード記述です。これはあるエピソード記述の研修会で提出されたものですが，これを読み合わせたグループでは，みな「とても感動した」「私もこんな保育ができる保育者になりたい」と口々に感動したことを伝えていました。
　毎日繰り返される保育のメインの流れの中の出来事ではなく，まさに「エピソード」という言葉そのもののような，メインの流れの外側で起こった出来事です。朝の受け入れ前後のちょっとした時間に，そこでしか子どもと関われない主任保育者が子どもと何気ない言葉を交わすという場面は，まさにこの保育者にしか分からない，「目に見えない」場面です。しかし，これを読むと，「トトトトってする！」「生きてる音だ！」「父ちゃんと一緒の音だ！」という，子どもたちの紡ぎだす言葉から，子どもたちが父親の病気を心配していたこと，元気になって嬉しく思っていることなど，子どもたちの抱いている思いが読み手にしっかり伝わってきます。そしてその子どもたちの思いを共有し，それに感動してこのエピソードを描こうと思ったこの保育者の思いさえも伝わってきます。それが，ほのぼのとした，それでいて深い感動のようなものを覚えることになった理由に違いありません。
　この保育者の感動をこのエピソードを読んだ読み手が共有できるのは，〈背景〉がしっかり描かれ，家庭の様子，お父さんが大病を患って手術をしたことが予め読み手に分かっているからです。その〈背景〉の上に先の子どもたちの言葉が重なると，読み手には子どもの思いも，それを受け止める保育士の思いも伝わってきて，3人のあいだで何が起こっていたのかが見えてきます。つまり，外部から観察していたのでは決して目に見えないものが見えてくるのです。
　さらに，命の大切さについては，いま事ある毎に取り沙汰されていますが，そういう分別くさい話としてではなく，生きた子どもの思いそのものが，つまり，生きていることを自分の身体を通して実感し，お互いの存在を大事に思っていることが，読み手に伝わってきます。これこそ，命を大切に思う子どもの

心そのものではないでしょうか。

　普段の慌しい保育の中で,ややもすれば見失われがちなこの大切なことに,この主任保育者が気づき,改めて「子どもの命そのものをいとおしいと思える保育者になりたい」と言うのを聞くとき,「させる保育」,「頑張らせて褒める保育」を目の当たりにする機会の多い日常の中で,読み手の中に何かほっとした気持ちが生まれてきます。

　もう1つ,具体例を掲げてみます。

エピソード2：「だっこして！」　　　　　　　　　　　　　　　Y保育士

〈背景〉

　Aくん（3歳10カ月）は,複雑な家庭事情にあり,また母親が病気がちであるため,月に1度は,親元を離れて1週間ほど他所に預けられることがある。そのためか,気持ちが不安定になりやすく,クラスの中でトラブルになることも多かった。近くに来た友だちを突き飛ばして自分の居場所を作ろうとしたり,友だちの泣き声に反応して大声で威嚇したりする等,ちょっとしたことに敏感に反応する姿がある。大人に対しては,自分から話しかけて自分をアピールしたり,注意を引くような行動をしたり,大人の出方や表情を見て動いたりする姿がある。そんなAくんの甘えたい気持ちや大人の気を引きたい気持ちを受け止め,しっかり信頼関係を築いて,Aくんが保育園で安心して過ごせるように心がけなければと思っていた。

〈エピソード〉

　ある日の保育の場面で,「自分のしたい遊び」に移ると,Aくんは大好きな車を出してきてテーブルの上で走らせる。友だちが傍に来ると「これはAくんのだからね！」と声を出し,一人で車を抱え込んでいる。少し離れた所ではダンボールハウスの中でお母さんごっこが始まった。赤ちゃん役のBくんは寝転がり,泣きまねをし,だだをこねる真似もしていたので,私が母役となり「どうしたの？抱っこしてほしかったの？」とお母さんの声をかけて抱きかかえ,あやしてあげた。

ご機嫌になったBくんをダンボールハウスのお母さん役の子どもに手渡したところで，Aくんの「エーン，エーン」の泣き声が聞こえてきた。振り返るとBくんのように床に寝転がり泣きまねをしている。そんなAくんの姿は初めて見るものだったので，私はちょっと驚き，Aくんは何を求めているのだろう，どう言葉をかけたらいいのだろうと思っているうちに，思わず私の口から「あらあら」と声が出た。すると私の視線を感じて恥ずかしくなったのか，Aくんはそれを隠そうとするかのように，でも見つけてほしい感じで，テーブルの下に入り込み，泣きまねを続けている。そこで「どうしたの？テーブルの下で泣いていたのね。抱っこしてほしかったのね，おおよしよし」と声を掛けて，赤ちゃんをあやすかのように抱きかかえてみた。

　今までAくんが赤ちゃんを演じる姿はなく，Aくんからの抱っこ要求もほとんどない。また私が抱っこやおんぶをしても，体と体のあいだで何かしっくりこなさを感じ，すぐにおりてしまうことが多かった。ところが今回は抱っこしてもおりようとすることはなく，しばらく赤ちゃんになって「エーン，エーン」と声を出していたので，抱っこして部屋の中をゆっくり歩きながら，赤ちゃんをあやすように話しかけた。この時はまだお互いの体のあいだにしっくりこなさが少しあったが，少し経つとAくんは泣きまねをやめ，そっと私の肩に頭をもたれかけてきた。この時，Aくんの体の緊張がサッとぬけ，2人の体のあいだがしっくりきて，気持ちよく抱っこすることができた。私はそのとき一瞬，「やっと甘えられた，こんな風にしていいんだね」というAくんの叫びが聞こえた気がしたが，そう思ったのも束の間，Aくんはすぐに「おりる！」と言い，何事もなかったかのように車の遊びに戻っていった。甘えた自分に満足しているような，照れくささもあるような，ドキドキ感もあるような，そんな感じを私と視線を合わせない事で表現していた。

　そして夕方，ブロックで遊んでいる時に，Aくんは急に「だっこして！」と言って私を見上げてきた。「いいのかな？」という気持ちが表情

に表れていた。そこで私が「いいよ」と言って抱っこをすると，Aくんは，抱っこされてもいいんだろうかと確かめるかのように私を見上げ，抱っこされると，抱っこの心地よさを確かめるように，「こんな風に甘えていいんだ」ということを確かめるように，しっかり抱かれた。そしてすぐにまた「おりる」と言って，遊びに戻っていった。

〈考察〉

　Aくんの難しい家庭状況も分かっていたので，Aくんの辛さ，悲しさを抱っこをしながら受け止め，肌と肌の触れ合いを意図的に作ったり，Aくんが安心できるように言葉をかけたりしてきたが，その一方で，Aくんの友だちを突き飛ばす等の負の行動に振り回され，Aくんの思いを受け止めきれずに，突き放すような対応をしたことも何度かあった。そんな中で，Aくんは何とか保育園で落ち着いて過ごせるようになり，友だちの存在を次第に受け入れ，一緒に遊ぶことを楽しいと思えるようになってきた。

　そんなふうにAくんは変わってきていたが，なぜか私は，「Aくんにとって私の存在って何なんだろう」と思うことがあった。心のつながりが感じられないというのでもない。信頼関係が成り立っていないというのでもない。何か分からないけれども，しかし何か物足りないという感じ，何かしっくりこないという感じが残っていた。

　そんな中での今日のエピソードだった。Aくん自身から，「やっと甘えられた，こんなふうにしていいんだね」という心の叫びを聞いた感じがした時，私は改めてAくんの心の傷の深さを思い知った気がした。これまで自然に甘えることを知らなかったAくんは，甘えることを不安に思い，甘えたい気持ちを表現する仕方が分からないまま，その表現の仕方を探していたのだと思った。Bくんの姿がきっかけとなり，少し心を開いて大人との接点を持とうとしてみたのだろう。そのとき，私はAくんの初めて見せた甘える姿に驚くとともに，ドキドキしながらAくんの甘えたい気持ちに私の気持ちを繋いでみた。

　このエピソードを思い出してこれを書き起こしたときには，Aくんと気

持ちが繋がれた気分を単純に喜んだが，文章にして改めて読み返すと，悲しさも溢れ出てきた。人の「思い」の奥深さを感じるとともに，子どもの心を感じていける人でありたいとも思った。

〈私からのコメント〉

　このエピソード場面を外部観察的に見ている人にとっては，お母さんごっこの遊びのなかで，初めて赤ちゃん役になったＡくんが，保育者にちょっとのあいだ抱っこされたエピソードにすぎないと見えるかもしれません。しかし，〈背景〉を読むと，Ａくんの家庭は難しい事情（どうやら虐待があったらしい事情）を抱えているようで，Ａくんは十分に甘えることを知らずにこれまで育ってきたらしいこと，そのためか，保育園の中で不安定になることがしばしばあったことが分かります。そういう〈背景〉を下敷きにして，今日の抱っこのシーンが生まれたのでした。

　何といっても，このエピソードの特徴は，「抱っこする－抱っこされる」という二人の関係において，最初は「しっくり感」がなかったこと，そして，頭を保育者の肩にもたせかけたときに，Ａくんの緊張がサッと抜けたことが分かって，そこでの抱っこに「しっくり感」が生まれたこと，そして，「やっと甘えられた，こんなふうにしていいんだね」というＡくんの心の叫びのようなものを先生が聞いた気分になったことなど，クライマックスの部分がすべて目に見えないもの，保育者の主観の中に生じた「感じ」や「思い」であることです。

　保育園でしばしば見られる抱っこのほとんどは，抱っこを求める子どもと，それに応じる保育者とのあいだに，当然「しっくり感」があります。それがＡくんの場合にそうならなかったのは，４歳にも満たないＡくんが，それまでの育ちのなかで甘えることを十分に知らなかったから，甘えることに不安があったから，甘える表現の仕方が分からなかったからだということが，今度は〈考察〉を読むなかで，読み手にしっかり伝わってきます。

　先生がＡくんとの関係のなかで何か物足りないと思っていたことは，実はこの「しっくり感」が得られないことにあったことが読み手にも伝わり，納得させられます。そして先生は，この「しっくり感」が得られてＡくんと繋がれた

気分になったのは嬉しいことだったけれども，翻って，Ａくんのこれまでの辛い気持ちが今更ながら分かり，却って悲しい気持ちになったとも語っています。そのように感じ取るところに，この保育者の感性の豊かさや優しい人間性が滲み出ていて，さらに読み手の心を打ちます。

　繰り返し述べてきたように，保育で最も大切なことは，いま見た「しっくり感」や「繋がった感じ」のように，目に見えないところで営まれています。ここでは読み手の心が洗われるような２つのエピソードを紹介しましたが，このようなエピソードは本当は多くの保育の場たくさんあるに違いありません。この二つのエピソードはまた，そのような目に見えない保育の営みのなかで，子どもが安心感を得たり，元気を得たりというように，心が育つ場面でもあったことが分かります。

　本書ではこのように目に見えない営みをエピソードに描き出すことを通して，保育の奥行きと拡がりを確かめていきたいと思います。そして，保育の営みの基本は，まずもって子ども一人ひとりを主体として受け止め（つまりその子の思いを受け止め），それから保育者の思いや願いを子どもに伝え・返すところにあることを再確認し，それを保護者にも世間にも伝えていきたいものだと思っています。

２．目に見えないものを見えるものにするために

　前節でも触れた「子どもの心の育ちに目を向ける」というテーマそのものは，以前から保育者には当然の課題として掲げられてきたものです。それがスローガン倒れになって実を結ばなかったのはなぜでしょうか。いや，それどころか，それと逆行する「させる保育」，「頑張らせて褒める保育」，そして「保護者を喜ばせる保育」に傾斜してしまったのはなぜだったのでしょうか。その点がしっかり理解できないと，なぜいま保育の場でエピソード記述が必要なのかも十分に理解できないままになってしまいます。

　折しも，保育所保育指針と幼稚園教育要領が改定されました。今回の改定が

両者の整合性を図ろうとしてなされたものであることは明らかですが、そのためだけの改定だったとは考えたくありませんし、「保育はこれまで通りでよい」とは到底思われません。「第1節」でも述べたように、私は子どもたちの心の育ち（信頼感や自己肯定感）の不十分さに危機感を抱き、保育の抜本的な見直しが必要であると主張し、現状の「させる保育」、や「見せる保育」を何とか打破して、「子どもの主体としての思いを受け止め、保育者の主体としての思いを返す保育」「心を育てる保育」を保育の根幹に据えたいと願ってきました。

ところが、これまで繰り返し述べてきたように、その「思いを受け止める」ところは目に見えません。関わっている保育者自身が自分の身体を通して感じるしかないもの、気づくしかないものです。しかし、そのように感じ取り、気づくことができるからこそ、子どもの思いに寄り添った対応が可能になるのです。またそのようにしてなされる対応だからこそ、子どもに通じるものがあるのです。受け止め・返す保育は、結局は子どもと保育者の信頼関係に繋がり、ひいては子どもの自信や自己肯定感に繋がっていくのだといえます。

そこから私は、その目に見えない思いと思いが通じる経験や、思いと思いがずれて葛藤が生まれる経験を、保育者が自分の経験としてエピソードに描き出せば、その目に見えないものが第三者にも分かる（見えるものになる）と考え、保育の皆さんにエピソードを描くことを推奨してきたのでした。

ここには、「目に見えない」ものを「見えるものにする」といった紛らわしい表現が入り込んでいます。そういう言い方になるのは、裏返せば、これまでの保育が「目に見えるもの」を中心に展開され、「目に見えないもの」はほとんど無視されてきたからです。この点を少し考えてみましょう。

(1) 心の育ちへの危機感と「させる保育」の問題

私は旧指針を読み返すなかで、改めて「保育とは何か」を考え直してみました。そしてそこから、「昔から続いてきた本来の育てる営みにいったん回帰してみる必要がある」と考えるようになりました。大昔から、育てる営みの根本は「子どもの思いをまずは受け止め、その上で大人の願いを子どもに伝える」

ところにあったはずだと思うからです。ところが，その育てる営みの根本がなぜか見失われて，家庭でも保育の場でも，子どもに何かをさせて力をつけることが「育てる」ことだと誤解されるようになりました。それが「させる保育」や「頑張らせて褒める保育」に傾いた理由だったように思います。

　排泄や着替えや食事などの身辺自立ができる，言葉で自分の気持ちを表現することができる，集団で行動することができる，規律に従えるようになる，等々のことは，いうまでもなく子どもの育ちの大切な面です。そのような力がつくことを願わない大人はいません。しかし，なぜそれを早く身につくように働きかけなければならないと大人たちは思い始めたのでしょうか。

　この「なぜ」を考えるとき，浮上してくるのが「発達」という考えです。発達の考えが世間に浸透するなかで，「発達の階段を早く高く上った子どもが将来幸せになる」という幻想（誤解）が広がり，これが「させる」働きかけの過剰を導いたのではなかったでしょうか。このとき，それまでの素朴な「育てる」営みが壊れ始めます。というのも，「育てる」という営みは，大人の思うことを一方的に「与える」ことや，何かを次々に「させる」ことではなく，何よりも子どもの「思いを受け止める」ことを出発点にしている営みだからです。

　その過剰な「させる保育」の結果がどうなったかといえば，させられるがままの受身の姿勢を身につけ，自分からしてみようという姿勢を見失った子どもを多数輩出することになりました。このことはわが国の子どもたちの学習意欲が世界最低という結果に端的に現れています。とにかく「勉強は嫌だ」という姿勢が子どもに染み付き，「何をやっても自分は駄目だ」という自信のなさが染み付いてしまったのです。「学ぶことは面白いことだ」ということを子どもに伝え，子どもが意欲的に物事に取り組もうと思えるようにもっていくのが本来の「育てる」営みであるのに，それに失敗したばかりか，さらに「学力を！」と奔走するのは，まさに本末転倒というしかありません。

　加えて，結果を褒めて意欲を高めようという大人の姿勢は，結果が出ない子どもにとっては自信をなくし，周囲の大人への信頼を損なうことに繋がります。この長年の積み重ねが青年たちの自信のなさや自己肯定感の乏しさを生み，自

己疎外感を強めていることは，最近のメディアも取り上げるところです。思春期の子どもたちの約6割が「自分に自信がない」と思っている事実は，圧倒的に他の国を引き離して世界最高の数値であることを示しています。こういう嘆かわしい状況が生まれる端緒は「させる保育」や「頑張らせて結果を褒める保育」にあるのではと考え，そこに危機感を感じるからこそ，私は今の保育の現状を根本から変えなければならないと思うようになったのです。

　繰り返すように，「育てる」営みの最も大事なポイントは，子どもの思いを受け止め，大人の願いを伝え，そこに子どもを導くなかで，子ども自身がそうしてみよう，そうしてみたいと思うようになるところにあります。自らしようと思ってするのと，もっぱらさせられてするのとでは，主体としての心の育ちがまるで違ってきます。大人の言いなりになるだけでは主体としての心が育たないのです。

(2)「させる保育」を助長したもの

1)　子ども一人ひとりよりも，まずは集団に目を向ける

　「させる保育」は，まず，子ども一人ひとりを見るよりも，子どもたちを同じ年齢で括られた集団として見ることから生まれてきます。「みんな□□ができるようになったよ，○○くんだけだよ，だから，もっと頑張って」とか，「まだ□□ができないのは，誰と誰かな？」と声をかけ，まだできない子に頑張らせて，集団全体ができるようにしたいと願うところに，「させる保育」が生まれる理由があります。つまり，先生が号令をかけ，子どもたちに同じことを一斉にさせ，集団全体で発達の階段を上らせたいという保育者主導の保育が「させる保育」の特徴だといえます。

2)　子どもの心よりも行動に視点を置く

　集団を全体として見て「させる保育」に傾くと，保育者の目は何ができて，何ができないかというように，子どもの行動に向き，とりわけ全体の流れに乗れない子どもが目について，その結果，子ども一人ひとりの心に目が向かなくなります。

また子ども同士のトラブルがあると，トラブルを負の行動と捉え，すぐさまそれを止めさせて，仲良くさせる，「ごめんなさい」を言わせるというように，負の行動を正の行動で置き換えようとする動きに引き込まれ，子ども一人ひとりの思いや気持ちに目が向かわなくなるのも「させる保育」の特徴です。

3）過程よりも結果に視点を置く

　「できる，できない」を見るということは，結果として現れた行動を見るということですから，自然に子どもの活動の過程は軽視され，ひいてはその過程に伴われる子どもの心の動きが軽視されることになります。

　例えば，発表会で他の園よりも立派な発表ができるようにと願い，その結果の出来栄えを重視するようになると，そこに至る過程で子どもたち一人ひとりがどのような思いでそれに取り組んだかを見る視点が見失われ，結果としての行動ばかりが浮き立つことになります。

　「○○ができるように頑張ろう」と誘いかけ，頑張った結果が出ると，それを「頑張ったね」と褒める保育も，結局は子どもの行動とその結果ばかりを見る「させる保育」だといえます。

　このように，「させる保育」や「頑張れと促し，褒めて力をつける保育」は，「集団，行動，結果」に視点を置いた保育者主導の保育，裏返せば，**「子ども一人ひとり，子どもの心，活動の過程」**に十分目を向けない保育であるとまとめることができます。

(3)「させる保育」は保護者に「見せる保育」に通じる

　子どもに力をつけることに主眼を置いた「させる保育」は，集団の行動とその結果に視点を置いた保育ですが，それが結局は保護者に「見せる保育」へと傾く理由でもあります。

　いま，多くの保育の場では，行事や運動会や発表会など，保護者が集まる場で「子どもたちがどれぐらいうまくやれるか」を「見せる保育」が横行しています。

　もちろん，子ども一人ひとりが本当にやりたいと思ってするのであれば，行

事も運動会も発表会も，子どもの成長に大いに役立つものです。自分からやってみようとし，そうすることにプライドをもってするのであれば，たとえ観客の前で少々緊張することがあったとしても，それが子どもにとってよい経験になることはいうまでもありません。

　しかし，多くの園の行事や運動会や発表会を見ると，子どもがどのような思いでそれに取り組んでいるかよりも，保護者が喜ぶかどうかというように，まさに保護者に結果を「見せる保育」に傾いているように見えます。保護者は保護者で，わが子がみんなと同じように振る舞えるかどうかを気にし，できれば喜び，できなければ落ち込むという姿勢で運動会や発表会に臨みます。そして，できた，できなかったで子どもを評価し，またその保育や保育者を評価するところがあります。そのせいでしょうか，保育者の目も，子どもたちがうまく揃ってできるかどうかに向かい，その成否で自分自身の保育を評価する傾向にあります。そのために，さらにその傾向に拍車がかかるのです。

　これまでの議論をまとめると，「できる，できない」という**行動の結果は保育者の目にも保護者の目にも見える**ので，そこに自然に保育者や保護者の目が向かい，そこに注目するから，その**できないところをできるようにするための「させる保育」**が導かれ，保護者が喜ぶ**「見せる保育」に傾斜する**，という事情が見えてきます。

(4) 子どもの心の動きも，保育者の心の動きも，目には見えない

　保育者や保護者の目が子どもの行動とその結果に向かったのは，「できる，できない」に関心が集まったからだと述べてきましたが，それと同時に，**行動は目に見える**のに対して，**心は目に見えない**というのも理由の一つです。確かに，これが嫌だった，こうしたかったという子どもの思いや，今朝，家を出るときにお母さんに叱られて面白くなかったという子どもの思いは，直接には目に見えません。遠くから眺めているだけでは，単にぐずぐずしているだけ，落ち着かずに遊びに集中していないだけ，のようにも見えます。行動の事実はだまっていても目に飛び込んできますが，子どもの心の動きはただちに目に見えるも

のではありません。

　こうして大勢の子どもを保育するとき，大方の保育者の目は，「縄跳びを跳んだ」「公園に散歩に行った」「完食した」「すぐに午睡に移れた」等々，子どもの行動の結果に向かい，記録を書くときにもそのような行動の結果を羅列することで保育の経過の記録としてきたところがありました。明らかにその方が楽だからです。

　しかし，子どもの気持ちに寄り添ってみれば，そのようなさまざまな行動の背後には，必ず子どもの気持ちや思いが動いているのが分かるはずです。目には見えない子どもの心の動きは，しかし寄り添った保育者の身体に染み込んできます。遊び込めない子どもの背後に，朝叱られて登園してきたことを引きずっている気持ちが汲み取れたり，暗い表情の裏に，難しい家庭事情のゆえの不安がうかがえたり……もしも保育者が子どものそのような思いを感じ取ることができれば，そこからそのような思いに添った対応がしぜんと紡がれるに違いありません。

　子どもの言葉も同じです。子どもが紡ぎだす言葉は，その言葉の字義通りの意味を超えた背景的意味をもっていることがしばしばあります。ちょっとした呟きの背後に，その子の目に見えない思いを感じ取ることができれば，保育者の対応はまた違ったものになってくるでしょう。

　これらのことは，第１節でみた２つのエピソードからも分かるはずです。つまり，**目に見えない心の動き**を捉えてそれにふさわしい対応を返すのでなければ，子どもの主体としての心（「私」と「私たち」の心）が育ちません。そのように子どもの思いを受け止め，そこで保育者に感じ取られたことに基づいて対応を返すところに，本来の保育のかたちがあります。そして，その目に見えない子どもの心を捉えるためには，まずもって子どもの**心の動きを見よう，捉えようと努めること**が求められます。保育の世界で子ども一人ひとりに寄り添うことが大事と言われてきたのは，子どもの傍らに物理的に立ちなさいということではなく，あくまでも子どもの心に目を向けてそこを見よう，感じようと努めてみることが大事だという意味です。

その目に見えない子どもの心の動きや，そのときの保育者の目に見えない思いを何とか外部の人に伝えていこうというときに，エピソード記述が欠かせない方法として浮上してきます。言い換えれば，保育の営みをエピソードに描くということは，目に見えない子どもの心の動きやそれを受け止めた保育者の目に見えない思いを，その場にいない人たちにとって**「見えるものにする」**ということに通じます。

(5) 目に見えないものを見えるものにするために

　これまでの議論を整理してみましょう。本来の「育てる」という営みへとひとまず回帰してみれば，子どもの思いを一個の主体の抱く思いとして尊重し，その上で大人の思いを返すことが保育の中心にくるはずです。そういう対応のなかで一人の子どもの心と保育者の心が繋がるとき，きっとその子の心の中に何かが育ちます。それは自分の言い分が分かってもらえた，自分の存在が認められたというような，子どもの自信に繋がる何かであったり，先生が好きになった，先生と一緒にいるのが嬉しい，先生は困ったときによい具合にしてくれるといった，保育者との信頼関係に通じる何かであったりするでしょう。そして子どものなかにそのような何かが育ったとき，直接関わっている保育者には，自分の思いが子どもに受け止められたという手応えとして実感できるに違いありません。

　しかし，繰り返しますが，心と心の繋がりは目に見えるものではありません。保育者にとって，子どもの気持ちを受け止めることができた（繋がった）のか，子どもの気持ちを受け止められなかった（繋がらなかった）のかは，一個の主体である自分自身が経験した事実ですから実感として分かります。しかし，子どもに直接関わっていない人には，たとえ同僚の保育者であっても，その部分は目に見えません。ですから，子どもに関わっている保育者にその繋がりの経験がどれほど大事なことだと思われても，自分がそれを表現しない限り，それは周囲の人には見えませんし，それゆえその大事さが分かってもらえません。ここに，他の人の目には見えない自分自身の経験，しかも自分にとって大事だ

と思われる経験をエピソードに描く動機が生まれます。

　ですから，「いまなぜエピソード記述なのか」という問いに対して保育者が「子どもと心が繋がった喜びを周りの人に伝えたいから」と答えても，決して的外れではありません。

　言い換えれば，「させる保育」「頑張らせて力をつける保育」「見せる保育」を見直し，「見えない心の動きを見ようと努める保育」，「見えないものを見えるようにする保育」，あるいは，「見えないものを周囲の人に分かってもらえるように伝えていく保育」に転換しようとすることは，保育者が自分の保育のなかで子どもの思いを受け止め，それに応えたときの手応えをエピソードに描くことと連動していることが分かります。

3．主体である保育者がエピソードを描く

(1) 従来の記録との違い

　前節の末尾でもふれたように，エピソード記述は，保育者が得た経験を周囲の人に分かって欲しいと思うからこそ，描こうと思い立つものです。

　これまでの保育記録はそこで起こった出来事を外側から眺めて客観的に描くというかたちになっていました。これに対してエピソード記述は，第1節の二つのエピソード例にみられるように，単に出来事のあらましを描くのではなく，保育者の目や身体を通して得た経験を保育者の思いを絡めて描くものです。しかもそれは保育者が自分の経験を周囲の人に分かってほしいと思うからこそ描くものです。そこがこれまでの経過記録や活動の記録と決定的に違うところです。エピソード記述を読むと，それを描いた保育者の思いはもちろん，保育者の保育への姿勢が垣間見えてくるのも，エピソードを描くということ自体に，描く人の内面が関わってくるからです。

　これまでの記録では主語を立てるとしても「保育士は」「保育者は」という書き方が多かったわけですが，この書き方では主体としての「私」が隠されてしまいます。エピソード記述は他の人ではない「私」の経験を描くものですか

ら，「私」と言う主語が入ってきて当然です。つまり，エピソード記述は，それを描く保育者の主体性が深く絡んでくるということです。エピソードを描いた保育者の多くが，「エピソードを描いてみて，改めて自分の保育が見えてきたし，自分が保育の仕事に就いてよかったと改めて思えた」と述懐するのも，それが保育者一般のすることを描くのではなく，この「私」の経験を描くことだからでしょう。

　実際，保育者の心が強く揺さぶられた経験は，経過記録や保育日誌に盛り込まれることはほとんどなく，たいていは単なる個人的体験として消え去るのが常でした。第1節で取り上げたエピソードもそうでしょう。そのような経験が取り上げられることがあるとすれば，生真面目な保育者が個人の備忘録として残している保育日記や，「子どものつぶやき集」などと銘打った，個人的に残している記録のなかにほとんど限られてきました。私にとってそれはとても残念なことであり，もったいない感じがあるのですが，なぜそういうことになったのでしょうか。

　理由はいろいろあるでしょうが，おそらく，エピソード場面はそれを経験した保育者個人の目と心を通して捉えられたものであり，それが他の人にも同じように捉えられるかどうかは確かではないと保育者に思われたからではないでしょうか。確かに，その心揺さぶられた経験の中身は，子どもが言ったことやしたことなど，目に見えるものではあるよりは，むしろ子どもがそこで感じていたこと，思っていたことを保育者の目と耳と身体を通して感じ取ったもの，つまり目に見えないものが中心になっています。ところが，「記録は客観的に書かねばならない」と教え込まれてきたことも手伝って，「私個人に捉えられた心の動きの機微を他の人に伝えて分かってもらえるだろうか」という疑問が保育者に生まれ，個人の日記以外に記すことをためらわせてきたようにみえます。

(2) 保育者もまた一個の主体である

　ところで，保育の場で子どもが一個の主体として育つことができるのは，単

に保育者が子どもを主体として受け止めてくれるからだけではなく，保育者もまたそこで一個の主体として（つまり，いろいろなことを思い，また感じて）生きているからこそです。子どもが今を乗り越え，自ら大人に近づいていこうとするのは，そのように主体として生きている保育者が未来の自分の姿を示してくれるからです。子どもと保育者が共に保育の場を生きるなかで，保育者のそのような主体としての姿が子どもの内にいつのまにか取り込まれ，子どもはおのずから「大人になる」ことへと導かれていきます。保育者は子どもに一歩先んじてその「なる」に向かい，そうして実際に大人になり，後続する子どもがその姿に引き寄せられて「なる」へと向かう……この時間差をもった流れが，「育てる」という営みを貫いていると言ってもよいでしょう。だとすれば，保育者がどのような主体として子どもの前に立つかが，何かを「させる」人である以前に大事なことだということになります。

　保育者は単なるお世話係りでもなければ，単なる教える人でもなく，また単なる環境を構成して与える人でもなければ，単に集団をまとめてリードするだけの人でもありません。あくまで主体としての子どもの思いを受け止め，自らの主体としての思いを返す人なのです。もう少し丁寧に言い換えれば，「**一歩先に主体として育った保育者が子どもを一個の主体として受け止め，自らの主体としての思いを返す中で，子どもが一個の主体として育ってくる**」と言えるでしょう。「受け止める」だけでも駄目，「させる」だけでも駄目，「思いを受け止め，思いを返す」ところに保育者一人ひとりの主体性が息づいているのでなければなりません。

　保育者は常に主体として周囲の人に関わっています。あなたが主体であるように私も主体である……私があなたから主体として尊重してほしいように，あなたも私に対してそう思っているに違いなく，それゆえ私はあなたを尊重していきたいと思うし，私がそのような気持ちでいることをあなたにも分かって欲しい，そしてそのような気持ちをあなたに伝えていきたい……これが人間関係の基本でしょう。子どもとの関係ばかりでなく，保護者や同僚との関係にもこのような人間関係の基本が必要なはずです。そして主体である保育者の対人関

係の持ち方や捉え方がそのままエピソード記述に反映されてくるのです。

　ですからエピソード記述を読むと，主体である保育者がどのように子どもや周囲の人を受け止めているかが見えてきます。これも先の二つのエピソード記述を描いた保育者に当てはまります。

　まとめると，いまなぜ保育者の皆さんにエピソード記述を推奨するかといえば，エピソードを描くことによって主体である保育者がこれまでの黒衣の位置から脱し，その主体としての姿が見えるものになり，それによって保育者自身にこの仕事に就いていることの意義が見えてくるからです。

4．本書の概要

　本書では，
　①保育の担い手である保育者が子どもたち一人ひとりとのあいだで経験したさまざまな事柄を保育者自身がエピソードに描き出すこと，
　②その描き出されたエピソードを他の保育者に読んでもらうことを通して，自分の保育を振り返る手がかりにすること，
　③そのようにして保育者同士の経験を交叉させて，保育の中身を吟味し，園全体の保育の質を高めようと努めること，
　④そのことによって，子ども一人ひとりを丁寧に保育するという理念の実現に繋げていくこと，
　以上の4点を「エピソード記述」の目的にしています。つまり，単にエピソードを描くことが目標なのではなく，エピソード記述は自分の保育を振り返り，保育の質を高めるために必要なのだという観点が欠かせないということです。

　これまでのエピソード記述研修会から得られた数百件にのぼる熱のこもったエピソード記述が私の手元にあります。これをいくつかのテーマ毎にまとめる作業は，決して容易ではありませんでしたが，私の当面の問題関心にそって，以下のように章を立ててまとめてみました。

第1章　子どもの思いを受け止める

　現行の保育の最大の課題は，第1節，第2節でも触れたように，これまでの保育者主導の「させる」保育から脱却して，「子どもを主体として受け止める保育」，言い換えれば，「子どもの思いを受け止める保育，子どもの心の育ちに力点を置いた保育」に切り替えることにあります。それというのも，子どもの思いを受け止めるところが不十分だと，子どもと保育者の信頼関係が育たず，子どもが自分らしく生きる心の土台が育たないからです。そこで，このテーマにそったエピソード記述を多数，多面的に取り上げてみました。

第2章　家族関係のなかの子どもの思い

　下に弟妹が生まれた，親の離婚や再婚を経験した等々，家族との関係に何らかの変化があると，子どもの心は複雑に動きます。不安定になった子どもの思いと振る舞いについては，「子どもの思いを受け止めて」という保育の根本が問われるところです。これは第1章のテーマと重なりますが，この章では，特に家族との関係で動く子どもの思いを保育者が受け止めるところ，受け止めかねるところを中心にまとめてみました。

第3章　エピソード記述を研修参加者で読み合う

　この章では，あるエピソード研修会で提示された多数のエピソード記述の中から4つを選び，一つ一つのエピソードをその研修会に参加した人たちで読み合わせて討論した内容を紹介します。そこでの討論を後の保育に活かすことこそ，エピソード記述の狙いだからです。この章は，その研修会の指導にあたった共著者の鯨岡和子が分担し，それぞれにコメントを付しています。

第4章　保護者支援（子育て支援）

　新指針にも謳われている「保護者支援」というテーマも，いま保育現場の焦眉の急となっているテーマです。これは未就園の子どもとその保護者の支援に関わるいわゆる「子育て支援」とも絡み，就園している保護者への支援とも絡むテーマです。これを取り上げたエピソードを読めば，いま求められている保護者支援は，子育ての悩みへの支援を含みながらも，それにとどまらず，困難な家庭状況にある保護者への支援がなければ子どもが育たないから行う必要が

あるのだという事情も見えてくるはずです。

第5章　一つの事例を複数のエピソードで綴る

　エピソード記述は，一人の子どもを時間経過のなかで事例的に跡付ける際にも力を発揮します。ここでは，一人の保育者が出会った一人の子どもについて，その関わりの時間経過をいくつかのエピソードで辿りながら，その子の内面で起こっていることを深く理解しようと試みた事例の意味をじっくり考えてみます。

第6章　障碍児保育

　現場の保育者が悩むもう一つの大きなテーマは，「障碍のある子どもをどのように保育するか」というテーマです。「この子がいるから」と顔を曇らせ，「どうすれば保育が円滑に流れていくか」と発想するのではなく，その子を一個の主体として受け止めながら集団のなかで保育し，そこから生まれるトラブルを含んだ悲喜こもごものエピソードを振り返るなかで，改めて保育とは何なのかを考えるのが本来の障碍児保育です。その点を保育者の描くエピソード記述を通して考えてみていただければと思います。

第7章　エピソード記述を職員間で読み合う

　エピソード記述は，書くこと自体が目的であるよりも，書いたものを職員間で読んで，それを保育の振り返りに役立てるところに最大の意味があります。「どのように書くか」も大切ですが，「どのように読むか」もそれに劣らず大切なのです。ここでは一つのエピソードを取り上げ，それを同じ保育園の職員同士で読み合わせて議論したその内容を紹介してみます。

＊＊＊

　以上が本書の概要です。本書を通して，なぜ子どもの思いを受け止めて子どもの心を育てる保育に切り替えることが必要なのかが真に理解され，そこから，保育の場にエピソード記述が必要とされる理由がしっかり理解されることを期待したいと思います。

　なお，本書に収録されたエピソードは，エピソード記述研修の場に提供され，参加者全員で読み合わせ，討論を重ね，私や妻がコメントを加えたおよそ800

編の中から選んだものです。収録に当たっては，プライヴァシーへの配慮から，登場人物や保育者や保育の場が特定されないように，本文の内容を大幅に変えないかたちで若干の変更を加え，読みやすさの観点から文章の手直しをしたことを予めお断りしておきます。

第1章　子どもの思いを受け止める

1．母を想う子どもの気持ち

　保育園の送迎の場面は，子どもと母のあいだに何かの心の動き（「寂しい」や「嬉しい」など）のある場面です。それが保育者に伝わるので，それを受け止めて保育者の思いを返す対応が，エピソード記述ではしばしば取り上げられます。せつないほどの母を想う気持ち，母を想いながら辛抱しなければと我慢する気持ち，待ちに待ったお迎えを喜ぶ気持ち……これらを描いたエピソードを読むと，改めて子どもにとっての母の存在の重みが分かります。

エピソード1：「ラブちゃん，いいにおい」　　　　　　　　S保育士
〈背景〉

　Rちゃんは1歳の時に一時保育から1歳児クラスに入園してきた女児（2歳児）です。入園当初はいつも「ちゃ〜ちゃん行く〜，おうち帰る〜」と大泣きし，心の支えに犬のぬいぐるみの「ラブちゃん」を常に手に持っていました。少し慣れてくると，側を通る他児や自分より小さい子どもをいきなり突き倒したり，ひっかいたりするようになりました。この時に「止めようね」と言った職員にも，つねったり，ひっかいたりし，「痛いし止めて」と強い口調で言うと，最後には「ちゃ〜ちゃん行く〜，ラブちゃ〜ん」といつもラブちゃんを持って大泣きし，指吸いをしながら静かになることが続きました。このような時には，Rちゃんの気持ちを受け止めながら，痛いし止めて欲しいという思いを伝えていくことで，Rちゃんも少

しずつこちらの話すことに耳を傾けるようになり、他児を押したり、ひっかいたりすることも少なくなってきました。

　家庭環境は、お菓子屋さんを営まれており、母子家庭で1人っ子です。おじいちゃん、おばあちゃん、おじさん家族と大人の出入りが激しく、大人のなかで育ち、言葉使いはとても乱暴なところがあります。お母さんはほとんど抱っこで登園していますが、Rちゃんが登園時に泣いてぐずってなかなか離れられない時などは、だんだん言葉が荒くなり、手が出ることもあります。お母さんはRちゃんを可愛がっていますが、気分にむらがあり、気分次第でRちゃんへの関わり方が日々違います。しかし、保育園での様子は気になるようで、時々園庭のフェンス越しにのぞいている事があり、それに気がついたRちゃんが「おうちに帰る〜」と泣き出すことも度々ありました。

　そして、今年度2歳児クラスになり、急に他児を押したり、ひっかいたりすることがほとんどなくなりました。まだ言葉使いが乱暴なことで友だちとけんかになりますが、今までのように、ただ相手に向かっていくだけでなく、相手の言うことも聞き、気持ちを静めることもできるようになり、友だちと遊んでいる時も喜怒哀楽の表情が出てくるようになりました。でも、登園時にはぐずって泣いてお母さんとなかなか離れられず、不安定になると「ラブちゃん、ラブちゃん」と犬のぬいぐるみを捜すことは続いています。

　〈エピソード〉

　そんなある日のことです。Rちゃんは、お母さんとラブちゃんを持って登園して来ました。お母さんとなかなか離れられず、指吸いをしてお母さんに抱きついています。お母さんは、Rちゃんより小さい子どもたちが「バイバイ」と言って泣くこともなく離れていくのを見ていて、イライラした様子で「Rちゃんより小さい子どもでもみんなバイバイしてるのに…。また、すぐにお迎えにくるし。ラブちゃん汚いし洗うし、こっちにしとき」と言って、もう泣かずに早く離れて欲しいという感じで、ラブちゃん

と同じような新しい犬のぬいぐるみを渡しました。Ｒちゃんはお母さんが離れようとすればするほど「いや〜や」と言って，なお一層の力を込めて抱きついて離れようとしません。私はお母さんのイライラしている様子を見て，Ｒちゃんを突き放して行ってしまうのではないか，Ｒちゃんが不安な思いで一日を過ごす事になってはいけないと思って，「昨日は，雨がよう降ってたなぁ。今日はお天気やし，ラブちゃんも洗ったげたらきれいになって元気になるなぁ」と言うと，Ｒちゃんは「ラブちゃんきれいになって元気になる？」とお母さんに尋ねました。お母さんが「うん。きれいになって，元気になるわ。お昼寝の時にはきれいになってるし，持って来て先生に渡しとくし」と少しホッとした顔で言いました。私は「そうや，Ｒちゃん，お母さんと約束やなぁ。お母さんきれいになったら持って来てくれはるで」と言ってＲちゃんを抱き寄せると，お母さんの言葉に納得したＲちゃんは，そのまま，お母さんとバイバイをして別れることができました。

　そして，午睡に入る時にはいつもラブちゃんを手に持ち布団に入るＲちゃんですが，この日はラブちゃんはまだ届いていなかったこともあり，新しい犬のぬいぐるみも持たずに布団で寝入りました。いつもラブちゃんを離すことがなく，いつも何かを持って眠るＲちゃんなのに，今日は諦めてしまったのかなと思いました。Ｒちゃんが午睡しているあいだに，お母さんがラブちゃんをもってきてくれました。

　午睡から目が覚めたＲちゃんはすぐに「ラブちゃんは？」と捜し始めました。私が「ラブちゃん，お母さんがきれいにしてもってきてくれはったで」と，棚に置いたラブちゃんを示すと，飛んで行き，手に取るなりにおいをかいでいます。Ｒちゃんは「いいにおいがするなぁ。このにおいＲちゃん大好きや！」と言って，私の鼻のところへ持って来て，「なぁ，ええにおいやろ」と言いました。「ほんまやなぁ。ええ匂いやなぁ」と私が言うと，とてもうれしそうに笑いました。

〈考察〉

　この日，登園するまでにお母さんはＲちゃんにラブちゃんを洗濯することを話していたのでしょう。それをＲちゃんは受け入れられずにぐずるので，ラブちゃんの代わりの新しい犬のぬいぐるみを持参しての登園になったのだと思います。お母さんもそのことでイライラしているし，Ｒちゃんも納得がいかないので不安な気持ちを引きずっての登園となり，すぐにはお母さんと笑顔で離れることができませんでした。

　入園前からこの犬のぬいぐるみのラブちゃんは，Ｒちゃんにとってはお母さんに甘えたいけれども甘えられない時に，お母さんの代わりのように抱きしめてきた物でした。お母さんがＲちゃんの甘えたい気持ちに添えない時に「はい」と手渡し，それをＲちゃんは指吸いをしながら抱きしめて気持ちを静めていた使い古されたぬいぐるみだったのです。ですから，この日の朝，ラブちゃんを綺麗にするからと新しい犬のぬいぐるみを手渡されても，Ｒちゃんには納得がいかなかったのでしょう。でも，綺麗になったラブちゃんを必ずお母さんが持って来てくれると信じた時に，泣き止んでお母さんから離れることができました。

　この日の午睡時に，いつもラブちゃんを手にして眠るＲちゃんが「ラブちゃんは？」と捜すことも新しい犬のぬいぐるみを手に持つこともなく寝入った時，私はもう，ラブちゃんのことを忘れているのかなと思ってしまいました。でも，午睡から目が覚めるなりすぐに「ラブちゃんは？」と捜しはじめた時，私は「ああ，やっぱり憶えていたんだ。お母さんがきっと持って来てくれると信じ，お母さんとの約束を胸に抱いて今日は何も持たずに眠ったんだ」と気付きました。そして，いつも心の支えにしているラブちゃんだけど，お母さんの言葉を信じてじっと待っていたＲちゃんはすごいなと思いました。また，イライラすると言葉が乱暴になったり，突き放したりすることもあるお母さんですが，Ｒちゃんとの約束を忘れずに持って来られたことで，お母さんのＲちゃんへの愛情も感じました。Ｒちゃんが午睡起きにラブちゃんを見つけて「ええにおいやなぁ。Ｒちゃんこの

におい大好きや！」と言った時，この「いいにおい」は洗濯をしたにおいというよりも，お母さんのにおいであり，「このにおい大好きや！」は「お母さん大好きや」と言っているように思えました。「先生もにおいでみ。ええにおいやろ」と鼻のところにラブちゃんを持って来てくれた時のＲちゃんは，この喜びを私にも共有して欲しかったに違いありません。それほど嬉しかったのです。このＲちゃんの喜びの表情は，いつも「～したらあかん」「見るな」「あっち行き」と否定的な言葉ばかり使っている厳しい表情のＲちゃんとははっきり違っていました。心の動きは，表情に表れると私は思っています。この時の喜びの表情がこれからもたくさん見られるように，お母さんとも話をしながら，これからの保育をしていきたいと思います。

〈私からのコメント〉

お母さんとの関係が決して安定しているとは思われないＲちゃんにとって，心の拠り所である大事なラブちゃんが，たとえ汚れたから洗濯するのだとはいっても，簡単には手放せなかったのでしょう。母との別れを渋りますが，それでも保育者が「洗ったら綺麗になる，お母さん持ってきてくれる」とあいだに入ることによって，何とかＲちゃんも納得したようです。午睡起きにラブちゃんを見つけたＲちゃんが「いいにおい！」と喜ぶシーンは微笑ましいですね。その「いいにおい」を保育者も共有し，Ｒちゃんの喜びに共感しながら，それはお母さんのにおいであり，お母さん大好きという思いから出た言葉だとこの書き手が感じ取ったところがよかったと思います。

ラブちゃんが心の支えになっているＲちゃんのいまのありのままを保育者が受け止め，Ｒちゃんの気持ちに寄り添い，Ｒちゃんの支えになって，保育園でＲちゃんがたくさん笑顔をみせてくれるようになるといいですね。それにはまた，お母さんの大変な気持ちも受け止めて，お母さんがＲちゃんに優しくかかわれるように配慮することもこれからの課題でしょう。

エピソード2:「おかあちゃん，きはらへん」　　　　　　A保育士
　〈背景〉
　Yくん（3歳7カ月）は妹（0歳児）との2人きょうだいの4人家族。
　3歳児クラスに進級したとき，保育室も2階になり，担任も代わるなど，環境的に大きく変わったことで不安になり，4月当初，Yくんは給食前になると「オナカガ　イタイ」と言って泣くという気になる姿があった。そこでまずはYくんとの信頼関係を築くために，Yくんが好きな遊び（電車ごっこなど）を一緒に楽しむようにした。約2週間後，クラスの生活にも担任である私にも（私は4月に異動してきたばかりの担任）少しずつ慣れ，午前中に腹痛を訴えながら泣く姿は自然になくなった。その後，母親が育休明けで職場復帰し，保育時間も7：45〜17：00となる。それまで4時前のお迎えだったのが，1時間近く遅くなることで「オカアチャン　キハラヘン」とおやつ後，泣く姿が見られるようになり，母親のお迎えまで保育者に抱かれて過ごすことが多くなった。
　〈エピソード〉
　おやつ後，お帳面の片付けを終えると，Yくんは今にも泣き出しそうな顔で「オカアチャン　キハラヘン」と私に言いに来る。汽車レールで遊んでいる子どもたちがレールを繋ぐのを手伝っていた私は，その場でYくんを膝に座らせ，話をじっくりと聞くことにした。Yくんは私の膝に座ると改めて言い直すように「オカアチャン　キハラヘン」と言う。私はこの間，ずっと同じようなYくんの姿を見ていたので，「お母さんに，早くお迎えに来てもらいたいんだよね」と，Yくんの気持ちを確認するような言葉を投げかけてみた。するとYくんは「ウン」とうなづく。私は「お母さんも，Yくんに早く会いたいよって思いながらお仕事してるんだろうな」と言う。すると「オカアチャン　モウ　キハル？」と聞いてきたので「お母さん，まだ4時前やし，まだお仕事しているよ」と曖昧な返答を避けて現実のことを伝えてみることにした。Y：「マダ　キハラヘンノ？」。私：「まだ来はらへんな。お仕事の人がKさんもう帰っていいですよって言わはるま

第1章　子どもの思いを受け止める

で，帰れへんから」。Y：「イツ　キハル？」。「お仕事終わったらやし，4時半ぐらいかな…　あの長い針が一番下の6になったら来はると思うよ」と言うと，Yくんは午後4時3分前になった時計を見ながら「ロクニ　ナッタラ　キハルノ？」と，先ほどまでとは違う明るい声で聞いてきた。私も「6になったら来はるよ。それまで先生と一緒に待っとこな」と明るめに答えた。するとYくんは「ウン」と大きくうなずいて答えた。私はYくんの気持ちの切り替わりの手応えを感じつつ，「Yくん園庭に行こうか。お母さんがお迎えに来たらすぐわかるし」と園庭へ誘ってみた。するとYくんは「イク！」と元気よく答えた。

　私は，他の子にお片づけをして園庭に行くことを伝えた。そして「Yくん，レール片付けるの手伝ってくれへん」と言うと「イイデ」と言い，Yくんは私の膝から立ち上がり片付け始めた。片付けが終わると，私を追い求めることもなく，他の子たちと一緒に園庭へ移動していった。

　Yくんは園庭へ行くとログハウスから三輪車を出し遊び始めた。私はあえて少し距離を置いてYくんを見守ることにした。園庭に出てから約5分後，Yくんは「オカアチャン　マダ　キハラヘン」と思い出したように言いに来る。私は園庭の時計を見ながら「まだ来はらへんなぁ。6になってないし…。でも，もうお母さんのお仕事の終わる時間やわ」。「モウ　オシゴト　オワル？」。「終わるよ。Yちゃんのお母さんって，お仕事のところへどうやって行ってた？自転車やった？」。「チガウデ。エイザンデンシャデ　デマチヤナギマデ　イクネン」。「あっそっか。叡電に乗らはるんや。先生と同じやな」。「センセイモ　デマチヤナギカラ　ノッテルモンナ」。「オカアチャン　デンシャ　ノラハッタカナ？」。「今，会社から出町柳駅に向かって，歩いているところちゃうかな。きっと」。「エキマデ　アルイテハルナ！」。「急ぎ足で歩いてはると思うわ」。Yくんは少し納得した様子で三輪車に乗り，園庭を1周してくる。「オカアチャン　デンシャ　ノラハッタ？」。「駅までちょっと遠いし，まだ歩いていはると思うわ」。「マダ　アルイテルノカ。Yチャンノ　サンリンシャノホウガハヤインヤケド

31

ナ〜」と言いながら再び園庭を周回し始める。
　その後，約3分間隔で私のところにやってくる。
Y：「オカアチャン　デンシャ　ノラハッタカナ？」。私は時計を見ながら「ちょうど出町柳駅から出発する電車があるし，それに乗ってはるわ」と言う。「デンシャ　ノラハッタナ。"マモナク　クラマエキイキ　シュッパツシマスヤナ！"」。「そうそう。車掌さん，今マイクで言わはったし，電車動き出したところやわ」。
　Yくんは嬉しそうな表情を浮かべながら，再び三輪車で園庭を周回し始め，仲良しの友だちに声をかける姿が見られる。
　〜その3分後〜
　「モウ　シュウガクインニ　ツク？」。「いま，元田中に着いたところかな」。「モトタナカカ　ツギハ　チャヤマヤナ」。「そうやね。さすがYちゃん，叡電のことよう知ってるね。そろそろ茶山に向かって出発したころかな」。
　〜その3分後〜
　「チャヤマニ　ツイタカナ」。「着いたよ。もう一乗寺に向かってますよ」。
　〜その3分後〜
　「イチジョウジ　シュッパツシタ？」。「したよ。次は修学院ですよ」。「モウ　スグヤナ」「もうすぐですよ」。
　そうこう言っているところに母がお迎えに来られたので「Yくんお母さんだよ。急いで来てくれたみたいだよ。よかったね」。
Y：「ウン　アリガトウ」。
　Yくんは笑顔でバイバイをして帰って行った。そしてこの日，母親の職場復帰後，初めて泣かずに1日を過ごすことができた。

〈考察〉
　この間，ずっと不安な気持ちを抱えたまま，おやつ後からお迎えまで抱っこして過ごすことが続いていたので，他の子どものことを他の保育者に

第1章　子どもの思いを受け止める

お願いして，意図的にYくんと関わることにしました。
　今すぐにはどうにも解決しようがない問題です。母親が迎えに来るまで不安な気持ちは完全に取り除くことはできません。でも，それを一瞬でも忘れさせることはできます。いかにYくんの気持ちを違うところへ導き向けることができるかが最大のポイントでした。Yくんの興味のあることや好きなことを手がかりに探っていく中で，Yくんの好きな「電車」をキーワードにしながらアプローチしていくことに決めました。結果的に，Yくんにとってそれまでずっと抱っこされている時間よりも，母の姿を思い描きながら大好きな叡電が各駅に着き出発する様子を思い巡らしていた時間は，遙かに短い時間だったのではないかと思います。Yくんの最後の「アリガトウ」という一言はそのお礼だったように感じます。そして私自身，いつの間にかYくんとのやりとりを思いっきり楽しんでいたことに気づきました。
　この日，母親の仕事復帰後，初めて泣かずに1日過ごせたことをYくんの前で母親に伝えました。Yくんの頑張りを評価することも大切なことだったと思ったからです。その結果，休み明けには「Yチャン　キノウ　ナカヘンカッタデ」と報告する姿が見られるようになり，徐々に安心感と自信がついていくのが感じられました。また，このことがきっかけとなり，他児と叡山電車ごっごを楽しむ姿に繋がっていきました。

〈私からのコメント〉
　お母さんが産休のあいだそばにおられたのに，産休明けで職場復帰したためにまたお母さんから離れなければならなくなりました。しかも下に妹が生まれて大事なお母さんが取られた気分もあるに違いありません。そのような状況の下にあるYくんのお母さんのお迎えを待つ気持ちはよく分かります。産休明け以来，Yくんはお迎えが近づくと必ず泣いてお母さんを待っていたようですが，保育者は何とかYくんの寂しい気持ちを紛らわせようと，お母さんが電車に乗って帰ってきてYくんを迎えに来てくれる様子をYくんと一緒に思い描きながら，それを遊びにして一緒にお母さんのお迎えを待ったというエピソードです。Y

33

くんが，いま電車はどこまできたか，この駅か，次はと三輪車で園庭を回って3分おきに先生に尋ねにくるところは，本当に目に見えるようですね。そこに母を想うYくんの気持ちが表れていると同時に，お母さんのお迎えを保育者が一緒に待ってくれたことで，Yくんの気持ちが支えられた様子がよく分かります。不安な子どもの気持ちを受け止め・支える保育の原点のようなエピソードだったと思います。

エピソード3：「ママの車を見てる」
〈背景〉

　Hくん（4歳8カ月）：父・母・弟（同園1歳児）の4人家族。Hくんは月齢が高く，自分の身の回りのことは何でも自分でできる。登園時，先に母と弟を保育室に送り，それから母と2人で自分の保育室に来る。離れる時に泣くことはないが，離れ難い感じがある。ほぼ毎日別れる前には母に抱っこしてもらう（母から抱くよりもHくんから抱きついていく）。

　絵を描くことは好きなようで，アンパンマンやドラえもんの絵を描いて見せてくれることはあるが，ブロックやままごとなどを座ってじっくり楽しむ姿は少なく，おもちゃを持って部屋をウロウロしたり，友達と追いかけっこしたりして遊ぶ姿が多く見られる。

　入園当初から女の子と一緒にいることが多く，仲の良い女の子が別のクラスで給食を食べた日，何度も廊下に顔を出し，その女の子の様子を窺っていた。1月，クラスの男の子と迷路が描かれた絵本を持って「宝探し」をして遊んでいた。その男の子とは特別仲が良いわけではなかったが，その時には先頭を歩く姿も見られ，自分から友達に話しかけていた。園では特に困るような行動をすることはないが，母親は家では言うことを聞かなかったり，母親を叩いたりして困ると母親が私に言うことがあった。

　私（保育士4年目）は3歳児29名（障碍児4名）のクラス担任（健常児担当）で担任は4名いる。Hくんに対しては，まだ甘えたい，母を独占したい気持ちがあるのかなと思うので，十分に受け止め，気持ちを満たしてあ

げたい。誰かと何かをして遊びたいという強い思いはない様子で，気持ちが晴れず，いつもどこか淋しそうにしている。夢中になれる遊びや安心できる友達を見つけ，園に気持ちよく来てほしいと思っていた。

保育室は2階の1番奥にあり，廊下から見ると目の前のコンビニとその駐車場を見下ろすことができ，その前の大きな通りを見ることができる。救急車や大きなトラックが通ると窓に張り付くようにして外を見る子どもたちもいる。

〈エピソード〉

1月のある日，私が早番で朝の打ち合わせを終え，保育室に向かうと，Hくんが一人で保育室前の廊下に出て窓の外を見ているのを見つけた。一人で寒い廊下に出て，ボーっと外を見つめるHくんを見て，淋しそうと感じた私は，「母と上手く離れられなかったのかな？」「仲良しの友達がまだ登園していないのかな」と思い，明るく「Hくん，おはよう！」と声をかけてみた。Hくんは笑顔でこっちを向き，その明るい表情に私は安心した。私は一緒に保育室に入り，一緒に遊ぶことでHくんの思いを聞き，受け止めたいと思い，「一緒にお部屋に入って遊ぼうよ」と言った。しかし，Hくんの答えは「いい（否定）」だった。よほど部屋に入りたくない理由でもあるのかと再び心配になり，「どうした？」と聞くと，「ママの車を見てる」と言った。前にはコンビニがあり，大きな通りもある。「ここにくるの？」と聞くと，あいまいな答え。約束をしているわけではないようだった。いつ通るのか，すでに行ってしまったのか分からない母の車を待っているというのだった。寒いこともあり，私はつい，「もう通ってしまったのかもよ」とあきらめて部屋に入るように促す声かけをしてしまっていた。そんな私の思いを跳ね除けるように，Hくんは「くるよ！」と言った。私はしまった！と思いながら，「どんな車？」と尋ね，少しだけHくんの横に並んで外を見つめた。しかし，登園時間でもあり，子どもたちは次々に登園して部屋のなかで遊びだす。私は廊下でHくんとずっといつ来るか分からないお母さんの車を待ってはいられないと思い始めた。そこで「先生，

お部屋で待ってるね」とだけ言い残し，部屋のなかから様子を窺うことにした。

　しばらくすると，「せんせい！」とHくんの明るい声が廊下から聞こえた。行ってみると，Hくんは笑顔で窓の外を指差している。お母さんの車が前のコンビニの駐車場に停まったのだ。私も一緒に覗いてみたが，お母さんは電話をかけていて，一生懸命手を振るHくんに気づかない。それでも，嬉しそうに「ママ電話していて気づかない～♪」と言いながら見つめていた。約束はしていなかったようで，お母さんが気づかないのには無理もないと思ったが，ぜひお母さんには気づいて手を振り返してほしいと思った。私は，再び保育室内に戻ったため最後まで見届けることはできなかったが，やはり気づいてはもらえなかったようだった。しかし，お母さんが去った後，Hくんは満足したような表情で保育室に入ってきた。

　お迎えの時に，このHくんの様子をお母さんに話した。お母さんは「そうだったんだ～」と少し驚いていたが，その時にはHくんに対して特に反応を返すこともなかった。私は寒いなか，ずっと一人廊下に出て，いつ来るか分からないのにお母さんを待っていたHくんを思うと，もっとその思いを受け止めてもらいたいと思った。そして，私はそのことをお母さんに上手く伝え切れなかったことが悔しかった。

　〈考察〉
　Hくんには弟がいるため，まだ甘えたい気持ちがあっても十分に満たされていない部分がある。家での困る行動もお母さんに注目してほしい思いからではないかと推測される。

　今回のエピソードで，お母さんの姿を見るだけで喜んでいたHくんを見て，その思いにお母さんも応えてほしいと思った。そして，保育士としてこれからHくんやお母さんをどう援助していけばよいのかと思った。

〈私からのコメント〉
　2階から見えるコンビニの駐車場に母の車がくるのではと，長い時間，寒い廊下の窓から見ているHくんです。それに付き合おうと思うけれども他の子ど

もの登園時間なのでそれもできない先生が部屋に戻ってしばらくすると，Hくんが笑顔で先生に声をかけ，お母さんが駐車場にきているのを指差します。そして手を振るけれども電話中らしいお母さんは気づいてくれません。

　母を想ういじらしいまでのHくんの思いが伝わってくるエピソードですね。保育者はそんなに母を想うHくんの思いを母に気づいて欲しいと願い，その様子を伝えてもそっけない返事しか返してくれなかったお母さんに「悔しかった」と表現しています。Hくんのいじらしい気持ち，自分の悔しい気持ち，これがこのエピソードを書く原動力だったことがよく分かります。

　しかし，お母さんにHくんの気持ちを伝えることも大事ですが，エピソードにあるように，保育者がHくんの気持ちを受け止め，一時でもHくんと一緒にお母さんの車を見たからこそ，Hくんは気持ちが満たされ，安心して次の活動に移っていくことができたのです。やはりここでも，保育者に自分の思いを受け止め・認めてもらったことがHくんにとっては大きかったように思います。

エピソード4：「ママとちゃんとバイバイしたかった」　　　T保育士

〈背景〉

　N子（4歳8カ月）は，弟H（1歳10カ月）と共に保育園に通園している。母親の仕事の関係で，いつも朝，7時30分頃には登園して来るが，「ママ，バイバイ！」と手を振り母親を見送っている。N子は，生活面でも特に手がかからず，よく保育者のお手伝いも喜んでしてくれる。また，自分の思いやしたいことをはっきりと友だちや保育者に伝えることができるので，4歳児のなかでもお姉さん的な存在である。しかし，その反面，友だちと遊んでいて，自分の思い通りにならなかったりすると，「もう○○ちゃんと遊ばん！」「もういい！ママの所に行く！」と大きな声で泣きながら玄関で靴を履こうとすることもある（実際には，玄関マットの所に座って泣いている）。事務所からそのような場面がよく見られるので，そこで私がN子の思いを聞いたり話をしたりすると，N子は落ち着いて，気持ちも切りかえ，友だちとの遊びにもどることができる。最近では，自分で気持ちを

切りかえられたらと思い，見て見ぬ振りをしていると，その内，何もなかったかの様に友だちの所に戻っていく姿も見られるようになった。

〈エピソード〉

　朝，私は玄関にいて，登園してくる子どもたちに挨拶を交わしながら健康観察をしていた。この日は，8時30分にN子も母親もゆったりと玄関に入って来た。いつも慌ただしく登園してくるので，私は，「今日は，何かあったかな」と思いながら，「おはようございます」と声をかけた。弟のHは母親に抱かれたままで，N子だけが靴を脱いで入ってきた。Hは昨夜から高熱が出て，今朝になって発疹が見られるということで，「水痘かもしれない」ということだった。Hの状態を聞いたり，今から病院に行くなどと母親と話したりしている間に，N子はいつも通りサッサと手洗いを済ませ，再び私と母親の横に来て，「先生。Hくん，水痘になりました。今日，保育園お休みです」とハキハキと言った。私は，いつも通りのN子に，「わかりました。Nちゃん，ママにいってらっしゃいしようか」と言うと，N子は，「ママ，H，バイバイ」と手を振った。そのまま保育室に向かうだろうと思っていたが，N子の表情が何となくさっきのハキハキと言った時の表情と違ってきたのが分かった。そして，「ママ，バイバイ」と言いながらなかなか動こうとせず，母親も，「バイバイ」と手を振るが，N子の姿を見て玄関を出られない様子だった。私は，N子の雰囲気や表情から「いつもと違う登園で，しかも，Hだけが母親と帰って行くから淋しいのかな。もしかして，泣くのでは？」とN子の姿を想像した。そして，「泣かずに，バイバイして欲しい」という願いもあって，普段から，何かの理由で泣きそうになった時，理由を聞いたり別の話をしたりすると，気持ちを切りかえたり気が紛れたりしていたので，"お休みの伝言のお手伝い"を頼もうと思い，「Nちゃん，アヒル組に行って，Hくんが水痘でお休みすることを言いに行きたいから，一緒に行ってくれる？」と言い，アヒル組に向かって歩き始めてN子を手招きした。N子は仕方なくといった様子で，小さな声で「ママ，バイバイ」と言い，私の後についてきた。私は，

とりあえずは泣かずに離れたN子の様子を見守りながら、そしてさりげなく振る舞うことで、気持ちも引きずらないのではと思い、「今朝、何食べてきた？」と声をかけ一緒に歩いていた。すると返事もなく、少しずつN子の歩調が遅くなっていくのを感じた。「あれ？だめだったかな…」と思っている内にN子が、「ママ！」と泣き出し、立ち止まった。「Nちゃん。ママね、Nちゃんと一緒にいたいけど病院行かないとHくん、熱が出てひどいんだって」と言うと、再び泣きながら歩き出した。私は、「そんなことはわかっている」というN子の思いと、「我慢しよう」といういじらしさを感じ、N子に手を差し出した。N子は私と手をつないで歩きながら、「ママとちゃんとバイバイしたかった」と泣いて言った。私は、N子のこの言葉を聞き、ハッとした。私は、玄関での対応の仕方を思い出しながら、N子の泣いている顔を見て何も言えなかった。N子は、この後、保育室に戻ってもしばらく気持ちが切りかえられず、担任が抱っこをして一緒に折紙で遊ぶと、ようやく落ち着いたのか、元気になり友だちと遊びだした。

〈考察〉

最近では、友だちとトラブルになって玄関で泣いていても、自分で気持ちを落ち着かせて友だちの所に戻って行くという姿も見られ、N子なりに成長しているのだなあと感じていた。今回も、お手伝いが大好きなN子に「Nちゃん、アヒル組に行って、Hくんが水痘でお休みすることを言いに行きたいから一緒に行ってくれる？」ということで気持ちを切りかえてくれるだろうと思い、声をかけたのだが、一旦は気持ちが動いたものの、「ママとちゃんとバイバイしたかった」の言葉に、N子のせつない思いと、自分の対応のまずさを感じた。いつもと違う登園、母親と弟のHは一緒に帰るという状況のなかで、母親にバイバイと手をふったもののどこか割り切れず、でも我慢しなくてはという気持ちで、"ちゃんと"というN子なりの納得の仕方があったのだろうと考えると、N子の複雑な気持ちを感じながらも、何故、私は、あの時もっとN子と母親との時間をゆったりと見守らなかったのだろうか、「泣かずに、バイバイして欲しい」というより、

「泣かれては困る」という私の焦りと,「お手伝いが大好きだから,こちらに気持ちが向くだろう」という思い込みがあったのではないかと感じた。
N子にとってもそうであるように,私にとってもあの場面にもう一度戻って欲しいと思うばかりであった。そして,もっと,色々な角度から子どもの思いを捉えて見ていかなければと強く感じ,反省した。

〈私からのコメント〉

〈背景〉を読むと,この書き手は主任さんなのでしょうか。しっかり者にみえるN子ちゃんが,水痘で病院に行く弟と母との別れの場面で,バイバイしながらも離れがたい様子をみせていたとき,書き手の保育者は,何かの用事を頼めば気持ちを切りかえてくれるかもしれないと思いました。そして弟の担任に欠席を伝えようとN子ちゃんと一緒に部屋に向かおうとすると,N子ちゃんは立ち止まって泣き出してしまいました。その理由を訊くと,「ママとちゃんとバイバイしたかった」という返事です。これを聞いて,書き手の保育者はN子ちゃんの複雑な思いに改めて気づき,自分の思い込みを深く反省したというエピソードです。いつもは自分と弟の両方が保育園に残って母を見送るのに,今日は自分だけが保育園に残って,弟は母と病院に行き,しかも母は仕事を休んで弟を連れて家に帰る,自分だけが……という思いと,しかし,しっかり者のお姉ちゃんとして,この日の状況を受け止めなければという思いもあります。その揺れ動く気持ちが,この言葉になったのでしょう。少し分別がついてきた分,自分の素直な気持ちをストレートに出しにくくなっているのが分かります。

先生は,N子ちゃんの複雑な気持ちは分かっていたのに,なぜ母との時間を急がせてしまったのか,それはきっとN子ちゃんに泣かれると困ると思っていたからだと,深く分析して,反省しようとしています。

確かに,保育者のちょっとした働きかけで子どもの気持ちが切りかわることがありますが,このエピソードのNちゃんにとって,お母さんと納得してバイバイすることが保育園で気持ちよく1日を過ごすために大切な気持ちの切り替えなのだということが自分なりにもう分かっていて,だからこそこの発言になったということではなかったでしょうか。そこにNちゃんの主体としての心

(「私は私」の心）の育ちを感じます。

　現実の保育のなかでは，時間に追われ，子どもの思いをじっくり受け止めるよりも先に，子どもの気持ちを切りかえさせようと保育者が働きかけてしまうことはしばしばあります。ここでの保育者の反省はこの点にあるわけですが，「子どもを主体として受け止めて，主体として育てる」ということを改めて考えさせるエピソードでした。

エピソード5：「お母さんがいい！」　　　　　　　　　　T保育士

〈背景〉
　5歳児クラス女児Mちゃん。母，姉（中学生），本児（2月生まれ）の3人家族。
　1月のある日，延長保育の担当である私は延長保育（日割）の電話連絡を母親から受け，担任へ繋いだ。夕方6時前，延長保育の部屋へ荷物を持って移動するため，担任がMちゃんに延長保育になったことを告げるが，Mちゃんは延長保育を嫌がり，しばらく落ち着くまでそっとしておいていると担任が私に伝えてきた。

〈エピソード〉
　延長保育の担当だった私は，Mちゃんが一人でゾウ組（年長児クラス）の部屋にいることを聞いていたので，様子を見に行った。「Mちゃん，おにぎりたべようっか？」と声をかけたが，「いやだ～っ！　延長保育いやだ！」と泣きながら怒りだした。「そっかぁ，延長保育いやだったんだぁ」とMちゃんの思いを受け止め，「じゃ～ここでおにぎり食べる？」と聞くと，「おにぎりいらない！　お母さんがいい！」とますます大泣きのMちゃん。「お母さんがいいよね～。Mちゃんお母さんのこと大好きだもんね～」と返し，とりあえずMちゃんの延長保育のおにぎりとお茶を取りに行き，Mちゃんに差し出した。「Mちゃん，お茶だけでものまない？」と手渡そうとしたが，Mちゃんは「いらないっ！　もうっ！　ばか！」と怒って手ではたこうとした。

そこで気分を変えようと思い，「絵本読もうっかなぁ～」と，棚の上にあった絵本をながめ〈まゆとおに〉という絵本が目についたので手に取り，読んであげようとすると，私の手からパッと絵本をつかみとって床に投げたので，思わず「あ～っ，Mちゃん，絵本を投げるのはよくないよ！　絵本だって投げられたら痛いんだよ」と，やや強い口調で注意したところ，またまた「いやだいやだ！　せんせいのばか！　絵本みない！」と自分の髪飾りのゴムひもを投げつけ，テーブルをひっくり返そうとし，大パニックになってしまった。

　「あ～絵本さん投げられて痛かったねぇ～，絵本さんは何にも悪くないのにねぇ～」と絵本に語りかけながら私が絵本を拾い上げると，再び私の手から絵本をつかみ取った。しばらく1人でそおっとしておいた方がいいのかなと思い，「Mちゃん，先生，延長保育のお部屋に行ってもいい？」とたずねると，「行ったらダメ～！」というので，「じゃ～一緒に行こうか！」と誘ってみたが，「いやだ！　行かない！」という。「Mちゃんはどうしたいの？」と訊くと「わかんない！」と自分でもどうすることもできずいっぱいいっぱいである。延長保育担当のもう1人の職員に申し訳ないと気になりつつ，今は不安でいっぱいのMちゃんを1人にしておくこともできない。私自身もどうしたらいいのか戸惑いながら，とりあえずMちゃんの様子を見守ることにした。

　絵本を時々開いて見ていたので少しずつ落ち着きを取り戻しているのかなと思い，絵本を一緒にのぞき込んでみた。「クスッ」とMちゃんが笑い出したので，「このまゆちゃんって女の子，すごい力持ちだね」と話の内容に私が反応すると，「次はね～……」と自らストーリーを話し出したので，「あ～これでもう大丈夫……」と安心した。「面白いねぇ。もう1回最初から読もうっか」と膝にだっこしてぎゅ～っと抱きしめ，一緒に絵本を読んだ。その後，手をつないで戸締まり確認に行き，おにぎりを一緒に食べることで，すっかり笑顔を取り戻したMちゃんがいとおしく思えた。お迎えは母親ではなく中学生の姉だったが，いつにもなく力いっぱいしがみ

ついていたので姉もちょっとびっくりしている様子だった。

〈考察〉

　Mちゃんがここまでパニックになる姿を初めて見た。担任からも話をきいてみたところ，眠かったのかもしれないこと，母親が仕事で遅くなり，姉と2人で留守番をすることが度々あること，この日は誕生会で友だちの母親が参加し，一緒に遊んだことで自分の母親が恋しくなったこと，等々が話に出た。私自身，普段の関わりが少ないこともあり，Mちゃんにとっては頼りなく感じたかもしれない。絵本を投げたときにやや強い口調で注意したことで，Mちゃんの感情のやり場を一瞬奪ってしまったかもしれない。しかし，ここでMちゃんの思いをどんな形でもいいから，いったん全部はき出して欲しかった。あきらめずにこちらの思いも返し，本気で向きあうことで，Mちゃん自身も自分なりに考えてくれたのではないかと思う。翌朝，母親と登園してきたMちゃんに「おはよう！」と挨拶すると，ちょっぴり照れながらも「おはよう」と笑顔で返してくれた。今回の出来事でMちゃんとの距離が縮まったように感じる。これからもMちゃんとの関係を大切にしながら，まだまだ関わりの少ない子どもとの信頼関係を築いていきたい。

〈私からのコメント〉

　〈背景〉からはMちゃんの普段の様子やお母さんとの関係がいま1つわかりませんが，年長さんのMちゃんが延長保育をこれほど嫌がるには，きっと何かがあったのでしょうね。年長になると，女児同士で対立することもままあり，そこに誕生会で友達の母親が参加したことが絡んだりして，何か寂しい思いがあったのでしょう。普段でも，他の保護者が迎えに来ると，延長保育で残る子どもたちは事情が分かっていても，何かしら落ち着かなかったり寂しい思いをしたりしているようです。

　そのMちゃんに保育者が対応したとき，普段みたことのないようなパニック状態をみせます。どうしたいかを訊いても，自分でもどうしたいか「わかんない」状態です。そこで，保育者は少し見守ることにします。ここでの「見守

る」は，子どもの気持ちを受け止めようと，先生の気持ちを子どものところに持ち出して，Mちゃんの思いに保育者の気持ちを寄り添わせ，実際の対応はせずに，そこに「間」を置くという意味でしょう。子どもが苛々し，先生も困ったまま打開策がないとき，この「間」が大事な意味をもちます。そしてこれも「受け止める」対応なのです。

　パニックになった子どもは，保育者の気持ちを切り替えさせようとする働きかけを受け止められず，自分でもどうしてよいか分からない状態になります。しかし，そこで子どもが大人に対して取る拒否的な態度や言葉は，ほうっておいて欲しいということではなく，自分の不安な気持ちを受け止めて欲しいという思いがその裏に隠されています。自分のそういう思いが分かってもらえたと思えたとき，Mちゃんは気持ちを立て直していけたのだと思います。要するに，「見守る」が「見捨てる」にならないところがポイントです。

2．トラブル場面で子どもの思いを受け止める

　子ども同士がトラブルになったとき，誰が悪いかの判定をするのではなく，それぞれの思いを受け止めて，一方の思いを相手に伝え，2人のあいだを取り持つというのは，保育者にとって，もっとも難しくまた気になる対応のようで，エピソードの研修会でもこの場面を取り上げたエピソードが最も多くなります。

　このぶつかり合いを通して，子どもは相手にも思いがあることに気づき，自分の思いをどのように表現していけばよいのかが次第に考えられるようになります。その点では，トラブルは子どもの心の育ちに欠かせない経験だといえます。これをどのようにもっていくかに保育者の力量が懸かってきます。決して，単に「ごめんなさい」と言わせればよいのではないのです。

　　　エピソード6：「ごめんなぁ……まだ好きじゃない」　　　M保育士
　　　　〈背景〉
　　　　　2歳児クラス13名（男児5名・女児8名）を保育士2名で担当している。

第1章　子どもの思いを受け止める

　Gくん（6月生まれ）とTくん（8月生まれ）は月齢も近く，0歳児の4月当初から保育園生活を共にしていることもあり，保育士や保護者から「あの2人は…」などと話題に上るほど2人の間には特別な絆が感じられる仲である。
　性格も家庭環境も違うが，お互いに周りから愛されているせいか，ほんわかとしたマイペースな空気が互いに引き合っているのかもしれない。
　8月初旬，午睡から起きておやつを食べた後，保育室や目の届く保育室前のテラスなどで子どもたちも思い思いに遊んでいた時のことである。

〈エピソード〉
　SとAと絵本を読もうとページをめくろうとしていた時，タッタッと足音が聞こえて振り返ると，顔を紅潮させてGがテラスから入ってくる。目が合うと，みるみる悲しい顔になって「せんせいなんかきらい～。あっちいっといて～」と声をあげる。一瞬何が起こったか飲み込めなかったが，普段はあまり怒らないGが…と思い，Gが何かを伝えたいことだけはわかった。「Gくんどうした？」と身体の向きと気持ちをそちらへ向ける。それでもGは「もう，せんせいなんかきらい！あっちいっといて～」と悲しい表情を浮かべて何かを訴えている。その時，後ろからいたずら顔のTがうっすらと笑みを浮かべてテラスから入ってきた。その様子にGとTの間で何かがあったことは察しがついた。Gはその場に立ち尽くして「…もうきらい。せんせいバカ！あっちいっといて。Tなんかきらい，あっちいっとけ～！」と叫ぶ。Tが後ろからGに近づいて，少し押す。Gの顔が悲しさでいっぱいになり，涙が少し出て，Tのことを押し返す。「もうTなんかきらい。バカ！」。押し返されたことやGの真剣な気持ちが伝わるのか，今度はTが悲しくなってくる。Tはそのまま足に力が入らなくなって崩れ落ちて泣き始めた。2人のあいだに何があったのか消化しきれない思いでGとTを見つめる。Tも気持ちを必死に訴えて，お互い泣き出す。
　Tの背中を支えながら，「悲しいなあ。大好きなGに言われたら，よけいに悲しいなあ」とTに言葉を掛ける。「うん」とT。そのやりとりをG

45

は怒ったままの顔で聞いている。「Gくん本気で怒ってるみたいやわ。どうする？」と尋ねると「うん……ごめんなあ」としぼりだすような声でTがつぶやいた。その小さな声もGはしっかりと聞いて，一瞬動きが止まる。しかし，「もうバカ〜。Tなんかきらい！きらい！」とG。ますます悲しくなってしょげるT。でも目線はしっかりとGを追う。「悲しいなあ。Gも大好きなTに押されて，悲しかったと思うで」「うん…」とTとやりとりをする。立ち上がって，もう一度しぼりだすような声でTが「ごめんな」という。ちらっとTをみるG。少し考えた表情をするが，Gは「まだ悪い〜！Tなんかきらい，あっちいって〜」とテラスまで走っていく。2人にはしっかり思いを伝え合って欲しいと思って，体に力が入らないTと共にテラスへ向かう。T：「ごめんなあ」。G：「まだ，きらい」。T：「ごめん」。G：「まだ好きじゃない」と，ふと見ると，Gの顔はもう少し照れたような笑いをこらえる顔になっていた。その様子をみてTもニコッと笑う。それから，2人で横に並んでテラスの外の景色を見ながら「あっ，あれはね…」と話し出した。2人の間にうれしそうな空気が流れた。思わず私も笑顔になって2人の横に並んだ。

〈考察〉
　GとTの気持ちに寄り添って考えつつ，GとTならどのようにやりとりするかな，GとTならきっとお互いの思いを感じ取ってくれるのではと思いながら見守っていた。お互いに相手の心を推し量っている姿がとても愛おしく感じられた。Tの口から自然とこぼれた「ごめんなあ」は私にもジーンとくる心からの「ごめんなあ」であった。それと同時に，Tはいつのまにそんな言葉を自然と言えるようになったのかと嬉しく思ったのが率直な感想であった。その「ごめんなあ」に込められたTの思い，つまりGに対して悪かったという思いや，大好きなGなのにという思いをTが感じ，また，そのTの思いをGがしっかりと受け取っているように思った。
　Gは精一杯悲しい気持ちを私やTにぶつけた。Gは，いわゆるあまのじゃくな面があって，自分の気持ちをそのまま言葉に表さないことが多いが，

第1章　子どもの思いを受け止める

　Gなりの思いの詰まった気持ちを精一杯の言葉で私やTにぶつけたことが私の心に響いた。同時にGの思いとしては、まず私にすぐにその思いを身体全体で受け止めて欲しかったのかもしれないと反省した。
　Tはいたずらをしながらも、はっとGの気持ちに気がついて、大人の仲介だけでは得られないGの表情にたどり着いた。
　心の触れ合う体験や大人の背中を見て子どもは育っていっていると思う。子どもは一人ひとりが主体であり、その主体であることを大人に肯定的に認められ、受け止められてこそ、さらにそれを輝かせていくのだと感じた。愛される嬉しさや自信のもと、子どもがその子なりにもっとやってみようと自ら思ったり、周りへ目を向けていったりする心の営みを大切にしていきたいと思った。
　私は、この2人が0歳児クラスであった12月から担任をして今に至っていることもあり、向き合っている時間が長い分、気持ちに寄り添うことが馴れ合いになってしまって、2人との信頼関係を過信し、Gならこれくらいできるなどといった安易な気持ちで子どもを急がせたり引っ張ったりしていたこともあったのではと、新たな反省も生まれた。そんななかで、子どもを主体として受け止めることの大切さを改めて感じさせてくれた出来事であった。

〈私からのコメント〉

　エピソードはいかにも2歳児らしい衝突から仲直りまでの経緯がとてもよく分かるように描き出されており、また、そのあいだを取り持つ保育者の対応もとてもよかったと思います。TくんとGくんの「ごめん」「まだ嫌い」のやりとりは、何かその場面がみえるような感じがあり、お互いの思いの動きが分かり、微笑ましい気分になります。
　自分のしたことでGくんをひどく怒らせてしまったと気づいたTくんは、それを素直に謝って、自分の気持ちを何とかGくんに伝えたいと思っています。GくんはGくんで、Tくんに強い怒りを感じたけれども、Tくんの気持ちに気づいて、だんだん自分の気持ちを落ち着かせ、Tくんを許してあげることがで

きました。そのTくんとGくんの「私」と「私たち」の気持ちの表し方は違うのですが、そこに2人の主体としての心の育ちが感じ取れました。

　ところで、〈背景〉にある「2人には特別な絆が感じられる」という下りが、〈エピソード〉と〈考察〉を読むと、重要な役割を果たしていることが改めて分かります。2人は元々仲良しだったということです。このようなエピソードに出会い、これを通して子どもの思いを受け止め、自分と子どもたちとのこれまでの関わりの歴史を踏まえて、保育者が自分の思いを寄せてこの子たちを見守っていれば、仲良しのこの子たちは自分たちで仲直りしてくれるはずだという、保育者の子どもたちへの信頼感も読み手として心に残りました。それはまた、このエピソードだけからは分からないところで、この保育者と子どもたちとで築き上げてきたものだったに違いありません。

エピソード7：どうしたらいいんかなぁ　　　　　　　　　　S保育士

　〈背景〉

　私は今年度、3・4・5歳の異年齢児クラスに日毎に入るフリーを担当している。4歳児「コアラ組」は19人中、男の子が6人しかいない。小さな頃から一緒に遊んではケンカをし、また仲直りをして遊ぶというように、ずっと一緒に過ごしてきた友達同士である。

　以前は、自分の思い通りにならないとすぐ手が出ていたSくんも、ひっかいたり、蹴ったりする前に心のブレーキがきくようになってきた。すぐかっとなって怒ってしまう所はまだあるが、自分の気持ちを言葉でも言えるようになってきた。

　Yくんは、Sくんが作る積み木やカプラにいつも憧れを持っていて、一緒に遊んだりマネッコを楽しんだりしている。男児の中で一番月齢が低く、少し幼いところがある。

　私はその日、コアラ組（2人担任）のクラスに1日入っていた。クラスの担任が早出だったので、夕方は私一人で子どもたちと過ごした。子どもたちは、好きな遊びを友達数名と楽しみ、ビー玉ころがし、カプラ、ビーズ、

第1章　子どもの思いを受け止める

ぬり絵と4コーナー程に分かれて遊んでいた。私は，お迎えの保護者に今日の様子を伝えたり，「ぬり絵の紙はどこ？」「先生，折り紙ちょうだい」などの子どもの声に慌ただしく応えたりしていた。そのときのエピソードである。

〈エピソード〉

　Yくんの「寄せてよ！」という今にも泣き出しそうな声が部屋に響いた。Yくんの視線の先には，ビー玉ころがしをしているSくんがいる。Sくんは珍しく，こつこつ遊ぶことの多いAくんと仲良く遊んでいた。Aくんはビー玉をころがすレールを上手に作れるので，Sくんは喜び，集中してよく遊んでいた。そのレールをうらやましく思ったYくんが「寄せて」とやってきたのである。

　Yくんに対し，Aくんは寄せてもいいよという態度だったが，Sくんは寄せたくなかったようだ。Sくんは聞こえているけど，Yくんの「寄せて」に答えなかったので，Yくんの声はどんどん大きくなっていった。私が側まで行くと，Sくんは困った顔で「寄せたくない」と言った。私がその訳を問うと「……だって，Yくん寄ったら壊すやろ？今日だけは2人で遊びたいねん」と話した。今まで何度も一緒に遊んできて，Yくんが寄ったら壊れてしまうことが予想できたのだろう。Sくんの気持ちがひしひしと伝わってきた。けれど，Yくんは「寄せて，寄せて」の一点張りである。

　とうとう困ったSくんは泣き始めた。泣きながら，「Yくんは壊すから寄せたくないねん。今日だけは，2人で遊ばせてよ！」と，Yくんに訴える。困ったYくんも大きな声で泣きはじめ，2人の泣き声が響いた。Sくんは自分の思いが通らないと，大きな声で泣いて思いを通すようなところがある。思いが通らないので，泣き声はどんどん大きくなっていく。

　その間にも，次々と保護者のお迎えがあり，まわりの子どもも保護者もまたSくんが泣いているといった表情を浮かべている。私は，正直，早くこの問題を解決したいという焦りもあった。しかし，どうしたらよいのか本当に困ってしまった。

49

いつもは、叩いたり蹴ったりして気持ちを表現するＳくんが、きちんと自分の思いを言葉で表現している。そして、Ｙくんが遊んでいるうちに壊してしまうかもしれないから嫌だ、というその気持ちも十分理解できる。また、Ｙくんの楽しそうな遊びに寄せて欲しい、壊そうとは思っていないのに、壊すから嫌だと頭ごなしに言われてしまって傷ついた気持ちもよくわかる。
　私が大人のルールで「寄せてあげなさい」と言ったり、あるいは、「今日だけは、ＡくんとＳくん２人で遊ばしてあげて」とＹくんに話したりすることもできたけど、２人の思いがわかる分、勝手な大人のルールを押し付けられないな、という思いが強くなっていった。
　大声で泣いている２人に対し、「困ったなぁ、先生はＡくんと２人で遊びたいＳくんの気持ちもわかるし、寄せて欲しいＹくんの気持ちもわかる。そやし、どうしたらいいんかなぁ？２人はどうしたらいいと思う？」と私の正直な気持ちを話した。すると、２人はすーっと泣きやんだ。そして、Ｓくんは側から離れて行った。
　それからＳくんは自分の大好きなカブトムシをじーっと見つめていた。自分の気持ちを整理しているのだろう。私は「Ｓくんの気持ち分かるよ、どうしたらいいか思いついたら先生に教えてね」と声をかけＳくんの側から離れた。
　しばらくすると、ＳくんがＹくんの側にきて「ごめんね、寄せてあげる」といい、３人で遊び始めた。
　〈考察〉
　Ｓくんは、自分の思いを主張したあと、Ｙくんの思いにも耳を傾け一緒に遊ぶということになった。今回のエピソードは私の心が揺れたエピソードである。後で私は、２人に対して満足のいく解決策を出すことができず、２人の役には立ててなかったなという、何だか不甲斐ない気持ちになった。
　私がどうしたらよかったのかわからないけれど、２人の正直な思いがわかる分、早く解決させたいという私の勝手なルールではいけないなとその

ときは強く思った。そして子どもの答えを待とうと考えた。子ども1人ひとり，いろんな思いや考えがあるから，それを受け止めて「こうしてみたら？」と言える場面もあるけど，難しいケースもある。保育士という仕事は常にその時々の判断を迫られている。臨機応変に機転を利かせて決めていかないといけない時もあるけど，1人ひとりの思いを聞きつつ，こちらの思いも伝え，一緒に考える時もあってもいいのかなと思った。

〈私からのコメント〉

エピソードからは，4歳の子ども同士の思いのぶつかり合いと，そのあいだに挟まる保育者の思いの絡み具合が実によく読み手によく伝わってきます。Aくんと2人だけで遊びたいというSくんの気持ちも，一緒に寄せてと思うYくんの気持ちも，先生にはよく分かります。それぞれの言い分がそれなりにわかるので，保育者としては困って，「どうしたらいいかなぁ」と思わずつぶやいてしまいますが，その箇所の記述が素朴で素直で好感がもてます。経験豊かな保育者なら，あいだを取り持つテクニックとしてのセリフも言えたでしょうが，そうではなく，思わずつぶやいたところが正直でよかったと思います。

また〈考察〉のところで，早く解決させるのではなく，子どもの答えを待とうと思った，という下りも，2人の思いを受け止めた上での考えなので，よかったと思います。お互いの考えがせめぎあうとき，すぐに決着をつけようとしたり，解決策を出したりするのではなく，そこに「間＝ま」を置いて，一緒に考えようという姿勢をもつこと，これがトラブルでは大事だということに気づいたのは大きな収穫だったと思います。

それは保育者の思いに引き込んで子どもたちを動かすこととは逆の，子どもたちの思いを受け止めるが故の「間」であるからこそ，意味があるのです。

2人とも，保育者に自分の思いを受け止めてもらえたと思ったから，相手の気持ちを考えられるようになったのだと思います。SくんがYくんの思いを受け止めて「寄せてあげる」と言ったとき，Yくんも「壊さないように遊ばなければ」と思ったかもしれませんね。そんなふうにして，子どもたちは「私」と「私たち」の心を育てていくのでしょう。

エピソード8:「全部ボクのオモチャ！」　　　　　　　　　　K保育士

〈背景〉

2歳児のHくんは0歳児からの入所ではあるが，妹の出産のため，一時退所（昨年度3月）し，再び8月に入園してきた。以前から独占欲が強く，1歳児の頃は，自分の周りに玩具がたくさんなければ落ち着いて遊ぶことができない様子だったが，最近は気が向くと玩具を友達に貸してあげたり，「みんなで遊ぶんだよね」と自分に言い聞かせるように保育士に言ってくるようになってきた。また，友達ともブロックで作った剣を見せ合ったり，一緒にヒーローごっこ等もできるようになり，玩具を独占することが以前より少なくなってきたが，まだまだ友達の使っている玩具を勝手に取ってしまうこともある。

〈エピソード〉

夕方の自由遊びの時間，子どもたちが大好きなブロックで遊んでいると，突然Aちゃんの「Hくんが取ったー！」という大きな泣き声が聞こえてきた。すぐにAちゃんのそばに駆け寄り，「大丈夫？どうしたの？」と声をかけると「Hくんが白のブロックを取った」と教えてくれた。この自由遊びの時間のあいだでもう3回目なので"またか…"と内心思いながらも，Hくんを見てみると，"しまった〜，みつかっちゃった〜"と言いたげに，少しニヤニヤしながら，まさに今取ったであろう白いブロックを手からポロンと落とし様子をうかがっていた。

私は，"取ったらいけないということは感じているな"と思いながらも，もう少しお友達の気持ちもわかってほしいという思いで，「Hくん，Aちゃんは何で泣いているのかな？」と声をかけてみた。すると，今までニヤニヤしていた顔が急に泣き顔に変わり，「Hくんが白使うの！　Hくんのブロックなの！」と泣き出してしまった。見ると確かに白いブロックを集めて剣を作っている。だがAちゃんも怒りがおさまらないようで，「Aちゃんが使ってた！」とHくんに飛び掛ろうとしたので，慌ててAちゃんを抱きかかえ，「Aちゃん，ブロック取られて悔しかったね。先生，Hくん

とお話ししてくるからちょっと待っててね」と伝えると，少し落ち着き「うん」と言ってくれたのでHくんと話をすることにした。

　Hくんの正面に座り，「Hくん，白のブロック欲しかったの？」と聞いてみると「だってHくんの白だもん，白の剣作るんだもん！」と，ボクは悪くないと言いたげに怒っている。私は"落ち着いて，気持ちを受け止めなきゃ"と，思いながらも，「そっか。Hくんは白の剣を作っているんだ。でも白のブロックまだいっぱいあるよ。Aちゃんがこのブロック使ってたんだって」と，周りに置いてある誰も使っていない白のブロックを指差しながら，言ってしまった。すると，Hくんはさらに怒り，「だって，Hくんのブロックだもん！　いやだ！いやだ！全部使うんだもん！」と激しく怒り，持っていたブロックを投げてしまった。HくんもAちゃんのを取ってしまったという思いと，でも使いたいという思いとの葛藤の中で，自分でもどうしようもなくなってしまったのだろう。私も"中途半端では駄目だ，Hくんの思いをちゃんと受け止めないと！"と思い，Hくんを抱っこしながら，「うん。わかった。白い剣作りたかったんだね」と声をかけると，ようやく落ち着いてきたので，「でも，Aちゃん泣いてたね。先生もブロック取られたら悲しくなるな」と話をすると，「うん…」と言い，取ったブロックをAちゃんの近くにそっと置きにいった。Aちゃんも自分のブロックが返ってくると何事もなかったかのように遊びだしたので，「Aちゃんブロック返ってきて良かったね」と声をかけ，Hくんも私の伝えたいことを分かってくれたんだなと思い，白の剣を一緒に作りはじめた。

〈考察〉

　普段の行動から"また取ったのか。もっと他の子の気持ちに気付いて欲しいな"という思いや，"相手のAちゃんの気持ちもあるし……"という思いもあり，Hくんの使いたいという思いをすぐに受け止めることができなかった。お友だちのものを取ったらいけないと分かってきているHくんに「Aちゃんは何で泣いているのかな？」と声をかけた時点で，Hくんを精神的に責めてしまったのだろう。よくある玩具の取り合いでは，ついつ

い取られたほうに味方してしまう自分がいることに気付き，反省した。Hくんもそんな私に気付いて，中途半端な受け止め方では素直になれなかったのだろう。しっかりと心の声を受け止めてあげることが大切だと感じたエピソードだった。

〈私からのコメント〉

　保育の場には本当に頻繁にある典型的なトラブル場面だといえます。先に遊んでいた子どもが使っていたものを，他の子どもが使いたくて強引に取り上げたという場合，大人の目から見れば，誰が悪くて誰が犠牲者かがはっきりしているので，このエピソードの書き手も〈考察〉で認めているように，保育者の多くは「ついつい取られた方に味方する」のが常です。そしてそこには「善悪を小さいときからしっかり教え込んでおかないと」という「常識」も織り込まれているようです。

　しかし，子ども同士のトラブルをそのような善悪の観点から見るのではなく，お互いがそれぞれに思いをもっているのだという観点から眺めると，このトラブルの経験は，自分にも思いがあるように，相手にも思いがあるのだということに気づく，格好の場面だということが分かります。保育者がそのことをわきまえておれば，ゆったり余裕をもってそれぞれの言い分を聞き，「相手はこう思っている」と2人のあいだを仲介するだけで，取り上げた方の子どもはたいていは「いけなかった」と思っているので，少し間を置けば，Yくんのように自分から返しにいったり，自分から「ごめん」を言えたりするようになってきます。にもかかわらず，善悪を教える「させる保育」では，このような場面で「ごめんさい」を言わせ，言えば「よく言えたね」で終わっているようです。その流れを変えたいですね。

　このエピソードでも，先生が「うん，わかった，白の剣を作りたかったんだね」とまず受け止めると，Hくんも落ち着いてきます。そこで先生の思いを返していくというのが，保育の基本だと思います。

3．子どもの思いを受け止めると……

　本書では「子どもの思いを受け止めることがまず先に来るのが保育の基本」と繰り返し述べてきました。そのように子どもの思いを受け止めると，その後はどのような展開になるのでしょうか。思いを受け止めるとは，子どもの今のあるがまま（つまり「ある」）を受け止めることでもあります。ところが，「ある」を受け止めると，子どもは受け止めてもらった嬉しさをバネに，その「ある」を自ら乗り越え，大人の期待する姿に「なる」ことへと自ら向かっていくのです。ここに子どもの成長の大きな秘密があります。この節ではそのあたりのことが分かるエピソードを提示してみます。

エピソード9：「みんなのせんせいなんやで！」　　　　N保育士
〈背景〉
　3歳児クラス20名（男児9名，女児11名）を，担任1名（私）とクラス付けのフリー1名で担当している。Uちゃん（4歳）は，今年度5月に入園してきた子である。母子家庭で，現在母の実家で祖母や母の兄弟と一緒に生活している。以前は母の仕事の関係で別の小さな保育園にいたが，託児所のようなところだったので，今の保育園に通うようになり，同年齢の子どもと接するようになったからか，よく笑い，ふざけたりする姿も見せるようになるなど，Uちゃんがうんと子どもらしくなったように感じるとお母さんは喜んでおられる。
　入園してしばらくしてから7月初めまでは，Uちゃんは水道の蛇口を自分でひねらず保育者を呼んで一緒に開閉していた。それを自分でするようになったかと思うと，以前鼻血が出たことを思い出してか，「鼻血出た」と言ってきたり，アトピーの跡を気にして「いたい」「かゆい」と訴えるなど，Uちゃんなりに保育者にどこかで見ていてほしい，気にかけてほしいというサインを出しており，まだまだ保育者について回っていることが

多い。

　しかし，少しずつだが友だちを意識して，友だちのしていることを保育者に伝えたり，友だちと一緒に手をつないで走り回ったりする姿も見られるようになってきた。

〈エピソード〉

　園庭で遊んでいたときのこと。お友だちが鉄棒をするのを見て，やってみようという気持ちになったＵちゃん。鉄棒が満員だったため，「かわってくれへん」と訴え，やっと替わってもらえたので，ぶら下がったり，足を上げたりして，得意顔でできるところを見せてくれていたときだった。

　「せんせ，これしたい！」とＦくんの声。うんていを鉄棒のようにして足を上げてぶら下がろうとしているので，「待って！先生，いま鉄棒やから，Ｆくんが落ちても助けてあげられへんし！」と言い，そばにいたフリー保育士に鉄棒の子どもをお願いし，Ｆくんのそばに行く。「Ｆくん鉄棒でしーひんの？」と聞くが，「いや〜や！」の答え。「ん〜じゃあ鉄棒でお友だち待ってはるし，１回だけな」と言葉をかけると，「え〜〜」と言うがうれしそうな表情になってうんていにぶら下がる。ちょうどそこにＹくんが「Ｆくんロケットしよ〜」とジャングルジムで遊ぶよう誘いかけてきたので，私も安心して鉄棒に戻った。

　「Ｕちゃんごめんな，いっぱいできた？」とＵちゃんに言葉をかけると，Ｕちゃんは「みててや」とまたうれしそうにぶら下がって見せてくれる。そこに登園してきて母と別れがたそうにしているＡちゃんの姿が見えたので，「ごめん，Ａちゃんお迎えいってくるね」と伝え，Ａちゃんとお母さんの元に行く。母親と話すと，朝からぐずぐず言っている，熱が出るかもしれないとのこと。少し体も温かいように感じたので，様子を見て何かあれば連絡することを伝え，Ａちゃんにも「お熱ピッピしようか」と言葉をかけて，一緒に母を見送った。

　Ａちゃんと一緒に鉄棒のところに戻り，「Ａちゃんしんどいみたいやし，お熱ピッピするわ」とＵちゃんに話し，Ａちゃんをひざの上に乗せて熱を

測っていると，Uちゃんは腕のアトピーの跡を指して「せんせ，ここいたい」と言う。「いたいんやなぁ，大丈夫？」と聞き，体温計に目を移すと，「こことここもいたい」と腕と足も指して言うので，「ほんまやなぁ，お薬塗ってもらってるとこ？Uちゃん痛いし，お薬塗ってあげてくださいって，ママにお話しするわ」と応える。体温計が37℃を超えるのが見えたので，「あ〜Aちゃん，やっぱりお熱あるわ」とAちゃんに話していると，Uちゃんが怒った顔でAちゃんを見て「も〜！みんなのせんせいなんやで！」と強い口調で言う。Aちゃんがひざの片側にさっと移ってくれたので，「Aちゃんありがとう」と言葉をかけ，Uちゃんを見て手を伸ばすと，私のほうを向いてぎゅっとしがみつくようにUちゃんは座る。「ほんまやなぁ，先生みんなの先生やもんなぁ。AちゃんもUちゃんも，みんなの先生やもんなぁ」と話し，Uちゃんの痛いと言っていた手をさすっていると，Uちゃんも少し落ち着いたような表情になった。

〈考察〉

この日も園庭に出てすぐに私にくっついていたUちゃん。しかし「鉄棒しようか」と誘いかけると，マットを運ぶことから手伝ってくれて，友だちが鉄棒を占領していると「かわってくれへん」と訴えるなど，今まで以上に気持ちが鉄棒に向かっていることが感じられた。私はそのことが嬉しく，その姿を認めたいと思った。Uちゃんも見られていると張り切るのか，友だちがするのを見ては"Uちゃんもできるんやで！！"と言わんばかりにいろいろやって見せてくれていた。

しかし，あちこちをウロウロする私を見て，Uちゃんも落ち着かなくなったのだろう。Aちゃんの熱を測るのを見て，"Uちゃんもいたいんやで！見て！"と訴えたのではないだろうか。最近そのように体の不調を言うことが多かったので，私もUちゃんの気持ちは分かっていたつもりであるが，そのとき私が返した応えはUちゃんの気持ちを受け止めるようなものではなかったので，あしらわれたようにUちゃんは感じたのだろう。Aちゃんに向かってUちゃんが言った言葉は，私に対して"みんなの先生っ

てわかってるから待ってたのに，なんでUちゃんが言うときには聞いてくれへんの！？"と訴えているように聞こえた。また，Uちゃんの中に芽生えてきた"みんな"という感覚を，私が壊してしまうようなことをしたのではないだろうかとドキッとした。

　今回はそれを感じ取ってか否か，Aちゃんがさっとひざを譲ってくれたことで私はUちゃんに"ちゃんと見てあげなくてごめんね"という気持ちを伝えることができた。子どもの気持ちを受け止める中で，大切なのは言葉だけではない。いくら表面的に取り繕っても子どもは感覚で心を感じ取っているのだろう。今回私がきちんと向き合っていれば同じ言葉かけであってもUちゃんは"ちゃんと見ていてくれる"と安心することができただろうと思う。

　まだまだUちゃんの「いたい」という訴えは続いている。これは"今困ってるの""ちゃんと見て！"のサインであり，私がきちんとUちゃんを受け止めていることがUちゃんに伝わり，Uちゃんが安心できるようになれば，そのようなサインも消えていくのだろうと思う。

〈私からのコメント〉

　エピソード記述というと，どうしても1人の子ども中心のエピソードになりがちですが，その主人公の周りにいる子どもたちにも次々に関わらなければならないのが保育です。1人の子どもの思いをしっかり受け止めていると，他の同じように受け止めてほしい子どもの思いに寄り添えない結果になることが多く，こうして，気になる子や要求の強い子どもの思いは受け止められても，たいていのことは自分でできる子どもの思いはついつい受け止めることが後回しになり，そのうちに受け止めることも忘れてしまう……子ども1人ひとりと言いながら，そんな慌ただしさの中で保育は営まれています。

　このエピソードでも，保育者にとって少し気懸かりなところのあるUちゃんの気持ちをしっかり受け止めて対応しようと思うのに，あちこちから「先生！」の声がかかり，おまけに熱がありそうなAちゃんにも対応しなければなりません。そんな保育者の大変さがとてもよく伝わってきます。そして，「も

〜，みんなのせんせいなんやで」というUちゃんの言い分も，それに先生の膝を譲るAちゃんの気持ちも，みんなよく分かる感じがします。

　どうしても先生を独占したいUちゃんは，「みんなの先生だ」と言うことで，先生が他の子どもに関わっても，最後には自分も関わってもらえるのだと思い，そのようにしてでも自分が認められていることを確かめずにはおれないというところなのでしょう。

　ところで，エピソードをざっと読んだとき，読み手は保育者が丁寧に言葉をかけているなあという印象をもつだろうと思います。ところが，書き手は，「自分がもっとUちゃんに向き合っていれば同じ言葉かけでもUちゃんは"先生はちゃんとみていてくれる"と安心しただろう」と書いています。言葉では繋いだつもりでも，Uちゃんのところに自分の気持ちが寄り添っていなかったので，Uちゃんは安心できなかったのだろうというわけです。それが事実だとすれば書き手の言う通りなのですが，このエピソードの展開の過程で，書き手がそのように思っていたということが〈考察〉を読むまで読み手の私には分かりませんでした。エピソード場面での保育者の気持ちの動きはどうだったのか，これがエピソード記述研修会の場なら，是非，訊いてみたいところです。

エピソード10：「先生，おだんご作って」　　　　　　　M保育士

〈背景〉

　Iくんは1月生まれの男児で，現在2歳6カ月。

　私は2歳児うさぎ組の担任をしている。前年度からクラス替えをせず担任も持ち上がり，私のクラスは退所もあり新入児3名が加わって12名でスタートした。Iくんは友だちと一緒に遊びたいのに，すぐに友だちの持っているものを「これIが使ってた！」と言って引ったくっては相手を泣かせたり，場所の取り合いで「おらー！どけ！」と乱暴な言葉で相手を威嚇したり，蹴ったりして，うまく友だちと関われない姿がよく見られる。そんな時「どうしたん？」とまずはぎゅっと抱きしめながらIくんの思いをじっくり聞き，気持ちが落ち着くのを待つ。そして「Iくんもこれ使いた

いんやなぁ。でも今はAちゃんが使ってはるし後で貸してもらおうね」とか,「Iくんも Bちゃんみたいなやつ作って一緒に遊ぼう」とか, Iくんはどうしたかったのかを代弁したり, 仲立ちしたりするという対応をしてきた。

しかし同じものを持って仲良く遊び始めたと思ったら, またすぐに「これIが使ってた！」と他の子どもの遊びが気になり, 他の子どもが使っている物を取り上げ, 再び遊びが中断してしまう。これでは他の子どもたちの遊びも広がらないため, 私がIくんの側にいるか, 1対1でじっくり遊ぶかするようなことも続いていた。Iくんは「Iの〇〇先生！」と私を独占したい, たくさん甘えたい気持ちも強く, 私の関わりを喜んではいるものの, やはり友だちと関わりたいという気持ちも大切にしたいし, 私も友だちとの関係を広げていって欲しいという思いがあり, どうしていいか悩んでいた。この日は午後のおやつの後にIくんが「せんせー粘土しよ」と私を誘い, その準備をしていたところへMちゃん, Pくんも加わって同じ机上で油粘土遊びを始めたときのことである。

〈エピソード〉

粘土板とアルミ皿を用意し, そこに粘土を置いて遊び始めた。小さくちぎっては「これはパン, これはチーズ」と楽しそうに話しながら皿に並べていくMちゃん。Pくんは一生懸命粘土を固めて「おっきいぞうさん」を作っている。Iくんは「せんせーおだんご作って。いっぱい！」と私に丸めて欲しいと言う。「わかった。おだんごいっぱい作ろなぁ」と私は丸めては「はい, どうぞ」とIくんの皿にのせる。「うわぁ！おだんごやぁ」とIくんは嬉しそうに笑い, それを手にとってこねたり伸ばしたりする。しかしふいにMちゃんの並べていた粘土を取って自分の粘土板に置いた。「Mの！」とMちゃんが怒ると,「これI使ってた！」と怒って言い返す。「Iくん, Mちゃん大事に並べてはったよ。Iくんもこんなん欲しかったん？」と聞くと,「いっぱいがいいの」と言う。「そうかぁ。いっぱいがいいんかぁ。ほなもっといっぱい作ろうね。でもMちゃんの大事なやつは返

してあげて欲しいな」というと「うん」と頷き元の位置に返した。

　しばらくすると，今度はＰくんの粘土板から粘土を取って自分の粘土板に置いたＩくん。「Ｐの！」とＰくんが言うと，「これＩのやんか！」と言ってＰくんの頭を叩く。「Ｉくん，これはＰくんが作ったやつと思うよ」と言うと，黙ってふてくされる。Ｐくんは黙っていたが，「Ｐくん痛かったなぁ。Ｉくんね，Ｐくんみたいなかっこいいの欲しいんやって。どうしよう？」と聞いてみると，「こっち」と言って別のものを差し出す。「Ｐくん，これくれるって」と言うと，渋々取り上げたものを返すＩくん。そんな時違う遊びをしていたＢくんのトイレに付きそうため，私はその場を離れることになった。またけんかをしないかと心配ではあったが，Ｉくんは膨れたほっぺも萎み「ほらーこんなおっきい」とＰくんにもらったのを喜んで触っていた。

　私がトイレから戻ってきた時，「これＭ使ってた！」という声がまた聞こえてきた。「ちゃう，Ｉの！」とＩくんは言ったが，すぐに「これＭちゃん使ってるんかぁ」と優しい口調になって言う。あれ？っと思い見ていると，「あんなーちょっとちょうだい」と言うＩくん。「いいよ」と快くＭちゃんも自分が作ったものを渡す。その後もＩ：「おだんご作ろ」，Ｍ：「うわぁＩくんのいっぱいや」。Ｍ：「これＭの！」，Ｉ：「そっかぁ。まちごうた」。Ｉ：「Ｍちゃんあげる」，Ｍ：「ありがと」などと，２人のかわいらしいやりとりが聞こえてくる。

　私はそのまま少し離れて見守り，一方でＰくんは黙々と穏やかな表情で粘土を固めたり形を変えたりして遊んでいた。その後，存分に楽しんだ３人は粘土を片付けながら「せんせＩな，Ｍちゃんとな，おだんごいっぱい作ったねん」と目を輝かせながら話すＩくん。「そうかぁ。Ｍちゃんと一緒にいっぱい作って楽しかったね」と返すと「うん！また明日する！」と満足した表情を見せていた。

　〈考察〉

　Ｉくんが生後５カ月で入所した時から，私はＩくんを担当し，間近で成

長を見守ってきた。家庭環境も影響しているが，言葉でのやりとりが増えるにつれて，Ｉくんの人との関わりや言葉が時に乱暴になり，それがとても悲しく，その度に「もうちょっと優しく話してね」と伝えたり，じっくりと関わることで心が安定していけばと１対１で遊んだりしてきた。１対１で関わるとき，Ｉくんから決して乱暴な言葉は出てこない。「あんなー，Ｉなー」と言いながら自分の思いをたくさん伝えてくれる。一方，Ｉくんが友だちと関わりたいという気持ちも私は手に取るように分かっていたが，Ｉくんが乱暴な言動を取ることで友だちが離れていってしまわないか心配する思いと，トラブルは避けたいという気持ちから，Ｉくんを必要以上に保護し，関わりを広げる働きかけをしていなかったと振り返り反省している。また，ちょっと乱暴なところもＩくんの個性であるという寛容さが欠け，私の「こうなって欲しい」という願いをＩくんに押し付けてしまっていたことにも気付かされた。

　トラブルが起こると，それが発展せぬようにと保育士は仲立ちをする。そうすると子どもたちは自分の思いを強く主張し，大人に聞いてもらい，それを通そうとする。互いの気持ちを保育士が受け止め，解決するよう示唆していくことも必要なこととは思うが，少し離れて見守り，必要な時すぐ助けに行けたらいいのだとこのエピソードを通して学んだ。子どもたちは友だちとの関わりの中でどんなことをしたら友だちが喜ぶのか，怒るのか，自分はこうしたいのをどうしたらわかってくれるのか，様々なことを試しながら学んでいくのだと思う。Ｉくんの場合も，「おらー！」と凄んだ時，私がすぐ「Ａちゃんびっくりして逃げちゃうよ」と諭すのでなく，相手の嫌がる表情を見て，Ｉくん自身の気づきがあってこそ私の「優しく話して」という願いも伝わっていくのだと思う。ＭちゃんはＩくんと月齢も近く，０歳児の頃から一緒に過ごし（共に私が担当），互いに大好きな存在である。私を介しての２人の関係から，ぶつかり合いながらも互いの思いを伝え，２人でやりとりする姿へと関係が発展していることがとても嬉しく，成長を感じた。Ｉくんはそうして友だちとやりとりをしたり，私に

第1章　子どもの思いを受け止める

目一杯甘えたり，ついつい乱暴な言葉を使って嫌がられたりを繰り返しながら将来に向かっていく。その中で私はＩくんをしっかり受け止めるＩくんにとっての安心基地であり続けたいと思う。またもっと子ども自身の力を信じていきたい。

〈私からのコメント〉

　〈背景〉がしっかりしており，〈エピソード〉も十分に場面の状況が読み手に伝わる内容になっていて，自分の思い中心の2歳児らしいやりとりがよく伝わってきました。保育者が子どもの言葉を繰り返すかのように一旦その子の思いを受け止めると，とんがったその子の思いがちょっと柔らかくなる感じがよく出ています。やはりそこに保育の基本があると思います。特に〈考察〉がしっかりしていて，〈背景〉〈エピソード〉〈考察〉の3点セットでＩくんの様子がほぼ摑める記述になっているところがよいと思いました。ただし，〈考察〉の前4行は，〈背景〉に入れておいてもよかったかなと思います。書き手がこのエピソードを描こうと思った背後には，Ｉくんの乱暴な言動への気懸かりがあり，それは家庭環境の影響によるところがあると踏んでいるからです。しかしおそらく，それを正面切っては書けない事情があり，〈考察〉のところで仄めかすにとどめたのでしょう。

　〈考察〉では，トラブルを避けたいという気持ちからの対応になりがちなところで，そうではなく，トラブルを通して子どもたちがお互いに育っていくのだということ，それゆえ，トラブルをすぐさま解決しようと介入するのではなく，子どもたちの言い分を聞きながら見守ることも必要だと気づいたところはとても大事だと思います。いろいろなことを反省しながら保育を考えようとしているところがとてもよいと思いました。

　ただ，ＩくんがここでＭちゃんやＰくんの思いに気づいて出方を変えることができるようになったのも，それまで保育者がＩくんとしっかり関わり，Ｉくんの思いを受け止め，友達とのトラブルに丁寧に仲介してきたからではないでしょうか。

エピソード11：遊びたいけど食べたいし……　　　　　　　　M保育士

〈背景〉
　今年度4月に入所したTくん。2月生まれ（1歳9カ月）の男児。毎日早朝保育で登園してくる。年の離れた兄が2人いる。また父は単身赴任だが，週末に帰ってくるので，甘えられる。父は普段一緒にいない分，Tくんができることも何でもやってあげたいようで，可愛がっている様子が連絡帳などからうかがえる。そのためTくんは，何事においてもしてもらうことが当たり前であった。4月当初は，おやつや給食を出されても，食べたい気持ちはあるが，おやつのつかみ方やコップの持ち方などが分からず，食べさせてもらうのを待っていた。遊びも興味を示さなかったり，どのようにして遊ぶものなのか分からなかったりする感じだった。言葉かけしても言葉の意味が分からないこともあり，反応が見られないことがしばしばあった。
　このようなTくんだったので，保育者が"こうかな"と確認しながら気持ちを汲み取っていた。夏頃になると少しずついろいろなものに興味を持ち，自分で好きなものを見つけて遊んだり，給食なども手づかみでよく食べたりするようになってきた。秋頃には，自我が芽生え始め，自分らしさを出しながら園生活を楽しめるようになった。言葉はまだ出ないが，身振りや表情などで意思表示も少しずつできるようになってきた。そんな中，Tくんの気持ちが思い切り表された出来事があった。

〈エピソード〉
　秋も深まったある日，戸外でそれぞれ好きな遊びを楽しんでいた。避難訓練の後だったのでいつもより時間は押していたが，たっぷり遊べたかなと思う頃，給食のために入室する。しかし，3名（Sちゃん，Kくん，Rちゃん）は「まだご飯食べない」と自ら私に伝えてきた。「分かった。お腹がすいたら教えてね」と言って周りを見渡すと，もう1人，三輪車にまたがって遊んでいるTくんがいた。「Tくん，カレーだって。食べる？」と聞くと，「ううん」と首と手を必死に横に振って抵抗する。「そうか，ま

だいらないんだ」と返したものの，"カレーって分かってるかな？"と思い，もう1回「マンマだけど，食べる？」と聞いてみた。それでも答えは同じ。先日は私の余計な気配りから（早く登園してきたからお腹すいてるかも？また早く眠くなるかもしれないと思い）入室を促したら怒ってパニックになったので，今回はしばらく見守ることにした。園庭が静かになってくると，「まだいらない」と言っていたSちゃん，Kくん，Rちゃんも，「カレー食べてくるね」と室内に入っていった。

　1人になったTくんだが，周りを気にすることもなく，好きなあそびに夢中である。その時，年長児たちが園庭で給食を食べる準備を始めた。しばらくは何も気付かずに遊んでいたTくんだが，年長児たちが座ると近づいて行った。"ヴァーおいしそう"という表情で年長児たちのカレーに見とれているTくん。今だと思い，「Tくんもカレー食べに行こうか？」と言葉を掛けるが，玩具をにぎったまま，年長児の近くに座り込んで動かない。年長児たちからも言葉を掛けられるが，指をくわえ，よだれをたらしながら，その周りをグルグル回るばかり。"本当は食べたいけど，でも遊びたいし，うーんどうしよう"とどちらも譲れないTくんの気持ちが伝わってきた。しばらく見守った後，私の姿が見えなくなったら戻ってくるかなと思い，室内に入ったが，年長児のカレーに見とれているばかり。こうなったらと思い，Tくんの皿に入ったカレーを見せると，車の玩具はすぐそこに置き，靴も履いたまま室内に入ってきて，カレーに飛びつくTくんだった。

　〈考察〉
　この前の過剰な気配りを反省して，今回はTくんの気持ちを十分汲み取って見守ることを大切にした。今，いろいろなことができるようになり，戸外あそびを心から楽しんでいるTくんなので，遊びをやめたくない気持ちも十分伝わってきた。だが，食べることも大好きなTくんである。遊びと給食とどちらを選ぶかと問われるとき，どちらも譲れない気持ちもよく分かる。でも今回はTくんの気持ちが動くのを待てたことで，Tくんは満

足して遊びに区切りをつけ，給食も落ち着いて食べることができたのではないかと思う。

今までは様々な誘いかけで全員を室内に入れ，みんなで「いただきます」をすることが当たり前になっていたが，それは保育者の都合のいい保育である。時間にとらわれすぎて，1人ひとりの気持ちに全く寄り添っていなかったことを改めて反省した。

また，このエピソードを基に，私はそれまでの保育のあり方や言葉掛けの仕方などを反省し，「させる保育」を見直すきっかけとなった。これまでも子どもの気持ちは大切にしてきたつもりだったが，子どもたちの気持ちと私たち保育者の気持ちにずれが生じ，子ども本来の姿を消してしまっていたのかもしれない。どんな小さな子どもであっても何らかの方法でサインを出し，自分の気持ちを表している。そのサインを見逃さず，その都度しっかり向き合っていくことを大切にしていきたいと思った。

〈私からのコメント〉

もう少しで2歳になるTくんは，まだ言葉で自分の思いを表現できないようですが，しかし保育者にはその思いが手に取るようにわかるようです。保育者の都合で子どもを動かすのではなく，子どもの思いをしっかり受け止めて，ゆったり対応しようとしていることがよく伝わってきます。特にTくんの内部の，遊びも続けたいし，カレーも食べたいしという2つの心のせめぎあいを保育者が汲み取って受け止めているところは，読む者にその情景が目に浮かぶようで，思わず微笑んでしまいます。

そこまでなら「2歳前後の子どもって，本当に可愛いですね」で終わってしまいますが，〈考察〉を読むと，それまでは子どもたち1人ひとりの思いを受け止めるよりも，保育者の都合で一斉に入室させる「させる保育」になっていたのを反省した結果の対応であったことが分かり，改めて，子ども1人ひとりの主体としての思いを受け止めることの意義を考えさせられました。このエピソード記述を通して，保育全体に急がせずにゆったりした雰囲気が感じられるところも，大事なところではないかと思いました。

第1章　子どもの思いを受け止める

　ここには示されていませんが，保育者がTくんにじっくり関われる背景には，他の保育者との連携がうまくいっていて，先に入室した子どもたちを他の保育者が見てくれる条件があることが，このエピソードのゆったり感に繋がっているのでしょう。

エピソード12：お家にいたかった……　　　　　　　　　　　　　K保育士
　〈背景〉
　Tくんは年長男児（3月生まれ）。父，母，兄，弟，本児の5人家族。父，母の共働きで，早朝保育も延長保育も利用している。
　園ではとても活発に友達とサッカーや鬼ごっこなどで遊ぶTくん。誰とでも仲良く遊び，笑顔が絶えない。しかし，3人兄弟の真ん中で，家に帰ると一番困らせると母は語っていた。保育園の姿とは正反対の家での姿に，Tくんの幼い一面と，母を独占したくて母を困らせているかもしれないと思われるTくんの心の葛藤が感じられた。夏の終わり頃から父と登園してくるようになり，「お母さんと来たかった」などと言って泣いて来ることが多くなり，不安定ぎみであった。園で特定の友達がいないことも不安定の原因かと思い，自分の関わりを見直してみることにしていた。
　〈エピソード〉
　早番で父親と登園。大泣きしてくる。落ち着いてから，「なんで泣いちゃったのかな？」と，Tくんに聞いてみると，「だって，お家にいたかったんだもん」と答えが返ってくる。その時は「ふ〜ん，そうなんだ。先生もわかるよ，お家にいたくなっちゃう気持ち……」と受け止め，しばらくTくんのそばにいて気持ちが落ち着くのをそっと見守った。しばらくして気持ちの整理がついたのか，いつものように遊びだした。
　早番の時間が終わり，クラスの保育室に戻ると，同じ縦割りクラスの年中児Kくんが，登園時，大泣きして来る。Tくんは保育士に抱かれているKくんを，しばらく遠くで見ていたが，心配になったのか「Kくんだいじょうぶかな〜かわいそうだね〜きっと，お家にいたかったんだよ」と呟き，

Kくんに近づくと肩をさすって「Kくんいっしょにあそぼ！」と，すすり泣きしているKくんに言う。Kくんもすすり泣きしながらも年長児のTくんの誘いに応え，一緒にブロックで遊び出し，次第に笑顔になってきた。「Tくん，ありがとう」と私が言うと，Tくんは嬉しそうににっこり笑っていた。

　〈考察〉
　Tくんが自分自身の辛い気持ちと，Kくんの辛い気持ちとを重ね合わせ，「きっと，Kくんもお家にいたかったんだろうな」と友達を思い遣る気持ちや，Kくんの辛い気持ちに共感しようとする心に，心温まるものを感じた。最近，登園時に泣いて来るので気懸かりだったが，Tくんの心の成長を心から嬉しく思った。
　この事があってから，Tくんは登園時に父親と来ても泣かなくなり，元気に登園してくるようになった。月齢も遅く，母に甘えん坊のTくんが，同じクラスの自分より小さい子を思い遣ることで，登園時の心の葛藤を自分なりに解決したのかとも思われた。その後，TくんとKくんが，一緒に遊ぶ姿を時々見かけるようにもなった。まだ特定の友達はできていないが，友達関係も少し広がり，今まで以上に生き生きと遊ぶ姿が見られるようになったのが嬉しい。

　〈私からのコメント〉
　Tくんの「お家にいたかった」という思いを「そうなんだ」と保育者が受け止める……何でもないことのようですが，こうして受け止めると，子どもの内部に何かほっとするものがあるのでしょう。そのほっとする思いがいまの負の状態を乗り越える力を呼び起こすようです。そして保育者に受け止めてもらったように，自分より幼い子どもの思いを受け止められるようになる……私はいま，いろいろなところで〈「ある」を受け止めていると子ども自らが「なる」に向かえるようになる〉と述べていますが，それがはっきり分かるエピソードだったと思います。
　このエピソードのような，子どもが他の子どもに共感したり，思い遣Hり

第1章　子どもの思いを受け止める

するところだけを見て，子どもにはそのような力があると語る人がいますが，その手前で，やはり大人が子どもの思いを受け止め，辛い気持ちに共感していることが，そのような力を引き出すのだと考えるべきでしょう。このエピソードはそのことをも教えていると思います。

　年長児になるとしっかりしてきて，聞き分けがよく，自分の思いをしっかり表現し，周囲の人の思いも受け止められるようになってきます。Tくんも普段はそのような面を見せているのでしょうが，やはりお母さんに甘えたい自分の思いを分かって欲しいという気持ちもあって，それをぶつけたり，それが溢れ出てしまったりと，子どもらしい面もまだ残っているのが分かります。そこを受け止めるのが大事ですね。

4．子どもならではの子どもの思い

エピソード13：セリフは言えなかったけれど……　　　　　　　E保育士

〈背景〉

　Rは4歳男児。母，姉の3人家族。3歳児17名，担任1人のクラス。

　早番から遅番まで，土曜日も登園することが多い。母親はさっぱりした性格。Rのことを可愛がっているものの，忘れ物も多く，迎えに来たときは疲れた様子で，帰るのをせかすように見えるときもある。Rも母親の大変さをわかっているようだ。時々，表情に寂しさを感じるところがある。

　保育園でのRは，見た目おとなしくクラスで目立つ存在ではないが，遊びに集中して，アイディアの豊富さに驚かされることもある。"こんないいところがあるんだ"と，日々の生活のなかで気づかされることが多々あった。

　発表会も楽しみにしていて，「前に出て，まざるときは，こうやって（手をピンと伸ばして）クルクル回ればいいじゃん」とアイディアを出してくれたりする。私が数日休むと，「せんせい，きのうもいなかったじゃん。きょうは，やる？」と言いに来てくれ，Rの発表会への意欲に私も励まさ

れていた。母親に，Rがとても張り切っていることをその都度伝えると，母親もその姿を喜んでいた。「ただ，1人ずつ，1言，マイクで言う場面では，ドキドキしちゃうみたいで固まっちゃうんだよね」と母親に耳打ちして伝えると，「うちでもよく踊っていて，セリフも言っているんだけどね〜。はずかしいんだね」と母親は明るく応じた。セリフが恥ずかしくて言えない子には，私が一緒に言うようにしていた。たとえRがセリフが言えなくても十分だと思っていたが，こんなに劇ごっこを楽しみにしたり，どうすれば劇がよくなるかを考えたりしているRの取り組みを見ていたら"できたら皆の前で言ってもらいたい，言えるといいな"とも思っていた。それがRの自信にも繋がっていくと思っていたからである。

〈エピソード〉
　発表会当日。Rがドキドキしている様子が伝わってきた。踊っているときも控えめだった。1人でのセリフはやっぱり言えなかった。でもそんなことより，今までRの発表会に対する思いが人一倍だったことが嬉しくて，「よくがんばったね。Rくんのお蔭でクルクル回るところ，とってもよかったよね。ありがとう」と褒めた。

　母親は年長の姉の発表会を見終わり，ほとんどの子が帰ったところにやって来た。部屋に入るなり，大きな声で「R，よくがんばったね」とRを抱き上げ，抱きしめてくれた。その姿を見て，私はものすごく感動した。「よかったね。Rちゃん！」Rもとても嬉しそうだった。

　後日のクラス便りに，他の子の様子もいくつか載せた後，『発表会では，緊張して，マイクで言えなかったRくん。でも，Rくんは，練習態度がまじめで，「先生，今日は，やらないの？」と，毎日やりたがったり，「まざるときは，こうやって（手をピンと伸ばして）クルクル回ればいいじゃん」とアイディアを出してくれたりするなど，いつも意欲を持って取り組んでいました。発表会をやる意味って，まさにそういうところにあるんじゃないかなあと思います。"その日に上手にできる，できない""他の子と比べてどうなのか"が大切なのではなく，発表会に向けて，子ども達が（気持

ちの上でも）今までどう取り組んできたかの過程が大事なのだと思います』と書いた。

　すると，次の日，帰りに母親が「あのお便りに載っていたの，うちのRのことだよね。嬉しくって！ずっととっておくね」と言ってくれた。「私こそ。お母さんがRくんを抱きしめてくれたのを見て，すっごくうれしかったよ」と私。「実は，今までも先生たちが書いてくれたお便りで感動したのを切り取ってアルバムにはさんであるんだ」とお母さん。「本当？」思いがけない母親の言葉に嬉しさがこみあげた。

　〈考察〉
　私は，発表会前，"セリフが言えなくてもいい，十分だ"と思いながらも，どこかに"頑張ってきたRには，発表会でセリフを言ってほしい"というような期待や願いを感じていた。でも発表会が終わった時，当日にセリフが言える，言えないは，それほどたいしたことではなく，これまでの過程やその子自身を認めてあげることが大切であることを改めて感じ，"Rのお陰だな"と感謝した。

　結果を見て判断する親が多いなか，Rのすべてを受け止めて抱きしめてくれた母親の姿がものすごく嬉しかった。Rにとっては，ありのままの自分を母親に認められ（褒められ）たことが，なによりも嬉しかったと思う。そしてその母親の愛情が，今後の自信へとつながっていくのだと，幸せそうなRの姿を見て教えられた。

　Rは遅番で母親が迎えに来ると，私がいるかどうか見に来て，いると「さよなら」と言いに来てくれるので，時々，母親にRの様子を伝えることができた。私は，Rが張り切って発表会の練習を頑張っていることが嬉しかったし，何にでも意欲的で発想が豊かで驚かされることも多かった。そういう私の感動をそのまま母親に伝え，母親も家での様子を伝えてきてくれたことも良かったかなと思う。

　"Rの良さを知ってほしい" "親に，1人ひとり違う我が子の良さを気づいて受け止めてほしい"と思い，クラス便りを書いた。Rの母親が働き

づめの忙しい日常のなか，クラス便りを見て，感動したところを切り取って残してあることを聞いた。嬉しさと同時に，改めて子どもの育ちを親と共感しあえるよう，目に見えないところこそ，大切に伝えていかなければと思った。

〈私からのコメント〉

　発表会を巡るエピソードです。いろいろとアイデアを出し，発表会に前向きなRくんですが，いざ「マイクで一言」になると固まって一言が言えなくなるようです。うまくやりたい気持ち，自分のプライド，慣れないことに対する緊張，思い入れが強い分，ちゃんと言わなければというプレッシャーも強く感じているようで，そういう子どもなりのいろいろな思いが重なり合って，「言えない」状態を作るのでしょう。それが子どもらしさでもあります。そういうRくんを見て，書き手のなかには，結果ではなく過程が大事という思いがある一方で，頑張ってきたRくんだからこそ，発表会でセリフを言ってほしいという矛盾する気持ちもあったようです。そして，多くの保護者が結果にこだわるなか，Rくんのお母さんが発表会で言えなかったRくんを抱きしめて褒めてくれたことが嬉しかったこと，Rくんのことを載せたクラス便りをお母さんが切り取って残していてくれていたことが嬉しかったことなど，なぜこの書き手がこのエピソードを書きたかったかがよくわかります。

　発表会などで保護者に「見せる保育」が横行しているなか，過程が大事，子どもたちが楽しめるかどうかが大事ということに気づいている点もよかったと思います。

　ただ，この書き手がこのエピソードを書きたかった気持ちは伝わってきますが，年中児のRくんがなぜ緊張してしまうのか，その緊張する様子を受け止める保育者の対応や，そのときの周辺にいた子どもの様子が意外に書かれていないのが不思議に思います。過程が大事なのはその通りですが，保育者がどのようにRくんを受け止めたのか，発表会でどんなことをやりたいかを子どもたちで決めたのか保育者主導で決めたのか，その過程がやはり大事で，どの子どもも自分らしく参加できるような発表会の内容を考えていくことも大事なのでは

ないかと思いました。

エピソード14：ちょうちょが大人になったら……　　　　　N保育士

〈背景〉

　私たちの園は周りを畑や田に囲まれており，春にはテントウ虫や蝶がたくさん飛んできたり，夏には田からカエルがピョンピョン飛んできたりするような，自然に恵まれた園である。子どもたちは自然にたくさん触れ，興味や関心を持って過ごしている。

　園庭の隅に隣の畑からレモンの木の枝が伸びていて，そこには毎年，黄アゲハが産卵するので，その幼虫をいただいて，蝶にかえすという活動が繰り返されている。

　4カ月から保育園に入園しているAくんは年少組にあがってから，年長組の虫博士のお兄さんにつきっきりで虫探しに夢中になっている。みんなが部屋に入っても，虫を見つけるまではがんばるという虫博士予備軍の子どもだ。私と彼は入園の4月からの付き合いで，気が向くと事務室にやってきては何かと話をしてくれる関係である。

　年少組の春，Aくんのクラスのうさぎ組でもアゲハの幼虫をいただいてきて，毎日楽しみに給食室からキャベツなどをもらって大事に育ててきた。そして，休み明けの月曜日，いよいよ蝶になって，飛び立つ日がやってきた。

〈エピソード〉

　うさぎ組の子どもたちは，飼育ケースの中でさなぎが蝶になっているのを発見。興奮して，事務室の私のところにも伝えに来てくれた。早速，見に行くと，まだ，羽が伸びきらない蝶になりたての姿が見えた。うさぎ組の全員が登園したら，お空に放すんだと，うきうきしている子どもたちだった。そして，いよいよ蝶を放すとき，年長組の子どもたちも，初めてうさぎ組が育てた蝶を放すのを一緒に見ようと集まってきた。そして，その瞬間がやってきて，飼育ケースから蝶が飛び出し，子どもたちみんなで

「げんきでねー」や「また，遊びにきてねー」と送り出した。ところがなんと，すずめより少し大きな鳥がサーっとやってきて，子どもたちの目の前で，ぱくっと今放したばかりの蝶を食べてしまったのだ。子どもたちは一瞬，何が起こったのかと，ぽかんと口を開けて空を見つめていた。年少，年長の担任はそれぞれの年齢にあった話し方で，自然界の食物連鎖の話をし，家庭にもすぐその日にお便りを出してその出来事を知らせた。

年長組は，かわいそうだったという思いはもちながら，食物連鎖の意味は理解したようだった。しかし，年少組の子ども達は，納得することも理解することも難しく，午睡中，うなされたり，家庭では夜泣きをしたり，ボーっとしてしまったりした子どももいたと連絡があった。家庭の保護者もみなショックを受けたようで，びっくりしたとか，なかなか経験できないことなので，子どもたちには良い学習の機会になったのでは？という意見もあった。

そして，しばらくたって，次のさなぎが蝶になった日，早番で保育園にやってくるＡくんが事務室の私のところに走ってやってきた。「先生，ちょうちょになってるよー」とＡくん。「本当？すごい，すごい，みせて！みせて！」と私はＡくんと一緒にうさぎ組の飼育ケースを見に行った。確かに，まだ羽が伸びきらない，今，蝶になったばかりの姿がある。私は軽い気持ちで「みんなが来たら，お空に放してあげようか？」とＡくんに声をかけた。するとその時，Ａくんはとてもあわてた様子で「まだ，まだだよー。だって，まだ赤ちゃんだからねー」と答えた。そうか，食べられたときのことを思い出して，もっと，しっかりしてから放さなければ危ない！とＡくんは思って言っているのだとわかり，自分の発言の無神経さに我ながらあきれてしまった。Ａくんの優しさにとても恥ずかしい思いになった。虫が大好きで，虫を大切に思うＡくんならではの言葉なのかもしれないと思った。２番目にかえった蝶は子どもたちがもう大丈夫，Ａくんのいう「大人」になってから無事に空に放たれた。

〈考察〉

　蝶が鳥に食べられた時には私自身もショックに思い，職員みんなでどのように子どもたちのショックを和らげようかと考え，家庭にも知らせて子どもたちと命について話す機会にしてもらおうと思い，一生懸命だった。しかし，次の機会に無神経な言葉かけをしてしまう自分は，よほどAくんより優しくないと反省した。日ごろから虫に親しみ，Aくんは自然のなかで命の大切さを学んでいるのだと改めて環境の大切さを思った。このエピソードの後日，発表会の中で，他の年齢の保護者にもこのエピソードを伝え，私自身の反省と子どもが一生懸命に遊ぶことの意味，自然と触れ合うことの大切さを伝える良い機会となった。

〈私からのコメント〉

　〈背景〉から，自然に恵まれたのどかな環境であることがわかります。そんな環境ならではのエピソードです。羽化した蝶の旅立ちを見守る子どもたちの目の前で，その蝶が鳥に食べられてしまうというハプニングがあり，命の大切さと食物連鎖を巡るその後の顛末がいかにも保育園ならではの様子として微笑ましく伝わってきます。

　そして，2度目の羽化から旅立ちの場面で，自分の不用意な発言に対して，Aくんの「まだだよ，まだ赤ちゃんだからね」という真剣な発言にはっと気づくというところも素朴で好感のもてる場面だったと思います。このAくんの発言は，この前の経験が基になっているのでしょう。子どもには残酷な経験のようでいて，かえってそこから子どもなりにいろいろなことを考えていっているのが分かります。〈背景〉で触れていた「虫博士予備軍のAくん」という表現が，この場面で効いているのが分かります。〈考察〉の最後で触れられているように，子どもたちはこのような実際に心が揺さぶられる経験を通して命の大切さを知っていくのであって，命は大切と教えて分からせるのではないことに改めて気づかされます。お便りを出して，保護者ともこのハプニングを共有できたのはよかったと思いました。

エピソード15：祖母の死の経験を通して　　　　　　　　　　　　　　H保育士

〈背景〉
　Aちゃんは，活動やお当番，保育者のお手伝い等，何事にも興味を持ち，最後まで意欲を持って積極的に取り組む5歳の女の子です。また，困っている友達を見つけると，いつも「どうしたの？」と声をかけ，友達が落ち着くまで，寄り添う優しいAちゃんです。しっかりした面や，明るく優しい面を持っており，クラスの友達や年下の友達など，誰からも慕われています。

〈エピソード〉
　12月のある日の夕方，室内での自由遊びの時間のこと。ブロックを手にしてはいるものの，なぜか遊び込めていないAちゃんの姿がありました。何を作ろうかと考えているのか，下を向いて，いまいち動きが鈍い感じです。私は普段見せないAちゃんの姿が気になりました（どうしたんだろう…いつもなら友達との楽しそうな会話や笑い声が聞こえてくるのに。何かあったのかな…？）。
　するとAちゃんが悲しそうな目で私の方を見てきました。そこで私が「おいで」と両手を広げると，持っていたブロックをぽとんと落とし，Aちゃんは恥ずかしそうにしながらも，ちょこんと私の膝にのってきました。ぎゅ～っと抱っこしてあげると，「先生，あのね～，昨日ね，おばあちゃんのお葬式に行ったの。大好きだったおばあちゃん，死んじゃったの」と言って，涙をポロポロながすAちゃん。「そうだったの。悲しいね～。話してくれてありがとうね」と声をかけ，もっとぎゅっと抱っこしてあげました。
　そのとき，近くで話を聞いていたYちゃんが，こちらを向いて「私のおばあちゃんも，ちょっと前に死んじゃったのよ。すごく悲しくて涙がいっぱいでたよ。でもね，おばあちゃんのこと，忘れないでいたら，おばあちゃん喜ぶよ，きっと。先生のおばあちゃんも死んじゃったんだよね。死んだ人は目に見えないけど，心のなかにいるんだよ。時々，お星様になって

ね〜，見てくれているよ」と，いっぱい話しかけてきました。Yちゃんのおばあちゃんも2週間ほど前に亡くなり，Yちゃんの話はそのとき私が声をかけたときの言葉そっくりで，私はなんだかとても温かい気持ちになりました。Yちゃんの話にじっと耳を傾けるAちゃんは，次第に落ち着き，私の膝から離れ，Yちゃんと「死んだら焼かれて骨になるんだよね」「お箸で骨を運んだよ」「難しかったね」「お父さんたち，泣いてたよ」「私のおばあちゃんは優しかったの」等々，会話を交わしながら近くにあったブロックに手を伸ばし，2人でブロック遊びへと移っていきました。

〈考察〉

　Aちゃんは，初めて身近な人の死を経験し，子どもなりに様々な思いがあったり，どのように受け止めたらいいのか不安になったりしたのでしょう。けれども，保育者とのスキンシップの中で涙を流しながら言葉で思いを発散することができ，また同じ悲しい経験をしたYちゃんの優しい言葉から，Aちゃんは落ち着き，死を経験した者同士での会話を交わしながら，子どもなりにその経験を受け止めることができたのではないかと思います。また，スキンシップの大切さも感じる出来事でした。

〈私からのコメント〉

　身近な人の死を経験した子どもの悲しい気持ち，自分も悲しい経験をした他の子どもの経験談など，子どもらしい気持ちの発露がうかがえるエピソードでした。書き手の保育者はAちゃんの様子が普段と違うことにいち早く気がつきましたが，理由を詮索する前に，両手を広げてAちゃんの気持ちを受け止める姿勢を示したところがよかったと思います。年長児のAちゃんが恥ずかしそうにしながらも保育者の膝に抱かれ，ほっとしたところで話を始めるというのも，保育の基本的な対応，つまり養護の精神に裏打ちされた基本的な対応だと思います。そして大事なおばあちゃんを失った悲しい気持ちを保育者に受け止めてもらえたことによって，Aちゃんもおばあちゃんの死を受け止めていけたのでしょう。

　このエピソードではAちゃんの悲しい気持ちが中心ですが，Yちゃんの話を

聞くと，ここにはYちゃんのおばあちゃんが亡くなったときに，保育者が自分の身近な人の死の経験を話して慰めたことが隠されたエピソードになっていることが分かります。Yちゃんの話がそのとき自分の話した言葉にそっくりだったという下りにそのことが仄めかされています。そこでAちゃんの話を聞いたYちゃんが自分の経験を話し，そこからAちゃんがおばあちゃんの死にまつわるいろいろな経験を話して，次第に気持ちを鎮めていくことができました。このエピソードを読むと，身近な人の死の経験が，命の大切さを裏側から教えてくれる貴重な経験だということに改めて気づかされます。

エピソード16：「じぶんで」と「いっしょに」　　　　　　T保育士

〈背景〉

　1歳児クラス13名（うち0歳児3名を含む，男児8名，女児5名）。8月生まれのKちゃんは，小学生の兄2人がいる3人きょうだいの末っ子。女の子が1人なので，家では思いを十分受け入れてもらえる立場にいる。クラスでは，言葉の発達が早く，おしゃべり上手。遊びの中心となる存在。自己主張がはっきりしており，思い通りにいかないと地団駄を踏むことがあるが，自分でしてみようという気持ちも強く，しっかりした一面をもつ。

　クラス全体としては，いわゆる「自我」が芽生えてきて，なんでも自分でしてみたいという子どもが多くなってきた。できない時，見かねて保育者が手伝おうとすると機嫌を損ねる子どももいる。年が明けた頃から言葉がはっきりして，自分の気持ちを伝えようとする姿がみられるようになったが，保育者の仲立ちが必要な場面も多々ある。

〈エピソード〉

　いつものように，私が「トイレに行くよ」と声をかけると，Kちゃんやトイレで排泄できる4名ほどが，トレパンとズボンを脱いでトイレにやってきた。「1人でできるかな」「お洋服が濡れないように，よいしょって持ち上げるんだよ」と，他の子どものおむつを換えながら，入り口で保育者が声を掛ける。Kちゃんは「ジュンバン，ジュンバンよ」「はい，コウタ

イ」などと言って，他児を促している。それに従う子もいれば，先に行こうとする子や，スリッパの色をめぐって取り合いが起こることもしばしばで，目が離せない。

　「でたよ〜」とトイレから帰ってきたKちゃん。今度はトレパンとズボンをはく。少し前までは，1人ではけるようになったことが嬉しくて自分でしていたが，最近は，甘えてくることもあるので，"今日はどっちの気分かな"と見ていた。

　反対から足を入れてあれ？と不思議そうにしているAちゃん。トレパンをはかずにお尻丸出しで遊ぼうとしているTくん。1つの穴に両足を入れて動けなくなり助けを求めるBちゃん。それぞれが悪戦苦闘している姿に応じて，保育者はできない所を一緒に手伝う。

　Kちゃんが，何もはかずにうろうろしていたので，「Kちゃん？」と声をかけたとたんに，Kちゃんは座り込んで泣き出した。"うわ〜でたあ"と内心は思いながら，「え〜なんで泣くの？どうしたの？」「いつも自分でするって言うから，先生はお手伝いしないで見てたんだよ」言いながら，泣き出した原因を探ってみる。周りの子どもたちは，泣き声の大きさに驚いて，遊びの手を止め，Kちゃんを見ている。Kちゃんは目に涙をいっぱいためて私のほうを見て，「せんせいと」「せんせいがいいの」と言う。"あ，今日は一緒にの日か……"と理解できたので，「じゃあ，パンツとズボンを持っておいで。一緒にしよう」と言うと，Kちゃんは袖で涙を拭きながら私の所までやってきた。トレパンをはくのを手伝った後，「ズボンは自分ではこうか？」とそれとなく言ってみると，うん，とうなずいてKちゃんは私の見ている前でズボンをはく。「すごい。上手にはけるね。仕上げは先生がしてあげる」と言い，はみ出している洋服をきれいにした。すると，Kちゃんはにこっと笑ってさっきまで遊んでいた玩具を取りに行った。

〈考察〉

　昨日は「じぶんで」と言ったのに，今日は「いっしょに」と言う。そん

なことの繰り返しの毎日。子どもの気持ちの変化は，何が原因で，どうしてそうなるのか分からない。でも毎日一緒に生活していると，分からなかった子どもの気持ちの動きが見えてくる。朝から何となく調子が悪かったり，たまたま友達と玩具の取り合いをした後だったり。忙しい時間帯は，そんな子どもの気持ちにじっくりと向き合う余裕をもてない自分がいるのは確かだ。先に手を貸して，早く終わらせようとすることもある。

　1歳児といえば，まだ手助けが必要なことが多い年齢だが，1人ひとりの成長はめざましい。きっと子どもたちだって，「じぶんで」と「いっしょに」の気持ちの間で，揺れ動いているのではないだろうか。援助の仕方は，押したり引いたり，さじ加減が難しい。見守るという行為も難しい。自分自身の気持ちにゆとりをもって，子どもたちの気持ちと向き合っていきたいと思った。

〈私からのコメント〉

　1歳児の姿がほうふつとするエピソードです。特に，エピソードの中段にあるAちゃん，Tくん，Bちゃんの様子には，「これぞ1歳児！」と思わず微笑んでしまいますね。子どもらしい姿が見事に描かれています。そしてKちゃんを見る保育者の目が面白く，昨日は「じぶんで」，今日は（先生と）「いっしょに」と目まぐるしく変わるので，今日はいったいどっちの日だろう，ああ，今日はこっちの日だと捉え，そこでの思いを受け止めるところが，いかにも1歳児担当の保育者だという感じです。

　一つのことができるようになると，往々にして周囲の大人は「もうできるでしょ，自分で」と早く身辺の自律を促しますが，まだこの年齢ではその日の気分で自分でしたりしなかったりというのが普通です。自分でできることを大人がしてあげようかと手を出すと，プライドを傷つけられたとばかりに怒るときもありますが，自分のできることを保育者にしてもらうことにも喜びや嬉しさを感じ，そういう受止め方をしてくれる保育者を「大好きな先生」と思えるようになるのです。確かに，書き手が書いているように，そのさじ加減が難しいのがこの時期の子どもですね。

エピソード17：「ぼく，がんばったよ」　　　　　　　　　　M保育士

〈背景〉

　0歳児クラスの誰よりも自由に，素早く動け，行動も大胆なKくん（1歳5カ月）は，最近友だちの行動や，持っている玩具が気になってしかたがない様子で，興味を持つとすぐに『ぼくも』と同じものを保育士に求めたり，友だちの使っているものを取りにいって力づくで取り上げたりする行動が目立っていた。母親の仕事のために夜間保育の利用がほぼ毎日となり，寂しい気持ちや甘えたい心を上手に表現できていないところもあると感じていたので，職員間でゆっくり見守っていこうと話し合っていた。

　最近，保育士の言葉をよく理解できるようになり，頼んだものを取って来てくれたり，お片づけでは自分からしたりする素直な面も見せてくれるようになっていたが，それでも時々，小さい友だちには危ないなと思われる乱暴な振る舞いもあったので，そのときは，そのつど「それ欲しかったね，でも，小さい友だちに危ないから止めてね」とゆっくり言って聞かせるようにしてきた。

〈エピソード〉

　Kくんはコンビカーがお気に入りで，今日も手押しで遊んでいた。トンネルの反対側から入り，私のいる出口の方へと向かって進んでくる。まっすぐ立って歩くには天井が低いので，少し頭を低くしながら，それでも何回かは天井に頭をぶつけながら，とても頑張ってやっと出口付近までやって来た。そこには，Sさん（11カ月）がちょこんと座っていてすぐにはコンビカーを押して出られない。しばらく立ち止まって考えているKくん。危ないな，どうするのかな？と見守っていた私とそこで目が合う。そこで私は『Kくん，小さいSさんだよ，どうする？』と目で訊いてみた。しばらく考え込んでいる様子のKくん。このままでは出られないし，狭いトンネル内では方向転換も出来ない。

　そのとき，Kくんは何を思ったのか，そのまま後ずさりしてトンネルの入口の方へ移動し始めた。頭を天井にぶつけながら，前へ進んでいたとき

よりもずっとずっと悪戦苦闘して，後ろへ後ろへと戻っていく。私は，いつKくんの気が変わりまた前へ進んできてSさんを押しのけるのではないか，それに狭いトンネルの中で転んでしまうのではないかと，ヒヤヒヤ・ドキドキしながら，それでもKくんを信じて，心の中で声援を送りながら見守った。ほんの1～2分の出来事だったが，私にとってもKくんにとっても，とても長い時間が過ぎたように感じた。そしてKくんはとうとうトンネルを脱出した。トンネルを出たところで私と目が合うと，『ぼく，がんばったでしょ』とでもいうかのような，少しはにかんだ，それでも満足そうな表情を見せてくれた。Sさんを押しのけてでも出ようとしなかったKくんの優しさと，最後まであきらめずに戻って来たその根気にとてもとても感動して，私はKくんのところに駆け寄ると，「Kくんえらかったね，Sちゃんを押しのけたりしなかったもんね。バックしてすごく頑張って出られたね，戻ってきたもんね。エライ，エライ」とたくさん頭をなでてあげた。Kくんは少し照れながら，それでも満足げににっこりと私に笑顔を返してくれた。

　　〈考察〉
　普段から，危ないことをしたときには，その都度，言い聞かせてきたし，最近では保育士の言葉を良く理解できるようになってきたと感じていたので，少し危険な場面ではあったが様子を見守ってみようと思った。そこで，すぐには声をかけずにいた。KくんがSさんを強引に押しのけるのではないか，どうしようと思ったとき，ちょうどKくんと目が合った。私はKくんがどう出るか少し待ってみようと思った。そのとき突然，Kくんはバックを始めた。私は予想していなかったその行動に驚いてしまった。頭を何回もぶつけ，足どりもふらふらながら，それでもけっしてコンビカーを手放さず，とうとう最初の入口のところまで戻ってきた時には，とても嬉しかったし，Kくんをとてもいとおしいと感じた。
　今回のこの出来事を通して，「Kくんはすぐに他の子どもに手を出す子」という思い込みが私のなかにあったことを反省した。このエピソードを保

第1章　子どもの思いを受け止める

育士間で共有し，今後もKくんのこの優しさや，頑張りを信じて関わっていきたいと思った。また，子ども一人ひとりのすてきな場面では，認める言葉をたくさんかけてあげて，子ども一人ひとりがそれぞれに自信を持ち，「よし！やってみよう！」という気持ちになれるような保育をしていきたいと強く思った。

〈私からのコメント〉

コンビカーを押してトンネルに入り，出口付近まできたとき，出口のところに小さい友達が座っていてそのままでは出られません。そのとき先生と目が合った瞬間のKくんの様子が目に浮かぶようなエピソードです。

このようなとき，保育者はたいてい小さいSちゃんを抱き上げて出口を空けてやり，Kくんが出られるようにしてしまうのではないでしょうか。そうすればトラブルにもならないし，Kくんも出口から出られるし，と考えるとことろです。しかし，先生はそこでKくんがどう出るか少し待ってみようと思います。そのとき，先生の気持ちはKくんの気持ちに重なり，それから先はまるでKくんと一緒になってトンネルをバックして出るかのような見守り方になりました。

このように大人が自分を子どもに重ねて子どもと一緒にその場面を生きることを，私はこれまで「成り込み」という概念で捉え，それが子どもの思いを受け止めて対応するときの一つのかたちであると述べてきましたが，この場面はまさにその「成り込み」の場面だったように思います。Kくんがトンネルに頭をぶつけるたびに，先生は自分がトンネルで頭を打ったような気分になっていたのではないでしょうか。それが入口をでたときのお互いの喜びに繋がったのだと思います。

研修の場でこのエピソードが討論されたとき，子どもが難しい家庭事情を抱えていると，少し乱暴に見えるその子の行動をみなそこに還元して考えてしまったり，「またこの子は」と思い込みで見てしまったりすることの危険性が参加者から指摘されました。出口のところで「小さいSちゃんを押しのけて出てくるのでは」というところが，まさにその思い込みの現れではなかったかというのです。確かにそういうところもあったかもしれませんし，これを書いた保

育者自身も思い込みを反省していました。その辺りのことを皆で議論して、保育を振り返るところにエピソード記述研修の意義があるのだと思います。

5．受け止め切れなかった子どもの思い

　これまで、一個の主体である子どもの思いを保育者がしっかり受け止め、その上で保育者が自分の思いを返すところが保育の根幹であると繰り返し述べてきました。ある研修の集まりでも、その主旨を繰り返し述べ、その考えに基づいて保育をすることが大切であると主張しました。そして、その研修を踏まえてエピソード記述を提出してもらったところ、子どもの思いを受け止め切れなかったという反省のエピソードがいくつか提出されました。以下にその2つを紹介します。これは「子どもの思いを受け止める」ということの大切さを裏側から照らし出してみせる重要な意義をもつものです。

エピソード18：「ミニーちゃんと一緒に寝たいの」　　　　U保育士
〈背景〉
　私は2歳児クラス12名を2人で保育している担任の1人です。ここに取り上げるSちゃん（2歳10カ月の女児）は、1歳過ぎからの入園でした。Sちゃんは入園当初から自己主張が少なくておとなしく、一見したところ手のかからない子どもでした。かまってほしいことを素直に表に出すことも少なかったと思います。母親は忙しい仕事に就いており、仕事のことでいっぱいいっぱいで、送りのときもあわただしく、ずっと疲れている感じがしていました。お迎えも父親が主で、母親が帰ってくるまで2人で過ごしているようでした。生活は母親中心のようで、母親の気持ちや都合にSちゃんが合わせているように感じる面がありましたが、両親はSちゃんの気持ちを決して無視しているわけではなく、Sちゃんの思いとはずれながらも、愛しているし、一生懸命関わっていました。
　2週間ほど前から母親の仕事が特に忙しくなり、Sちゃんも少し情緒が

第1章　子どもの思いを受け止める

不安定な状態にあるように思われました。そのせいでしょうか，ある日，Sちゃんは家からぬいぐるみのミニーちゃんを持ってきて，自分のロッカーに置いていました。本園では家からお人形を持ってきてはいけない約束になっているので，すぐに持ってこなくなるだろうと私は思っていました。そのような折のことです。

〈エピソード〉

いつものように給食を食べ終わり，午睡時間になりました。私は午睡の部屋で他の子どもをトントンして寝かしつけていました。その時，Sちゃんがふと思い出したように起き上がり，自分のロッカーに置いてあったミニーちゃんを持ってきて，布団の中に入れようとしました。

Sちゃんの気持ちがいま不安定なので，ミニーちゃんを心の支えにしようとしているのだなと思いましたが，家からぬいぐるみを持ってきていること自体に抵抗を感じていた私は，いまSちゃんがミニーちゃんと一緒に寝ることはどうなのだろうと疑問に思いました。そこで私は「いまはもう寝る時間だから，ミニーちゃんはロッカーに寝かせてあげようね」と声をかけました。Sちゃんはすぐには納得せず，「いや〜」と笑いながらミニーちゃんをお布団の中に隠しました。そんなやりとりを何度かするうち，次第にSちゃんは泣き始め，私は「どうしよう，Sちゃんがここまで訴えているのだから，安心して眠れるように，今日だけでもいいことにしようか」と迷い始めました。

しかし，そう思うと同時に，もしいまここで許してしまったら，他の子も真似をして保育園にぬいぐるみや玩具を持ってきたときに，どう対応しよう。他の子どもにきちんと説明する自信はないなあとも思いました。Sちゃんはいいのに，他の子はだめというのは不公平です。迷った挙句，内心これでいいのかなと迷いながらも，何とかミニーちゃんをロッカーに戻して欲しい一心で，「Sちゃん，ミニーちゃん大好きだし，一緒にいたいんだね。でもね，いまは寝る時間でしょう。今日，お父さんがお迎えに来たときに，『もうミニーちゃんもってこないでください』と言いたくない

85

しね。それに先生，無理やり取り上げたくないから，Ｓちゃんが自分でロッカーにミニーちゃん寝かせてきてくれないかな」と言いました。するとＳちゃんは，しぶしぶ，本当に悲しそうな顔で，ミニーちゃんをロッカーに置きに行きました。

　戻ってくると，しばらくお布団で静かにしていましたが，今度は布団をかける，かけないでとうとう大泣きになり，最後にはＳちゃん自身，自分が何で泣いているのか訳が分からなくなった様子でした。そこで私が「Ｓちゃん，どうしてほしいの？」と訊くと，「抱っこ～」とすがりついてきました。しばらく抱っこすると落ち着き，「お布団の上で寝ようか」と声をかけると，「うん」と言うので，背中をさすったり，トントンしたりして，やっと眠ることができました。

　いつもより寝るのが遅かったので，きっとおやつの時間には起きられないのではないかと思っていましたが，カーテンを開けると同時に目を覚まし，真っ先にロッカーのところに行って，ミニーちゃんを大事そうに抱えていました。その姿をみて，ああ，いまのＳちゃんにとって，ミニーちゃんは本当に大切なもので，心の支えになっているのだなと感じ，自分がさっき取った対応がとても気になりました。

〈考察〉
　このエピソードを振り返って，Ｓちゃんとのやりとりの中で，私は本当にＳちゃんの思いに寄り添っていただろうかと自問してみると，寄り添っていなかったことを率直に認めなければなりません。少なくとも「父親」の話は持ち出すべきでなかったと思います。
　なぜいまＳちゃんにとってミニーちゃんが必要だったのかを考えると，あのとき，そのままぬいぐるみを持って寝てもよかったのではないかと思い，深く反省しました。そして，どうして家からぬいぐるみを持ってくることに私が抵抗や疑問を感じたのかを考えてみると，園の決まりもあるけれども，私自身，Ｓちゃんがぬいぐるみを心の支えにしていることを認めたくなかったことに気づきます。もっと本音をいえば，私がＳちゃんの心

第1章　子どもの思いを受け止める

の支えになれていないことを認めたくなかったのだと思います。その私の思いが，Ｓちゃんの思いを素直に受け止めるのを妨げたのでした。

　Ｓちゃんとやりとりをしているときも，私の思いは周りの子どもや他のことに向かっていて，その場が収まるように，生活がうまく流れていくように，そればかりを優先していました。

　もちろん，「個」を大事にすると「集団」をうまく動かしていくことができない場合があるのは事実です。実際に，それからもＳちゃんが家からぬいぐるみを持ってきて肌身離さず持ち歩くようになると，数人の子どもが家からぬいぐるみを持ってきて部屋の中を持ち歩く姿がみられるようになりました。

　そんなこともあり，同じクラスの先生や先輩の先生にこのエピソードを書いて読んでもらい相談したところ，いろいろな意見を聞くことができました。そこから得られた結論は，「子どもの思いを受け止めた上で，丁寧に保育者の思いを伝えてもなお，それでも子どもがぬいぐるみを持ちたいというのであれば，それはよいのではないか。もしも，周りの子どもが一時期真似ることがあっても，真似をしているだけならばすぐにやめるようになるだろうから，そのことはあまり気にしなくてよいのではないか」ということでした。そう言われて気がついてみれば，他の子どもはもう持ってこなくなっていました。

　しかし，Ｓちゃんの両親にはぬいぐるみをもってこさせないで欲しいという私の思いが伝わってしまったようで，ある日，ミニーちゃんをもってこなかったＳちゃんにそっと尋ねると，「パパがだめって言った」と悲しそうに言いました。それを聞いて，やはりぬいぐるみをもってくるかもってこないかではなく，Ｓちゃんが毎日を楽しく安心して過ごせるようにするにはどうしたらよいかを優先して考えなければならないと改めて思いました。規制をする前に，Ｓちゃんの安心できない思いをまずはしっかり受け止めることが先決でした。

　それ以来，落ち着かない不安定なＳちゃんの気持ちを一緒に考えていき

たいことを両親にも伝え，クラスの先生と連携を取りながら，Sちゃんと1対1の関わりを多くもつように心がけました。そうこうしているうちに，Sちゃんはぬいぐるみを園にもってこなくなりました。また両親もSちゃんの気持ちが安定するように関わるようになったように見えます。

このエピソードを通して，やはり大人の思いに強引に従わせるのではなく，あくまで子どもの思いに寄り添い，それを尊重し，子どもが自信や安心感や満足感を持って過ごせるように，子どもを支えることが何より大切だということが分かりました。

〈これから〉

今回，エピソードを書き，これでよいのかと掘り下げて書き直しているうちに，見えてくること，気づかされることがたくさんありました。1つのエピソードから芋づるのように過去の出来事（Sちゃんのこと，他の子どものこと，自分の保育のこと，自分の思ったこと，等々）が出てきてとても驚きました。エピソード記述が保育の振り返りに役立つということが，今回，身をもって経験できたと感じています。1つのエピソードでこれだけの気づきが得られるのですから，まだまだ自分が見過ごしていることはたくさんあるに違いありません。それを思うと少し怖い感じになります。

まだまだ経験が浅く，保護者対応にとまどったり，遠慮したり，子どもの気持ちを代弁してもなかなか保護者に伝わらなくてもどかしさを感じることもしばしばです。それでも，保護者と一緒に子どもを育てていくという姿勢を大切にしていきたいと思います。

〈私からのコメント〉

1) 負のエピソードの大切さ

これまで，いろいろな場で，エピソードは是非とも書きたいと思うから書くのだ，どうしても人に伝えたいと思うから書くのだと言ってきました。それは決して間違いではありません。保育者の気持ちが揺さぶられた，感動した，嬉しかった，等々，特にそれが肯定的な内容のときには，まさに書きたいと思ったことを迷わず書き出すことができるでしょう。しかし，心動かされたことが，

そのような肯定的な内容ではなく，むしろ自分の失敗に気づいたというような負の出来事の場合はどうでしょうか。多くの人は気後れがしたり，自分のプライドが傷つくような気分になって，最初のうちはなかなか自分の失敗エピソードを取り上げることはできないのではないでしょうか。

しかし，自分の保育を振り返ってはっと気づくことがあったときには，今回の例のように，自分の保育の失敗を告げることになる負のエピソードであっても，敢えてそれを描き出し，それによって自分の保育を真剣に反省しようとする保育者も出てきます。保育には保育者をそのように前向きに向かわせる何かの力が潜んでいるといってもよいのかもしれません。

2) 研修からの気づき

このエピソードを描いた保育者は，「子どもの主体としての思いを受け止め，保育者の思いを返す」という内容の研修を受けていました。その内容が「なるほど」と保育者自身に腑に落ちたときに，このエピソード場面が「はっと」するかたちで思い起こされたのでしょう。そこから振り返れば，「Sちゃん，ミニーちゃん……ロッカーに寝かせてきてくれないかな」の括弧書きの中の文言は，自分で言った言葉でありながら，いまから振り返れば，「何でこんなことを言ってしまったのか」という思いが込み上げてきたに相違ありません。

しかし，もしも「保育では子どもの思いを受け止めることが大切なこと」という意識がなければ，このエピソードは思い起こされることなく消えていったのではないでしょうか。そのことを思えば，この保育者が〈考察〉のところで触れているように，それは「怖いこと」であり，そのような「怖いこと」が保育の場ではしばしば見逃されたまま過ぎていくのだということでもあります。「子どもの思いをしっかり受け止めてから保育者の思いを返す」という流れが，ややもすれば逆転して，保育者の思いで保育が動いていってしまうことは，この保育者がエピソードの中で認めているように，決して少なくないはずです。しかもそれは大抵の場合，保育者の思いが先行しているというよりも，保育者にとっては「集団を動かさねばならないから」「子どものわがままだから」という理由が勝り，それゆえに当然のことと思われて，反省の対象にさえならな

いのです。

　「はっと」気づいたことが，自分の保育の負の面についてであっても，子どもを大事に思い，よりよい保育を目指そうという気持ちが強ければ，今回のように勇気を持ってそれを描き，同僚に読んでもらって意見を訊くという積極的な動きが生まれます。そこのところがこのエピソード記述全体のもっとも価値のあるところです。

3）エピソード記述を通して同僚や先輩と話し合うことの大切さ

　園によっては，職員会議やケース会議などで，保育者の描いたエピソード記述を定期的に読み合い，それを保育の振り返りに繋げているところもあります。またエピソード記述への関心が高まってきて，エピソードを読み合う動きがあちこちに生まれつつあるのは大変に嬉しいことです。今の例ではまだ職員会議やケース会議まではいっていなかったようですが，このエピソードを同僚や先輩に読んでもらって，意見を求めたところがとてもよかったと思います。〈考察〉の中で「括弧書き」で示されている先輩の保育者の話の中身は，経験則としても理にかなっていると思います。これを書いた保育者がその言葉に支えられて一歩前に踏み出せたのは確かで，そこにエピソード記述とそれを読み合うことの大切さの一端が示されています。しかし他面では，このエピソードを描くことによって，この保育者は自分自身でもどこに進むべきかほぼ見通せていたのではないかという気もします。その気づきを同僚や先輩の言葉が支えてくれたというのが本当のところかもしれません。

4）保護者と共同して育てるという姿勢の大切さ

　この事例のSちゃんは，仕事で忙しい母親の大変さをSちゃんなりに受け止め，甘えたいのを辛抱しているところから，少し不安定になっている様子がうかがえます。そのように親の大変さを子どもが受け止めることができるのは，やはり両親に愛されていることが分かっている面があるからでしょう。そのようにしっかりしている一面のある子どもの場合，保育者はついつい「だからこの子は大丈夫」と思って対応しがちになります。今回のエピソードの〈背景〉を読むと，Sちゃんはそういうタイプの子どもだったような気がします。

第1章　子どもの思いを受け止める

　そのような子どもの場合，両親も子どもが無理して辛抱していることに気づかずに，これでいいのだと思って過ごしがちです。今回のエピソードはそのような周りの大人（両親や保育者）に対するＳちゃんからのＳＯＳだったに違いありません。それに気づいて両親と話し合い，両親もそれに気づいて対応を改め，保育者もＳちゃんとの１対１対応を考え直すというように，Ｓちゃんを囲む周りの大人が一緒になってＳちゃんのことを考え直したところが，何よりも大切なことだったと思います。

エピソード19：「マメが痛い！竹馬，いやだ！」　　　　Ｓ保育士
〈背景〉
　私たちの地域では，年長になると竹馬への挑戦がある。子どもたちはみなそれを楽しみにしていて，「年長さんになれば竹馬ができる」と思っている。年中や年少の子どもたちも，竹馬に乗れるようになった年長さんを見てあこがれを抱き，早く年長さんになりたいと言い出す子もでてくる。
　今年も，年長の「ぞう組」は６月の父親参観の折に父親と一緒に竹馬作りに取り組み，さっそく竹馬乗りに挑戦することになった。Ｎくんも父親参観日の当日はお父さんと一緒に竹馬を作り，出来上がった竹馬を嬉しそうに手にして，支えてもらいながら初めての竹馬乗りに挑戦した１人だった。Ｎくんは普段，あんまり自分から積極的に何かをする方ではなく，どちらかといえば，おとなしい感じの子どもだったが，それでも興味をもったことは粘り強くやろうとする子どもだったので，竹馬にも頑張って乗ろうとするだろうと思っていた。
　次の日の朝から，登園してきた子どもたちは，さっそく壁やフェンスに寄りかかりながらも何とか竹馬に乗ろうとし始めた。そこで私は１歩，２歩と歩く感覚を覚えてほしいと思って，１人ひとりを援助していった。当然，子どもたちからは「先生，先生きて！」とお呼びがかかる。１度に全員に応えることはできないので，私も「ちょっと待っててな」と返事を返すことが多くなり，なかには「先生，来てくれへん」「自分ひとりでは乗

れへん」と不平を言って，竹馬を置いて他の遊びに移る子もいた。

　それでも「乗りたい」と思う気持ちが強い子は，諦めずにどんどん保育者に声をかけてくる。補助してもらいながら竹馬で歩く経験を積み重ねているうちに，自分で竹馬を一歩踏み出す感覚を覚え，最初の1歩が出せると，2歩3歩と自分で前に進んでいけるようになる。数日もすると，保育者の補助無しでも1人で歩けるようになる子が出てきた。Nくんは「乗りたい」という気持ちはもっているのだが，「早く乗れるようになりたい」という気持ちが今一つなのか，「先生，僕のところにきて！」と要求することがほとんどなかった。それでもNくんを補助する番になると，怖がりながらも1歩，2歩と歩き出し，歩き出すと「竹馬に乗っている」という感覚が嬉しいのか，ニコニコして声も出ていた。

　それから1週間ほどすると，他の子はほとんど自分で歩けるようになり，高い竹馬に挑戦する子も出てきた。足の指にマメができたり，できたマメが破けて痛いと言ったりしながらも，絆創膏を貼ってなおも竹馬に乗ろうとし，長い距離を歩くことに挑戦する子もたくさんいた。私も「頑張った人だけができる"頑張りマメだよ"」などと言っては子どもたちに声をかけていた。「もうマメができた」とか「マメが○個できた」などと言う子どもたちに，「すごいねぇ！」「がんばったねぇ！」などの声をかけると，「もっとがんばる！」「絆創膏を貼ってもらったし，まだ乗れる！」という子が何人もいた。そんななかで，Nくんはマイペースで練習を重ねていた。何歩か歩いては，バランスを崩して降りてしまう。なかなか自力で歩けるまでには至らなかった。

　〈エピソード〉

　乗っては降り，乗っては降り，を繰り返していたNくんだったが，その日は降りたところからまた乗り直して何とかグラウンドを一周することができた。「Nくん！頑張ったね，グラウンド，一周できたね！」と私は声をかけたが，Nくんは遠くで竹馬を降りたまま，浮かぬ顔でこちらをみている。何だろうと思って駆け寄ると，何とNくんにも頑張りマメができて

いた。少し膨れ上がっただけであったが，マメができるまで頑張ったことを私も喜び，「すごーい！マメができたね！Nくん，頑張ったねぇ！」「頑張った人だけができるんだよ」などの声をかけた。

　当然私は，Nくんも「ぼく，頑張ったよ！」と嬉しそうな表情を見せるものだとばかり思っていた。ところが私の予想とは裏腹に，Nくんは「もう，できん……イタイ……」と顔をしかめて言った。私は「痛いけど，絆創膏貼ってもらったら大丈夫だよ，もっと頑張ればきっと降りずに一周できるよ」と声をかけたが，Nくんはやはり「イタイ」と言うばかり。私が「ほら，○○ちゃんも絆創膏貼ったから，また乗っているよ」とか「絆創膏を貼ったら痛くないし，もうちょっと頑張ってみようか」と励ましたが，私の声はもうNくんの耳には入っていなかった。Nくんはすっかり滅入ってしまった表情をしていたので，これ以上声をかけても無理と思い，その日の練習は終わりにし，竹馬を片付けることにした。

〈考察〉
　このエピソードの後，私は，なぜ他の子はマメができてもやろうとするのに，Nくんはやろうとしないのかと疑問に思ったが，ちょっと疑問に思ったくらいで，その後はこのエピソードのことをすっかり忘れてしまっていた。

　ところが，このたびの研修を受けて，「子ども1人ひとりの思いを受け止め，保育者の思いを返す」のが保育であると学んだ。加えて研修では，頑張れ，頑張れと保育者が自分の思いに引き込むように働きかけることは，子どもを受身にするだけであること，まずは子どもの思いを受け止め，子どもが自分でしてみようという気持ちになることが大切とも学んだ。そのとき，ふと，なぜかこのエピソードが思い出された。そしてこのエピソードでの私の対応を振り返ってみると，たくさんの反省点があることに気づかされた。

　私は，「他の子も頑張っている」「だからNくんも頑張ろう」「もうちょっとやってみよう」とNくんにとったら負担になるような声かけをたくさ

んしてしまっていた。また「こうなってほしい」とか「こうしてほしい」という私の側の思いが強かったため、他の子のように動かないNくんの気持ちを、Nくんの「弱い部分」のような捉え方をしていたように思う。集団保育なのだから、みんなができるようになることが成長の証なのだと、自分でも気づかないあいだに考えてしまっていたと思う。そのために、「みんな○○ができた」「みんな△△を頑張った」という言葉を軽々しく使ってしまい、その「みんな」に乗れない子どもを「どうして頑張れないの？」という目で見ていたのだと思う。しかしそれは、1人の主体としての子どもの気持ちを潰してしまう見方だったと気がついた。

「マメができて痛い」という気持ちのNくんには、「絆創膏を貼ったら痛くなくなる」とか「もっと頑張れば竹馬が乗れる」とかいった声かけではなく（それは私の思いであった）、まずは「痛い」というNくんの気持ちを受け止めること、「痛かったね」と受け止めること、まず必要なのはそれだった。「マメができて痛いのは当たり前」「他の子どもは痛くても頑張っている」という自分の思いに引き寄せて声をかけてしまっていた。

子どもの思いを受け止めるとは、その子の立場に立って、まずはその子が感じているように感じることだと思う。

なぜそのことにこの研修を受けるまで気づかなかったのだろうか。振り返るといろいろな反省点があるが、まず、これまでの保育の中では、保育者の提示した事柄に対して、みんなが同じ気持ちで「頑張ろう」「やってみよう」という気持ちを抱くのが集団としての姿である、というような考え方をしていた。頑張ってやって、みんなが1つのことをクリアできるようになることが、発達段階を超えていくことだと思っていた。しかし、それは保育者の思いを優先させた考え方で、子どもたち1人ひとりの気持ちを受け止めたとはとうてい言えないものである。

「できなかったことが、できるようになった」とか「頑張ったから、できた」などという分かりやすい部分だけを捉えて自己満足するのではなく、できたときにその子が抱いた嬉しい気持ちや、できるようになるまでにそ

の子が抱いたたくさんの苦しい気持ちなど，目に見えないところに目を向け，その子の気持ちを受け止めたときに，いまの自分に何ができるのかを考えて，保育に臨みたいと思った。

〈私からのコメント〉

　読者の皆さんはこの〈エピソード〉と〈考察〉をどのように読まれたでしょうか。このエピソードを書いた保育者は，研修のテーマの観点から随分反省していますが，「なぜ反省しなければならないのだろう，これは普通の保育のかたちではないか，私も頑張れと声をかけ，できるようになったら一緒に喜ぶという保育をしているけど……」と思われた保育者も大勢いるのではないかと思います。

　しかし，序章で見たように，上のエピソードのような保育では子どもの主体としての心が育たないと思うからこそ，そして「頑張れと働きかけ，頑張らせて，力をつける」という成果主義に立ったこれまでの保育のあり方にストップをかけたいと思うからこそ，エピソード記述が必要だと主張しているのです。

　いろいろなことをさせて，目に見えるところで何かができたという成果を示すこと，それが保護者からも喜ばれ，その子の将来にもなると考えて，上のような保育が当たり前のようになされてきたのでしょう。けれども，それは本当に子どもの力になったのかどうかが問題です。

　このエピソードを描いた保育者は，その研修の後に，「頑張った人だけができる"頑張りマメ"だよ，という言い方は，マメのできていない子には自分はまだ頑張っていないのだと聞こえるかもしれませんね」と反省していましたが，その通りだと思います。頑張って欲しい，みんな竹馬に乗れるようになってほしいという保育者の強い思いが，子ども1人ひとりに目を向ける気持ちを弱め，自分でも思ってもみなかった言葉を口にしてしまう結果になるのです。

　いま，子どもは保護者にも「頑張れ頑張れ，もっともっと，早く早く」と言われ続け，そして保育の場でも「頑張れ，もっと頑張れ」と言われ続け，「頑張った人はすごいんだよ，よく頑張ったね」と評価を受けて育てられているように見えます。それが子どもの発達を進めることに繋がるからよいとされてい

るのですが，そもそも発達の階段を早く高く上ることが本当に子どもの幸せに繋がっているのかどうか，そこを見極める必要があるのではないでしょうか。

　今回のこのエピソードを描いた保育者は，それではいけない，やはり子ども1人ひとりの思いを受け止める必要があると感じているようです。しかし，保育の世界はまだまだ「させる」「頑張らせる」「できる」「ほめる」で動いているようです。この流れを何とかしたいと思うとき，子どもの心に目を向けるエピソード記述がいまなぜ必要なのかの理由もはっきり見えてくるはずです。

　Nくんのように，みんなで何かをするときに，その活動があまり得意でなく，やりたい思いをもてない子どもが必ず出てきます。そういうとき，他の子どもが喜んでやっているのだから，同じようにやればやれるはずと思ってしまうのですが，それぞれの得手不得手や，気持ちの動き方の違いをしっかり受け止めていくことは，大事だと思います。Nくんの竹馬のように，みんながやっているから，しぶしぶやらなければならないという思いで取り組む子どもが多くいるのではないでしょうか。日頃から，子どもたちが自分の思いで活動に取り組むことができ，そのことに喜びを持てるよう，活動として何を導入するのかをよく考える必要があると思います。

第2章　家族関係のなかの子どもの思い

　保育の場にやってくる子どもたちは，1人ひとりみな異なる家族関係を背景に抱えています。安定した家族関係にあることが願わしいことは言うまでもありませんが，弟や妹が生まれた，両親が離婚した，再婚して新しい家族になった，等々，家族関係が大きく変化することも決して稀ではありません。子どもはその現実の中に巻き込まれ，喜びや悲しみや葛藤など，さまざまな感情を経験しながら懸命に生きています。ですから保育者は，そのような1人ひとりの子どもの複雑な思いをしっかり受け止めながら，その子が1個の主体として元気に毎日を過ごせるように支援することが大事な役割になってきます。本章では家族関係の中で子どもがいろいろな思いを抱いているところを保育者が受け止めたエピソードを取り上げてみます。

1．家族構成が変わるとき

　この節では，弟妹の誕生などで家族構成が変わったときに子どもに現れてくる思いの変化を中心に，それを受け止める保育者の対応を取り上げてみます。

エピソード1：Kちゃんの気持ち　　　　　　　　　　　M保育士
　〈背景〉
　　Kちゃんは4歳の女の子。0歳からの入園だが，月齢のせいもあって体が小さく，甘えん坊で泣き虫のところがあった。そのKちゃんの両親が4，5カ月前に離婚することになった。Kちゃんはその直後は熱を出したり，ぐずぐずして体調の不調を訴えたりと，すっかり元気をなくしていたが，

父親が一生懸命可愛がってくれるし，また父方祖父母もとても可愛がってくれるので，少しずつ元気を取り戻しつつあった。
　Aくんは3歳の男の子。2歳からの入園で保育園にも慣れ，元気一杯である。夏のあいだ中，カブト虫やクワガタを見つけては，カゴに砂や石や葉っぱと一緒に入れて大事そうに持ち歩いていた。興味をもって眺めている分にはいいのだが，つまみ上げたり，手足を引っ張ったりして死なせてしまうこともある。生きているあいだは宝物のように扱うのに，死んでしまうともう関心がないという感じで，ポイと捨ててしまう場面を見かけたことがあったので，ムシも1つの命なのだよと話したことが何度もあった。
　〈エピソード〉
　自由遊びのとき，カマキリを見つけた子どもたち4，5人が，わいわい言いながらカマキリを眺めていた。その中にAくんとKちゃんもいたが，最後まで飽きずに眺めていたのはAくんとKちゃんだけだった。私は「ああ，またAくんがカマキリを死なせてしまったら嫌だな」と心配して見ていたところ，AくんはKちゃんに「お山に帰りたいのかもね，お山の方に歩いていくよ」と言う。Kちゃんも「うん，お山に返そう」と同意し，2人とも怖くてつかめないので，私につかまえて山に返してと頼んできた。私もカマキリが苦手なので，こわごわつかんで山のほうに離してやった。Aくんは「おうちに帰って，みんながまってるから」と言い，「ちゃんと帰れるかなあ……」と心配そうに目で追っている。Kちゃんも「うん，おうちでお母さんがまってるよ，よかったね」とカマキリの方に声をかけて，カマキリが見えなくなるまで草むらを見つめていた。
　カマキリが見えなくなると，Aくんは別のところに遊びにいったので，Kちゃんと私がそこに残ることになった。Kちゃんと目が合うと，Kちゃんは泣き笑いの表情になっている。「お母さん」と自分の口から出したことで，お母さんのことを思い出したのかもしれない。でも，寂しさや辛さを感じながらも，そのことを何とか受け止めようとしているようだ。それで泣き笑いの表情になっているのだろう。そのKちゃんの気持ちがいじら

しく，思わず私が両手を差し出すと，Kちゃんはにこっと笑って抱っこされ，またしばらく草むらの方を見ていた。そうしてしばらくすると，「おりる」といい，友達のところに走っていった。

〈考察〉

　虫が大好きのAくんだが，カマキリは少し苦手なのか，触ろうとせず，観察するだけで満足していた。虫の命の大切さが分かるようになったとは思えないが，ゆっくり観察したあと，山へ返そうという提案をKちゃんにしたところをみると，虫にも自分たちと同じ家族がいると思っているらしく，もしかしたら，そこから命の大切さを分かってくれるかもしれないと思った。

　Kちゃんは小さいときから甘えん坊の泣き虫だが，いまの寂しい気持ちを抱えながらも，周りの人たちの優しい扱いを受けて，人のことを思いやる優しさや，寂しい気持ちを辛抱する強さも育ってきている。保育者である私はKちゃんのお母さんの代わりになることはできないが，保育園にいるあいだだけでも，大人の温もりや抱っこの嬉しさや安心感をたくさん味わってほしいと思っている。

〈私からのコメント〉

　カマキリがお母さんのところに帰ることができるように，カマキリをお山に返すという幼い子どもたちの子どもらしい優しい関わりと，お母さんのいない寂しい気持ちがそこから思い起こされてしまったという，何とも複雑な気持ちにさせられるエピソードです。

　いま，そういう複雑な家族関係の中で育つ子どもが増えてきていますが，それでも子どもはそのような関係の中で「育てられて育つ」のです。たとえ子どもを取り巻く家族関係に厳しい面が生まれても，子どもにとって大切な周りの大人たちが子どものことを大事に思って関わってくれれば，子どもは主体としての心，つまり「私は私」の心も「私は私たち」の心もしっかり育てていくことができます。このエピソードを描いた保育士さんが「周りの人たちの優しい扱いを受けて，人のことを思い遣る優しさや，寂しい気持ちを辛抱する強さも

育ってきている」と書いているのは，そのような事情をいうものでしょう。

けれども，家族関係に厳しい面が生まれると，たいていの場合，大人の側に心の余裕がなくなり，そのために子どもを大事に思うことが難しくなって，その結果，子どもに辛い悲しい思いをさせてしまうことになることが多いのです。

いずれの場合でも，子どもが保育の場で寂しく辛い気持ちになっているときに，保育者が子どものその思いをしっかり受け止めることが大事になってきます。このエピソードでは，子どもと目が合ってその辛い思いが保育者の胸に届いたとき，かける言葉もなく，思わず保育者は両手を差し出しています。何気ない関わりのようにみえますが，子どもにとっては，その抱っこで辛い思いをしている自分がまるごと受け止められたと感じて安心し，元気な「私は私」が回復したのでしょう。

子どもが複雑な家族関係にあると，往々にして保育者は子どもに現れた負の面をすべてその複雑な家族関係のせいにしてしまいがちですが，多くの子どもは，どこかに心の拠り所があれば，その負の面を超えていくたくましさ，つまり心の健康を自ら取り戻す力を持ち合わせているように見えます。このエピソードはそんなことを考えさせてくれるエピソードだったと思います。

エピソード2：新しい家族の誕生　　　　　　　　　　　　　　S保育士

〈背景〉

Nちゃんは5歳の女児である。日頃からおしゃべりが好きで，友達とも元気に遊んでいる。母ひとり子ひとりの母子家庭で，きょうだいがいないせいか，年長さんになってからはよく園で赤ちゃんを抱っこしてくれたり，可愛がったりしてくれている。その反面，可愛がり方に一方的なところもみられ，また時折，ふと寂しそうな表情をみせたり，暗い表情になったりしていることがあって，私はNちゃんのそんな様子がずっと気になっていた。

〈エピソード〉

午前中の戸外での遊びのときである。私が花壇の雑草取りをしていると

ころにNちゃんがやってきて、「先生、嬉しいことがあったんだよ、先生、お母さんにも他の先生にも内緒だよ」という。そこで私が「どうしたの？」とわくわくした気持ちで尋ねると、「お母さんのお腹に赤ちゃんがいるんだよ！」と満面の笑顔と弾んだ声で答える。私はNちゃんのところが母子家庭であることが分かっていたので、Nちゃんの言葉に一瞬どきっとしたが、Nちゃんの笑顔に思わず「よかったね！おめでとう！Nちゃん、お姉ちゃんになるんだね！」と言ってしまった。

　私が言い終わる間もなく、Nちゃんは「お父さん、祐二って言うんだよ、祐ちゃんと言ってもいいんだって、先生も祐ちゃんって呼んでもいいよ」と興奮気味に言う。これまで2人暮しだったNちゃんに新しい家族が誕生したことで、会話が盛り上がった。いままでみせていた暗い表情とは打って変わって、これからの生活に希望を抱き、心躍る様子が手に取るように伝わってきた。

　私はお父さんのことには触れずに、「赤ちゃん、楽しみだね、元気な赤ちゃんが生まれますようにって、神様に祈っておくね、素敵な嬉しい内緒話、ありがとう」と伝えて、2人で一緒に保育室に戻った。

　後で他の先生方にいまのNちゃんの話を伝えると、Nちゃんは他の先生たちにもすでに話していたようで、そんなことからもNちゃんの計り知れない喜びが伝わってくるようだった。

　〈考察〉

　Nちゃんの喜びに接することで、これまでNちゃんが母子家庭という環境で味わってきた寂しい気持ち、両親が揃った家庭を夢見る気持ちがかえって分かるような気がし、胸の痛む思いに駆られた。内緒話だよというNちゃんの心躍る思いにただただ共感していた私だったが、少し冷静になってみると、これから、母親の出産、結婚、子育て、4人での暮らしと、Nちゃんの生活が大きく変わり、この先、いろいろと大変なこともあるだろうなと思わずにはいられなかった。それでも、いまの喜びを一緒になって喜んでくれる人をNちゃんが求めているのだと思い直し、このNちゃんの

喜びの瞬間を理屈ぬきで一緒に喜ぼうと思った。
〈私からのコメント〉
　このエピソードは弟妹の誕生と母親の再婚という，これまた複雑な家族関係にある子どものエピソードですが，最初のエピソードとは違って，新しい家族の誕生を心躍る気持ちで喜ぶ子どもの姿から，それまでその子がどれほど両親の揃った家庭に憧れていたかが垣間見えるという内容になっています。これを描いた保育者は，この先の4人家族になった後の生活がどういうものになるのか心配の様子で，手放しで喜べないところもあるようですが，いまはそれを喜ぶNちゃんの気持ちを素直に受け止め，それに共感しようと努めています。
　はしゃぎすぎるぐらいはしゃいだNちゃんの喜びようは，一面では，両親の揃った家族への憧れが現実のものとなったことへの素直な喜びであるにちがいありません。この保育者も本当は心から一緒に喜んであげたいのですが，Nちゃんの新しい家族への期待の大きさを感じるにつけ，現実の家族関係の変化の大変さを知っている大人としては，Nちゃんが現実の大変さに直面したときのことを考えて，どうしても危うさを感じてしまうのでしょう。しかし他面では，これから起こる大きな家族関係の変化とその大変さを子どもなりに漠然と感じ取って，それを裏返しのかたちで表現したもののようにも読めます。そこにNちゃんのいじらしい思いを感じるのは私ばかりではないと思います。
　いずれにせよ，Nちゃんはそのような複雑な家族関係の中で，これからも「育てられて育っていく」のです。そこでの生活にはまさに「喜怒哀楽」の4文字がぴったりあてはまるような数々の出来事が生まれるでしょうが，その生活がNちゃんの主体としての願わしい育ちに繋がるように，保育者のしっかりした支えを期待したいものだと思います。

エピソード3：お姉ちゃんになる……　　　　　　　　　T保育士
〈背景〉
　3歳になったばかりのWちゃん。6歳になった年長さんの姉と2人姉妹である。最近まで昼間は母親と2人きりで過ごしてきたせいもあり，Wち

ゃんは我儘で甘えん坊のところがある。2番目のせいか，何でも自分でという自立心はしっかりあって，身の回りのことは何でも自分でやろうとする。しかし，気難しい面，人見知りする面もあり，なかなか友達ができない。優しい両親や姉と一緒の生活の中で，たっぷり愛されて自由気ままに育ってきたWちゃんにとって，母親の妊娠を知らされたことはとてもショックな出来事だったようだ。母親のお腹のなかに赤ちゃんがいることがすんなり受け入れられず，登園をしぶったり，泣いて抱っこを求めたりすることがしばしばみられるようになった。それ以来，保育園のなかでも何かしら元気がなく，そのことが気になっていた。

〈**エピソード**〉

ある日，Wちゃんは中年腹になってポコンとでた私のお腹をなでて，「先生のお腹にも赤ちゃんがいる……Wちゃんのお腹にも……」と自分のお腹をなでる。そこで「本当だね〜，ママと一緒のお腹だね〜，大事，大事だね〜」と抱っこした膝の上でお互いにお腹を撫であいっこした。するとWちゃんは今度は私の胸に触ってきて，おっぱいを吸う仕草をするようになった。そんな日が何日か続いた後，今度はヌイグルミを抱っこしたりおんぶしたりするようなり，またヌイグルミを私の胸に押し当てて，「おっぱい，チューチュー，おいしいね」と言ったり，自分のワンピースをめくって自分の胸にヌイグルミを押し付けておっぱいを飲ませる仕草をしたりするようになった。そこで私が「Wちゃん，ママみたいだね」と言葉をかけると，満足そうな様子をみせるようになった。

その頃から，Wちゃんはヌイグルミだけでなく，年下の1歳児に関心を向けるようになり，トイレに連れて行ったり，パンツの着脱の手伝いをしたり，食事の介助をしたりと，優しい対応が目立つようになった。

ある日の夕方，年長さんの姉（Kちゃん）に手を引かれて降園しようとしていたので，私は「KちゃんはWちゃんのお姉さんで仲良し，Wちゃんは赤ちゃんのお姉さんで仲良し，赤ちゃんが生まれると3人仲良しでいいな〜」と声をかけた。するとWちゃんはにっこり笑って「Wちゃんもお姉

さんになるんだよ」と弾んだ声でいい,「バイバーイ」と手を振って姉と一緒に岐路に着いた。

〈考察〉

　それまでは下の子どものためか，我儘で頑固なところがあり，なかなか年齢の低い子どもや同年齢の子どもに優しさを示せなかったWちゃんだが，母親の妊娠をきっかけにさまざまな葛藤を経験し，また周囲からその葛藤する気持ちを受け止めてもらえたせいか，年下の1歳児たちにも，それまでみられなかったような優しさを発揮するようになり，保育者としては嬉しい気持ちになった。自分より年下の1歳児たちが，Wちゃんにとっての弟や妹の役割を果たしてくれたのも大きかったかもしれない。登園のさいにぐずったときにも，落ち着かなくて甘えたい気持ちをしっかり受け止め，早く母親から引き離そうとしなかったのもよかったのかもしれない。まだまだ出産，出産後とWちゃんの試練の日はこれからも続くが，落ち着かない気持ちをしっかり受け止め，赤ちゃんの誕生をみんなで心待ちにし，心優しいお姉ちゃんになるのを楽しみに援助していきたい。

〈私からのコメント〉

　3歳児のWちゃんは，赤ちゃんがお母さんから生まれるということを受け止めかね，だだをこねたり，赤ちゃん返りをしたりしていますが，その困惑した思いを保育者や両親に受け止めてもらうことによって，徐々にこの事態を自分で受け止められるようになっていく様子を描いたエピソードです。

　自分がお姉ちゃんになる期待感や誇らしい気持ちがある一方で，新しい事態を受け止めかねる面もあり，それがそのような振る舞いに通じるのでしょう。ここでは経験豊かな保育者が鷹揚に対応してくださったので，Wちゃんも落ち着いていったようですが，若い未婚の保育者の場合，自分のお腹や胸を触りにこられると身構えてしまう人もいるかもしれません。そんなとき，子どもの思いに寄り添えるかどうかが，そのときの対応を決めていくのだということが改めて分かるのではないでしょうか。

　いまはお姉ちゃんになるという期待感が強くあるWちゃんですが，実際に下

に妹か弟が生まれてくると，焼きもちを焼く経験もきっとあるでしょう。それを諫められて傷つくこともあるかもしれません。誰もが通る道筋をいまWちゃんも辿り始めています。

　この節の前の2つのエピソードもそうですが，このエピソードもまた，保育園にやってくる子どもたちはみな，家族関係というドラマに巻き込まれて生きていることを改めて教えてくれます。自分だけが力をつけて発達していくのではなく，家族関係のドラマが繰り広げられる中にどの子どもも巻き込まれ，その中で喜怒哀楽の感情を経験しながら，主体としての心を育んでいっているのです。そのドラマに保育者も一枚嚙んでいるということをこうしたエピソード通して改めて考えてみたいと思います。

エピソード4：Aちゃんが私の膝に来た！　　　　　　　　S保育士

〈背景〉

　Aちゃんは母親が第2子を出産するため検診日などに週1回程度登園して来る一時保育利用の1歳児である。面接時の母親は，近くに親がいないので何か用事があってもAちゃんの面倒を見てくれる人がいないということや，妊娠中の体調が思わしくないということをとても大変そうに話をされていた。「この子は自分のことは何でも自分でするので大丈夫だと思います」と言われる一方で，「以前，別の保育園の一時保育に通っていた経験もあるが，なかなか慣れずに泣いてばかりいて，家では喋るのに，前の保育園では結局最後まで一言も声を出すことがなかった」と話される母親だった。保育園での面接の時の子どもたちは，いつもと違う場所や雰囲気の中，泣いて母親のそばから離れなかったり，落ち着きなく動き回ったりすることが多い。だが，準備した玩具や絵本に興味を示す様子もなく，母親同様，大人しく座っていたAちゃんの表情が乏しいことが印象的だった。

　「慣れるまでは不安や緊張で泣いたり，普段言わないわがままを言ったり甘えたりということがあるかもしれないので，お母さんも心配されるかもしれませんが，しばらくは温かく見守っていきましょうね」と母親に声

をかけ，面接を終わったが，登園時に母親は，「昨日の夜から絶対泣かないように言い聞かせてきましたから，Ａは泣かないと思います」と無表情で話をされた。母親の言葉通り，Ａちゃんは母親と別れる時に少し涙を見せただけで，しばらくすると遊び始めた。保育者の声かけ通りに行動し，活動の流れにのって落ち着いて過ごすことができる。しかし登園回数を重ねても，私たち保育者の声かけに頷いたり首を横に振ったりすることで意思表示するだけで，声を出したり笑顔をみせてくれることはない。「Ａちゃん，どんな声で喋るのかなぁ……早く笑顔を見たいね」と副担任の先生と話しながら，保育園での生活を苦痛に思ったり，登園を嫌がったりする様子はＡちゃんにないにもかかわらず，どこか無理しているようなＡちゃんの表情が気になってしょうがなかったが，焦らずゆっくりと信頼関係を築いていきたいと考えた。

〈エピソード〉

保育園の生活に慣れてくると，Ａちゃんはお友達と遊ぶ時にとてもいい笑顔をみせてくれるようになった。私たち保育者にも少しずつ心を開いてくれているようで，ままごと遊びではお茶やご飯を持ってきてくれるお友達をみて，無言ではあるがＡちゃんも持ってきてくれたり，指遊びも一緒にしてくれたりするようになってきた。

食事・排泄・衣服の着脱等ほとんど援助なしでできていて，衣服の着脱をしづらそうにしている時など，援助の手を出そうとすると，体の向きを変えたり保育士の手を払いのけるようにしたりして嫌がるので，時間がかかっても自分でしようとするＡちゃんの気持ちを尊重するよう心がけた。その日は少しきつめの上着だったようで，脱ぐのに手こずっていた。「Ａちゃん自分でできる？」と声をかけると"一人でできる"と言うかのように表情を固くしていたので，他の子の着替えを手伝いながら様子を見ていると，突然涙をぽろぽろと流し，声を出さずに泣き出した。「一緒にしようか」と近づくと，嫌がらずに援助の手を受け入れて着替えを終えた。「Ａちゃんきつくて脱ぎにくかったね。できなくても泣かなくていいんだ

よ。できない時は先生と一緒にしようね」と言うと，Ａちゃんは私の目をじっと見たままうなずいた。その時私は口ではＡちゃんに泣かなくていいんだよと言いながら，心の中では泣きたいときは思い切り声を上げて泣いていいんだよと思っていた。

その後テレビの時間になり，いつもは甘えて保育士の膝に座るお友達を遠くから見ているだけのＡちゃんが，初めて自分からちょこんと私の膝に座ってきた。それがとても嬉しくて，テレビを見ているＡちゃんをぎゅっと抱きしめて，こちょこちょと脇をくすぐると，体をよじってちょっとだけ笑ったＡちゃんが私の腕の中にいた。

〈考察〉

もともと頑張り屋さんであまり感情を表に出さない性格のうえに，母親が妊娠中で出産や今後の育児に不安を抱え，気持ちに余裕がないこともあり，Ａちゃんに対して無意識のうちに必要以上の期待やプレッシャーをかける結果になっていたことが，どこか無理しているようなＡちゃんの表情に繋がっていたのではないだろうか。無表情で「Ａに〜言い聞かせました」「〜させてください」と一方的に話をされるお母さんに対して，苦手意識を感じていた私は，送り迎えの時に当たり障りのないことだけを話していたように思う。「Ａちゃんにもっと笑顔で話し掛けてくれたらいいのに」「保育園で声が出なかったり笑顔が少ないのは，保育園では泣いたら駄目，先生の言うことをちゃんと聞かないと駄目と言われることを守ろうとするあまり，がまんしたり，頑張りすぎているからではないのか」という思いがあり，私もお母さんに対して壁を作ってしまっていた気がする。もっと話しやすい雰囲気作りを心掛け，お母さんの側に立って話に耳を傾けたり，保護者と私たち保育者が共に子どもへの愛情や成長を喜ぶ気持ちを共感し合うようなコミュニケーションの取り方ができていれば，お母さんの出産・子育てへの不安を和らげたり，子育てへの意欲や自信を持つことができるようなアドバイスもできたのではないだろうか。それによってお母さん自身に子育てを楽しむ余裕も生まれれば，Ａちゃんは肩の力をも

う少し早く抜くことができ，保育園での生活を安心して楽しく過ごせたのではないかと反省する。

　改めて保護者との信頼関係の築き方の難しさや保護者支援の大切さを実感し，それが子ども自身の心の安定へと繋がっていくのだと感じたケースだった。

〈私からのコメント〉

　子育てが苦手そうなお母さんが第2子出産を控えて体調が思わしくなく，一時保育を利用されたときのエピソードです。家では話すのに，保育の場では表情を硬くして言葉を話さないAちゃんを保育者は心配しますが，お母さんの対応が固く，なかなかAちゃんの気持ちがほぐれません。厳しくしつけられているのか，保育者が手を貸そうとしても簡単に手を借りようとせず，手助けが必要になってようやく保育者を頼りにし，そこから保育者との気持ちの繋がりが少しできてきたというところのようです。

　周囲に支援してくれる身内のいない家庭で子育てしなければならないお母さんにとって，一時保育の制度は本当に助かりますが，保育する側からすると，毎日の連続した保育と違って，子どもが保育の場になかなか馴染めなかったり，保育者に必要だと思う対応を繰り返し繰り返していけなかったりするために，どことなく消化不良な感じが残るのは否めません。おそらくこのエピソードでも，これを書いた保育者はAちゃんの様子を心配し，お母さんのAちゃんへの対応が何とかもっと柔らかくならないものかと気を揉んでいます。それは自分の胸の内の本音の部分を書き表した括弧書きの中の文言に示されています。しかしまた，これを書いた保育者は，その本音の思いが，母親の気持ちを受け止めることを妨げていたのではなかったかと反省しています。

　そこはしかし大変に難しいところですね。一時保育の難しさを垣間見ることのできたエピソードだったと思います。

エピソード5：「ママ，抱っこしてくれへん」　　　　　　　　T保育士

〈背景〉

2歳児21名（男児7名，女児14名），担任は3名のクラス。A児は両親と弟との4人家族。0歳児の時から保育所に入所しており，1歳児の7月に弟が生まれた。5月生まれで月齢も高く，よくしゃべりいろんなことを理解もし，大人ともしっかり会話ができる。弟が生まれてから両親に言われているのか，自分のことを「お兄ちゃん」と言うようになり，大きくなったことを喜んでいる様子がうかがえる。しかし，まだまだ母親に甘えたいという姿もあり，登所時に母親から離れづらく泣くこともある。

母親はA児に泣かれると困るという思いがあるようで，A児の言うままに付き合う姿が多くみられるが，最後はどうしようもなくなって，A児を怒ってしまうこともある。

〈エピソード〉

母親と弟（母親に抱かれて）と一緒に2歳児室に登所してきたA児。母親の背中につかまったりして母親から離れず，母親は弟を床に下ろし，A児をおんぶしたり抱っこしたりしながら，朝の準備をしていた。A児が母親にくっついている間，弟は放っておく形になり，クラスの子どもが何人か弟のことを気づかって「ママ，泣いてるよ」などと母親に声をかけていた。準備も済み母親と別れる時になってもA児は気持ちの整理がつかなかったのか，母親と離れようとしない。母親はいろいろと話をするが，A児はどれも受け付けず母親もだんだんイライラしてきた様子がうかがえた。そこで，"もうだめかな""母親だけでは離れられないかな"と思い，私は側に行き母親からA児を受け取った。A児は泣いたが母親には仕事に行ってもらった。無理に離されたことでA児は怒ったようで，いつもより激しく泣いた。私ははじめは"A児は全てわかっているはず""早くA児を泣き止ませよう"といろいろと話しかけ，"A児を我慢させよう""説得しよう"と思い，A児がバタバタ暴れてもずっと抱っこして動きを止めようとしていた。いつもより長く泣くことに私自身も少しイライラし始めた頃，

ふと「おうちではママ抱っこしてくれへんの?」と聞いてみた。首を縦に振り頷くA児。その後静かに泣き止んだ。なぜかA児の気持ちが一瞬でわかったような気がして,おとなしくなったA児を「ママに言ったげよな」「Aちゃんがんばったな」と言いながらずっと抱きしめていた。A児も私が"自分の気持ちをわかってくれた"と感じたのだと思う。
　そこでしばらく他の子どもたちの様子を見ながら抱っこしていた。A児から下りると言うまで抱っこしてあげようと思った。他の子が登所してきてその子に対応をする時も「○○ちゃん迎えに行くし,待っててくれる?」と言うとA児は静かに抱っこから下りて待っていてくれた。その子の対応が済んでもう1度"抱っこしてあげよう"と手を広げると私のことを信じて待っていてくれたように,さっと私の方へ抱かれに来た。その後,A児から離れるまで,ずっとそばについていた。言葉では何も話さずにいたが心が通い合ったことを感じた。
　その日の夕方,母親が迎えに来た時にすぐ声をかけた。母親もいつもより長く泣いていたことを気にしていたようで,「長かったですね」と言っていた。「Aちゃん,おうちでママ抱っこしてくれへんって言ってたよ」と告げると「ええ,そんなことないよ」と言う母親。「お母さん。お母さんは一生懸命抱っこもしてはると思うよ。でもAちゃんはもっともっと抱っこしてほしいんやと思うよ。もっと甘えたいんやと思う。お母さんががんばってはるのもよくわかるけど,Aちゃんにはまだまだ足りひんのかもしれんな」と言うと,母親は「そうかあ。そうなんや。ごめんなあA」と言ってA児を抱っこしていた。A児はとてもうれしそうな表情をしていた。その光景を見て,母親にA児の気持ちを伝えることができてよかった,母親にもわかってもらえてよかったと思った。
　〈考察〉
　子どもの思いを受け止めるということについて改めて考えさせられた。常々"受け止める"と口にしてはいるが,自分の中で"受け止めているつもり"になっていただけではなかったかと反省する。いろいろなことを話

して"説得しよう""わからせよう"という気持ちでいるあいだは，子どもは心を開いてくれないのだろうと思った。"もっと抱っこしてほしい""もっと甘えたい"というA児の思いをわかっているつもりであったが，「弟が泣いているしな」とか「お兄ちゃんやしな」という言葉をいつもかけていたと思う。A児の気持ちが分かったと思った瞬間，ただA児のことだけを考えて話しかけていた。A児以外のどの子も関係なく，ただA児の思いを代弁したかった。そのことで，A児の思いを受け止められたのではないかと思う。A児も受け止めてもらえたと感じてくれたのではないかと思う。これが"受け止める"ということなんだなと感じた。

　A児は普段私とは少し距離をとっているように感じる子であり，私自身もA児とはじっくり遊んでこなかったように思う。その私に対してA児が心を開く瞬間があったことをうれしく思う。母親にもA児の思いを伝えることができ，母親にも受け止めてもらえたことがとてもうれしかった。

　もっとも，この日を境にA児がぐずらなくなったかというとそうではない。今でも朝の登所時間には何やらぐずぐず言っている。しかし，少しでも母親の中にA児の思いを受け止めようという気持ちが膨らんでくれたのではないかと期待する。

　私はというと，以前に比べるとA児との距離は縮まってきたように感じる。私自身がA児に対し構えずに接することができるようになり，A児も素直に反応を返してくれるようになった。この関係を大事にしていきたい。また少しずつA児の思いを母親に伝えていけるように心がけたい。

〈私からのコメント〉

　Aちゃんの登園時のぐずりは，この書き手が考えているように，下に弟ができてなかなか甘えられないということと，園でも何かいい子をしていて園生活に窮屈な思いをしていたということがあって，それで登園時のこの時間に，付き合ってくれるお母さんに対してその気持ちをぶつけたということかもしれません。しかし，「お家ではママ抱っこしてくれへんの？」と保育者が言ったことに対して，Aちゃんが「うん」と返事をしてから落ち着いたのは，自分の

思いを先生が一生懸命分かろうとしてくれている，自分の事を受け止め，認めてくれているということが，先生のその一言から感じ取られたからではないでしょうか。

「子どもの思いを受け止めることが大事」ということは，保育者なら頭ではたいてい分かっていると思いますが，実際の保育を見ると「受け止めたつもり」の人が残念ながら少なくありません。その意味で，〈考察〉のところで触れている，「受け止めているつもり」とそれへの反省の部分は，他の保育者にも共有して欲しいところです。本当に受け止めると，それが自然に言葉になります。ところが，受け止めたつもりの場合は，たいてい自分の思いを伝えるところがまず言葉になります。「子どもの思いを受け止めて，それから保育者の思いを返す」というテーマが，ですから，いつのまにか保育者の思いを返すだけになり，結果的に「させる保育」に逆戻りするわけです。このあたりのことを保育の振り返りとして吟味していって欲しいと思います。

繰り返しますが，どの子どもも家族のさまざまな事情を背負って保育園に来ています。そういう子どもの背負ったものを大きく受け止め，子どもの気持ちに寄り添って支えていくのが保育の基本だろうと思います。

最後に，保護者に保育者の思いや考えを伝えるのは，いまの時代とても難しいのですが，このエピソードでは保育者の思いを素直に保護者に伝えることができたのは，日頃の関わりの積み重ねがあったからでしょうか。保護者支援の観点からもいろいろ議論できそうなエピソードでした。

2．ちょっと気になる子ども

保育の場では，乱暴な言葉遣いや，乱暴な振る舞いが目立つ子ども，逆に，元気がなくみなと十分に遊べない子どもなど，保育者にちょっと気になる子どもがいます。その気になる様子の多くは，家庭環境が不安定であることに理由がありそうです。ここでは，そのちょっと気になる子どもの思いを受け止めて対応する保育者の様子を紹介します。

エピソード6：おばけなんか怖くないし……　　　　　　　　　　R保育士

〈背景〉

　Yくんは年中5歳男児。家族構成は母と姉の3人暮らし。以前は活発で皆と仲が良く、リーダー的存在だったYくん。しかし家庭環境の影響だろうか、近頃自分の思いと違っていると「そんなのやりたくねーし」と投げやりにしたり、自分でもどうしていいのかわからなくて悔しそうに泣いたり、感情の起伏が激しかったり、などといったことが多々見受けられる。他の子に対してした言葉がけも、自分にされたように思ってしまって怒るなど、心がぎすぎすした感じで対応が難しいと悩んだ。心から楽しそうに無邪気に笑うYくんの姿が前より減ったようで私はそれを気にしていた。

　Yくんへの声かけや関わり方に気をつけながら、Yくんとの時間をできるだけ多くもち、心を少しずつほぐしていきたいと思った。また、友達にも強い口調で話すことが多いので、優しく接することができたらと感じていた。

〈エピソード〉

　この日、年中組は年長児が作ったおばけやしきに招待されていた。朝から皆わくわくドキドキ。Yくんもおばけ屋敷に入るのを心待ちにしていた。

　2人組みでおばけ屋敷に入るということになり、Yくんは大の仲良しのKくんと手をつなぎ先頭に並ぶ。「おばけなんか怖くないし！」とやる気満々。「Yくん強いねぇ。けどとっても怖いんだってよ〜」とおどかしても「全然怖くない！　ねぇ〜」とKくんと顔を見合わせてにこにこしている。でもいざ入る時になると怖がるんだろうなぁと思いながら、とても生き生きした顔をしているのでこちらも嬉しくなる。

　それぞれ2人組みができると、怖がっている子同士のペアで大変そうなところがある。私の勝手なのだが、Yくんが友達に優しく接するいい機会になればと思い、Yくんに怖がっている子と手を繋いでもらうよう頼んでみることにした。直接Yくんに言っても良かったのだが、せっかく仲良しの子とペアを組み、やる気満々なのに機嫌が悪くなってしまっては……と

思い,「おばけが怖くない強いお友達,怖がっているお友達を連れて行ってくれるとうれしいな」と全体に声をかけた。すると真っ先にYくんが「おれ,いいよ!」と怖がっている友達のところへ行き,にっこり笑って手を繋いでくれた。Yくんすごい!

　おばけ屋敷では緊張して顔が強張りながらも,しっかりと手を繋ぎ,お友達を出口まで引っ張って行ってくれた。Yくんも怖かっただろうに。「Yくん,本当にありがとう」と私が心を込めて伝えると,恥ずかしそうに「うん」とYくん。たった一言だったが,Yくんの友達を守りきった満足感,緊張の糸が解かれた感じが分かった。あぁ,本当のYくんはこんなに素直で優しいんだ。やりきった顔でにこにこしているYくんを見てとても嬉しく,またこういうきっかけを増やしていけば良い所がいっぱい見れるのだろうなぁと思った。

　　〈考察〉

　様々なもどかしい思いを心の中で抱えながらも頑張っているYくん。今回のように自分も大変でも相手を思い遣り,しっかりと手を繋ぎ,最後まで「自分が守るんだ!」という強い気持ちでいられたことは素晴らしいと思うし,私も嬉しかった。Yくんの芯の強さを感じた。また,私はこれまでYくんの機嫌を損ねないようにと思いすぎていた部分があるのかもしれないと思った。ただ褒めるだけではなく,その時々に合った私の心からの言葉を伝えられればYくんにも響くと思った。他の子に対しても同じことが言えると思う。Yくんの素直な喜びや笑顔,満足した所を見て安心した。Yくんと心が通じたと思えた瞬間だった。

　　〈私からのコメント〉

　〈背景〉には「家庭環境の影響か」とぼかしてしか記されていないので,詳しいことは分かりませんが,かつては元気で活発だったYくんが最近,感情の起伏が激しく,ギスギスした感じがあり,それを心配した保育者が何とかYくんに元の元気なYくんに戻って欲しいと願って,少し仕掛けてみたエピソードだったようです。怖がる友達と手を繋いでお化け屋敷を潜り抜けたYくんの満

足の表情に，保育者も嬉しくなり，少しほっとした気持ちがあったのでしょう。その喜びを伝えたい気持ちが文面からよく伝わってきました。

　そして，そういうYくんの姿をみて，自分がYくんの機嫌を損ねないようにと思い過ぎていたのではと反省していますが，照る日も曇る日もあるということではないでしょうか。子どもの姿に一喜一憂するのではなく，YくんはYくんとゆったり見守り，時には寄り添ってYくんのことを大切に思っている保育者がいることを伝えてほしいと思います。Yくんが抱えている家庭的な問題は保育者にはある意味どうしようもないものなのですが，そういうYくんがその重さにくじけることなく，少しでも保育園で子どもらしく楽しい生活が送ることができるように，また自分らしくあることに自信をもてるように，しっかりした「私は私」の心を育てたいという保育者の思いが伝わってきます。

　もう1つ，「ただ褒めるのではなく，その時々にあった私の心からの言葉を伝えれば」というところが大切です。序章でもみたように，いまの保育では「褒めて頑張らせて」という保育動向が目に付きますが，その場合，「褒められたいからする」という子どもの動きになりやすく，子どもがしたいからするという動きになかなかなりません。子どもがしたことを素直に認める言葉が子どもに響くのです。その点に気づいたのは収穫だったと思います。

エピソード7：おんぶしてほしい　　　　　　　　　　　　　M保育士

〈背景〉

　1歳児クラス18人を5人の保育士で保育。クラスの中で現在「おんぶしてほしい」という子がいて，それを感じ取ってか，おんぶがクラス全体でブームになっている。そんなある日，Yが珍しく早く目覚めた午睡時のエピソードである。Yは現在2歳7カ月。両親と年子の弟の4人家族。生後すぐに手術し，現在も経過観察中で，生活に規制や支障は全くないが，月齢の割に言葉の発達がゆるやかで自己表出も少ない。身体的にも小さく，全般的に発達がゆるやかな感じだが，保護者は個人差の範疇だと捉えている。私は発達がゆるやかなYとしっかりかかわる機会が十分になく，機会

があればとずっと思っていた。
　このエピソードに登場するもう1人のAは現在2歳4カ月。両親とAの3人家族で1人っ子。ちょっとしたことで大泣きして訴えることがよくある。主に祖母が送り迎えをし，皆に愛されているという印象がある。
　〈エピソード〉
　普段，あまり自分を表出しないYが珍しく早めに目覚めた午睡明けの時。私が事務仕事をしていると，布団からのこのことやって来て，座って書き物をしている私の背中にピッタリと全身をくっつけてきた。私にはYがいまがチャンスとばかりにやって来たように感じられ，Yを甘えさせてあげられる絶好のチャンスだと思えた。
　私は書き物をしながらも背中に神経を集中させて，ピッタリ身体をくっつけてきたYを背に，自分の身体を動かしてリズムをとる。Yはそのリズムに合わせて自分の身体を一緒に動かしている。背中から"エ・ヘ・ヘ・ヘ"とYの笑い声が響いて伝わってきた。"楽しそうだな，どんな表情で笑っているのだろう？"Yの顔をそっとのぞいてみたくなった私は，その位置から見える水道のところの鏡を見てみた。すると案の定，水道のところの鏡にYの笑顔が映っている。私と鏡の中で目と目が合い，互いにニッコリするYと私。何だか面と向かって抱っこしたりして関わるより，背中におぶさったままのこのなんともいえない時間を私も大切にしたいと思えた。そして，満足するまでYと関わってあげたいと思った。
　その動きを繰り返していると，Yの腕が動いて私の身体の前にぐっと出し，私の身体にぎゅっとしがみついてきた。「もう離れないぞ」，なんだかそんなふうに感じた。そしてずっと同じ動きを続けていたが，Yの連動した動きが突然止まり，「おんぶ」と私に言葉で伝えてきた。"望む通りおんぶしてあげたい"と思い，私がそのままおんぶしようとすると，Yはそうでなくおんぶヒモでおんぶして欲しいことを指差しで意思表示してきた。この頃，クラスでおんぶを要求する子が多く，いつかYもその機会をうかがっていたに違いないと感じた。"ようし！おんぶヒモ！"少し離れ

たところにある箪笥に私はおんぶヒモを取りに行った。"さあ，Yくん，おんぶだよ"と思って振り返ると，何とAが私の足元に立っていた。"あっ，Aくん。いつの間に……。起きていたんだ……"と思った。そこでAは「Aも，Aも」と言い出し，私がYをおんぶしてあげようとしているのを察して，金切り声を出し泣き始める。それでも私は，いまはYをおんぶしてあげたいと思った。なんとかYをおんぶしようとAに話しかけるが，私のその思いを感じ取れば感じ取るほど大泣きのA。そして，その様子を見ていたYは，あまりのAの泣き声にYの方が驚いたのか，あきらめて別の方へ行ってしまった。Aは逆にその様子を泣きながら見ていて，よけいにここぞチャンスとおんぶを要求する。私はそれでもと思ってYの方を見るがすでに他の遊びを始めていた。Yと関わる絶好のチャンスだと思っていたのに……と思いつつも，Aをおんぶする私。Aは泣きやみ，ごきげんになっていく。"Yは？"と見るとそれまでのことがなかったかのように他児と遊んでいた。"さっきまでの関わりで満足だったのかな？いや，そんなことはない。また諦めさせてしまったかな"など，いろいろと考えながら時々Yを見ていた私だった。

〈考察〉

月齢は大きいが，言葉の発達がゆるやかだったこと，おとなしくおだやかなYの性格，年子の弟に手がかかり，あまり構ってもらっていない様子など，様々なことが重なり合って，あまり自己表出をしないYの姿になっていたと思われる。それが午睡という一番家庭に近い環境で，起きている子が少ない状況が生まれ，本児は絶好のチャンスだと感じ取って，行動に移したのだろう。Yばかりでなく私も絶好の関わるチャンスだと思っていたのに，関わりがうまく展開できなかった。

Yは他児や弟との関わりの中で，これまであきらめて譲ることを身につけてきたのだろう。人に譲ることも大切だが，Yがここぞチャンスだと思って関わってきたのだから，それを叶えてあげたかったというのが，私の本当の思いだ。今日もあきらめさせてしまったと深く反省する。

保育というのはうまくいくことばかりではなく，逆に思いもよらない展開に突然なったりする。午睡中で寝ている子もいる，保育士は休憩中で人員が少ないなど，いろいろと条件が重なった中で，自分はこの子に対して何とかできなかったのだろうかと考え続けた。他の保育士の意見を聞いて，自分の保育を考えてみたいと思った。

〈私からのコメント〉

　発達がゆるやかなYくんに，これまであまり関わってこれなかった保育者が，午睡明けのよいタイミングでYくんに関わってあげようと思ったのに，他の子どもが介入してきて思うようにならなかった，というエピソードです。

　このエピソードでまず注目されるのは，Yくんが仕事中の先生の背中におぶさるようにしてきたとき，背中に背負うかたちのまま身体を動かしてリズムをつくり，それにYくんが同期するように身体を動かしたところと，鏡を通して目が合うところです。目を合わせ，同じ動きのリズムを共有するというのは，2人の人間のあいだが繋がれた感じになる基本のかたちです。そうした経験の積み重ねから，次第に信頼関係へと発展するのでしょう。ここではそこからおんぶの要求になり，それもおんぶヒモをつかってのおんぶということになりました。

　ところが保育者がおんぶしようと思って足元をみると，Yくんより月齢の低いAくんがいて，おんぶを要求して泣き始めます。保育者はそれでもYくんをと思っているうちに，Yくんは諦めたのか，他の遊びの方に行ってしまいました。それが保育者にとっては心残りだったのでしょう。それがこのエピソードを書く動機になっているようです。

　今日はこの子に関わろうと心積もりしていても，要求の強い子や，突然のハプニングに思い通りにならないことは保育にはしばしばあります。この書き手が気づいているように，おとなしくて手がかからないように見える子どもにも，しっかり手をかけていくような配慮が必要だと思います。

第 2 章　家族関係のなかの子どもの思い

エピソード 8：ちょっと気になる子　　　　　　　　　　H保育士

〈背景〉

　4歳児Sくんは年長クラスに活発な兄がいて，男2人きょうだいのたくましさを感じる子である。家庭で兄がやんちゃをして母親に叱られるのをよく見ていて，同じ事はせずに可愛がられるような行動をとっている所があるようだ。頭が良く，保育園でも大人の顔色を見て行動している場面がある。例えば泣いている友達に優しくしてから私の所に来て，「ねえSはやさしい？　えらい？　いい子？」と聞きに来る。それが気になった。

　自分がどうしたいかというよりは，褒めてもらうために考え，行動しているように思う。周りの友達もSに対して優しさよりも戸惑いや怖さを感じているように感じられる。そんなSに対しどう接していけばよいか悩んでいる所だった。

〈エピソード〉

　保育室で発表会に向けての忍者ごっこをやろうとしていた時のこと。Sは朝から少しイライラしていた。「Sくんどうしたの？」と話しかけても反応はなかった。兄とケンカした時には自分から話してくるSなので，"どうしたのかな，眠いのかな（そういう日もあった）なにがあったのかな"と気になった。周りの友達はSの様子がいつもと違うのに気付いてか，Sに話しかける子はいなかった。

　私は子どもたちに忍者ごっこの遊びを提案し，私が忍者の先生になって「にん！　忍法○○の術！」とごっこ遊びを始めると，いつもは一番前に来るSが，今日は隅の方で様子を見ていた。だが興味はあるようなので，あえて話しかけず遊びを続けることにした。

　忍術の道具について話をすると，「巻きもの持ったよ」「手裏剣も持ったよ」と嬉しそうにいう子どもたち。「あ！でも2つも持ったからおやつのリンゴが持てないよ」「ポッケに入れれば？」「え～ポッケない」「じゃあ先生のポケットもうひとつあるから入れていいよ」「あ！先生いいよ。あたしももう1つポケットあるから入れていいよ」といったやりとりがあり，

Sもそれをじっと聞いている様子だった。

　その後，保育室を出て忍者の修行の旅に出ることにすると，Sの表情からイライラが消え，次第にこの遊びにのってきた。

　忍法を使ってリンゴ山のリンゴをとり，おみやげにしようという提案が子どもたちから出た時，壁面にリンゴの木があったのでイメージしやすかったのか，子どもたちは一斉に忍法大ジャンプをして，「とれた！」「大きいのとれた！」と口々にいう。だが後ろの方にいたMだけは「届かなかった」という。"とれなかったじゃなくて届かなかったかぁ，子どもたちには本物のリンゴの木が見えているんだろうなぁ，おもしろいなあ！"と私が感動していると，誰かが「もう1回忍者ジャンプやってみよう」といい，やってみる。「またとれた！」と喜ぶ子の横で，「とれない」をくり返すM。全てが想像上のリンゴ狩りなのはMも分かっているので，いたずらっ子のような表情でニヤニヤ嬉しそうにしている。ここで口を挟んでこの先の流れを私が作っては駄目だと思ったので"どうなるんだろう"とワクワクしながら黙って様子を見ることにした。

　するとSがMの所に行き，「Sね，いっぱいとれたからあげるよ」と想像上のリンゴをMに渡していた。想像上のリンゴだが，2人の手つきは大切なものを渡す感じで，ていねいだった。Mが「後で一緒に遊ぼう」とSにいうと，Sも嬉しそうに返事をしていた。じんわりあったかい気持ちになった。いつものような「してあげたよ」という気になるSのアピールもなかった。

〈考察〉

　「友達にやさしくしてあげたよ，えらい？いい子？」と訴えるSに接する度に，"友達に親切にする子がえらいんでしょ，どう？"と自分の保育のことを言われているような気がして，苦しかった。Sがそう思ってしまうような関わりを私はしてしまっているのではないかと悩んだ。「自分からしたいと思って行動した結果ならいいけど，人の目を気にして行動したのならよくない」と割り切れる問題でもない。だが今回はMのユーモアが

第2章　家族関係のなかの子どもの思い

面白く，それに引きずられるようにしてSが自分で考え，自分で行動し，その結果得られたMからの「ありがとう」「後で一緒にあそぼう」の言葉がとても嬉しく，満足したせいか，私の所には来なかった。Mの言葉が私が何を言うよりもSの心に残り，本当に気持ちのいい友達同士の関わりとして経験できたのは良かったと思う。

人の顔色を見て行動するのが全部悪いとは思わないが，自分の思いで行動した結果への感動がSを変えていくと思うので，私自身，大人が褒めて子どもの行動をコントロールすることがないように，自分の対応のあり方を考えていかなければと思う。

〈私からのコメント〉

保育の場にやってくる子どもはみな，保育者に認めてほしいと思い，「先生」と呼んだり，「見て」と注目して欲しい気持ちを表したりするのが常です。しかし，その度が過ぎて，常に大人の顔色をうかがい，大人の評価を気にするというのは，確かにやはり気になります。こうした子どもの行動は，認めて欲しい気持ちが満たされない場合や，認められる子どもへの嫉妬や羨望が強いときに生まれます。Sくんの場合も，兄弟関係や家族関係の中で，何か満たされない思いがあるのでしょう。

これを書いた保育者は，保育者が褒めることによって子どもの行動をコントロールしている面はなかっただろうかと反省していますが，この気づきは重要です。先のエピソード6でみたのと同様に，いま多くの保育の場は「褒めて育てる」に傾いているからです。子どもを褒めれば，子どもは自分がしたくないことであっても，褒められたくてそれをしようとします。時には褒められることでそうすることの喜びや面白さを発見することもあると思いますが，常に大人が褒めることで子どもを大人の願う方向に動かすことばかりしていると，子どもは本当の自分の思いに気づかなくなってしまいます。

しかも，褒められてする行動は保育者の願う行動ですから，保育者にとってもその子のすることは嬉しく，こうして褒められることの問題はいつのまにか掻き消されてしまいます。しかし，それでは本当の主体としての心が育ちませ

んし，本当の自己肯定感には繋がらないのです。

今回のこのエピソードは，もともと力のあるSくんがMくんのユーモラスな反応に自分から興味をもって関わったので，評価を気にしなくてすんだのでしょう。保育者が褒めることで子どもをコントロールしていないか，自己点検が求められるところです。

エピソード9：チョキチョキしたのは私，Kちゃんじゃない！

E保育士

〈背景〉

　Sは2歳5カ月の女児。家族構成は祖母，母，叔父，叔母，本児の5人家族。

　2歳児クラスで子ども12人を，保育士2人で担当している。私は4年目の保育士で今年度より転園してきた。祖母は時折送り迎えをしてくれるが，自分も働いているため，早番，遅番になることがほとんどである。基本的な保育時間は8時～19時。母親は夜勤もある仕事をしている。

　Sは入園してしばらくは表情が硬く，甘えることが少なかったが，少しずつ表情も和らぎ，担任に関わりを求めることが増えてきた。その一方で，他児の送迎時に当人よりも早くその保護者の元へ行き，他所の母親に「ママー」と呼んでは話しかけ，そこから離れないため，他児とトラブルとなることもあった。いつも遅いお迎えのため，早くお迎えに来る子をうらやましく思う気持ちもあるのかなと感じていた。

　気になる姿として，保育士の気を引きたいのか，他児を注意するとわざわざその場へ行き，保育士の方を見ながら当の他児に注意されたことを繰り返したり，他児が嫌がることをしつこくやり続けたりする姿がある。母親は夜勤もあり，家庭で本児が満足のいくように甘えられていないのかなと思う部分もあったので，少しでもSの気持ちが満たされるよう関わる機会を多く持つように心掛け，他の子が嫌がるのとは違う形で気持ちを表出してほしいと思っていた。

第2章　家族関係のなかの子どもの思い

　そんな中，ちょっとしたトラブルの場面でSが相手の悲しい気持ちに気付き，自ら「ごめんね」と声をかける姿が見られたのが嬉しかったので，このエピソードを取り上げる。

〈エピソード〉

　午睡後トイレへ行き，パンツをはこうとしていた時のこと。目が覚めた子からトイレへ行くので時間差があり，また布パンツの子はトイレでパンツの上げ下げを行うので，そこにいたのはSだけだった。ゆったりと関われるチャンスだと思い，短く切ったSの前髪を指差し「誰がチョキチョキしてくれたの？」と聞いてみた。Sはいつものきょとんとした表情で，「ママだよ」と答える。そこへ，トイレを終えたK（2歳5か月）がやってきて「Kちゃんもママがチョキチョキしてくれたの」と話に入ってきた。すると，Sは「Sがチョキチョキした！Kちゃんしてない！」と怒ったような口調で言葉を返す。それを聞いたKは目を細め，口を尖らせ，明らかに怒っているという表情。"Sは私との間にKが入ってきたのが嫌だったのかな"と感じ，Sに対して「もっとやさしく言えばいいんじゃない」等の否定的な言葉をかけるのをやめ，Kに対してだけ小さな声で「Kちゃんも前にママにチョキチョキしてもらったのね」と声をかけた。するとそれが聞こえたのか，「チョキチョキしたはSだよ！」と，さらにSの口調がきつくなる。Kは口を尖らせ，今にも泣き出しそうな顔。"Kを受け止める言葉をかけたのが嫌だったのかな。Sの気持ちもわかるけど，Kの悲しい気持ちにも気付いてほしい"そう思ったので，Sに対してきつい口調にならないように気をつけながら，「Sちゃん，Kちゃんこんな顔になっちゃったよ」と言ってみた。"またSは怒ってしまうかな"とドキドキしながらSの反応を見る。すると，Sはゆっくりとkの表情を見て「ごめんね」と声をかけた。Kの表情がガラリと変わり，にっこりと笑う。それを見たSも思わずにっこり。Sが「（チョキチョキしたの）いっしょだねー」と言うので，"なんてかわいいのだろう"と思いながら，私も「チョキチョキしたの，いっしょだねー」と言葉を重ねた。3人の心が通じ合ったよ

うな気がして嬉しくなった。

　〈考察〉
　このところ，他児に「やめて」と言われても，Ｓはやめずにしつこくやり続けることが多かった。その行為だけを見ると，思わず「なんでそんないじわるするの？」と注意したくなってしまうが，そうせざるをえないＳの気持ちを考えると，その根底には「先生，もっと私のこと見て」というＳの心の叫びがあるように思えてならなかった。そんなＳなので，トラブルの場面ではとにかくＳのあるがままの姿を受け止め，Ｓに対しての言葉がけには特に注意し，自分から相手の思いや表情に気付けるように，待ったり言葉をかけたりしていた。そんななか，ＳがＫの表情を見て，Ｋの悲しい気持ちに気付き，自然に「ごめんね」と言葉をかけたことがとても嬉しかった。

　途中でＫが入ってこず，Ｓと２人きりだったら，このようにＳが怒ることもなく，会話を楽しめただろう。しかし，保育園という集団生活の場では，そういった１対１で関わる機会を持つことはなかなか難しい。しかし，ちょっとした場面を捉えて，その子だけに目を向け，大切に思っていることを伝えていくことは大切だと思う。Ｓはそれを誰よりも母親に求めており，そういった甘えたい気持ちを私たちが母親に代弁していくことで，家庭において密に関わってもらう時間が少しでも増えればと思う。

　〈私からのコメント〉
　複雑な家族構成で，母親は夜勤もあってゆっくりＳちゃんに関わる時間的余裕がなく，そのために何か満たされないものをＳちゃんが感じているらしいことが分かります。その不安定な気持ちが他児の嫌がることをすることなどに屈折して表現されてしまうようで，保育者としては気になるところです。周りの大人はつい「なんでそんないじわるするの」と言ってしまいますが，心が不安定な２～３歳の子どもの行動をそのような言葉でコントロールすることは難しいと思います。

　保育の場では，やはり書き手が〈考察〉で述べているように，何とか工夫し

て1対1の関係を作って、Sちゃんを大切に思っていること、SちゃんがSちゃんらしくあることを認めていることを保育者が伝え、Sちゃんの「私は私」の心を育てながら、エピソードにあるように他児を受け止めるSちゃんの「私は私たち」の心も育てていきたいところです。その場合、保護者や家庭に対して非難めいた気持ちをもっていると、どうしても子どもを肯定的に受け止めるのが難しくなります。口には出さなくても内心で「家庭がこんなだから」と思っていると、その思いが子どもにもかぶさって、「またこの子が」となってしまいます。家庭の対応を変えてもらうというのは容易なことではありませんが、「お母さんもお仕事大変ですね」と相手をねぎらう気持ちをもって、保護者との信頼関係を築くようにすることがまずもって必要でしょう。

3．複雑な家庭環境と子どもの思い

　虐待報道が毎日のように耳にされますが、貧困、家庭不和、麻薬などの薬物依存、アルコール依存、賭け事、事業の失敗など、大人の生活の破綻に端を発して、それが家庭の子育てを乱したり壊したりするケースが驚くほど増えています。子どもの権利条約を持ち出すまでもなく、大人の養育を受けなければ生きていけない弱い立場の子どもを守り育てることは、何といっても大人の責任であり、社会の責任です。そして、その大人の生活がほとんど破綻をきたしているときに、共に生活している子どもを保育の場が支えることは必須のことです。現場にとってはこれは荷の重い課題ですが、しかし、多くの保育者は子どもを守る防波堤として懸命に頑張っているのも事実です。ここではそのようなエピソードを紹介してみます。

エピソード10：「こんな保育園、出ていったるわ！」　　　　　K保育士
　　〈背景〉
　　　もうじき6歳の年長男児Sくん。3歳下に弟がいる。とても複雑な家庭事情を抱えていて、そのせいか、クラスの中での乱暴な言動が目立ち、担

任として困ることが多い（弟も嚙みつき等の乱暴が目立つと聞いている）。母親は精神障碍があって，いまも病院に通っている。気分の浮き沈みが激しく，不安定になったときは，Ｓくんにもしょっちゅう手をあげているらしい。あるときお迎えの折に，「こいつのせいで私の頭がおかしくなる！」と言って，私の目の前でＳくんを強く叩くこともあった。最近父親が家を出ていってしまったので，それ以来，母親の精神状態はいっそうひどくなっている。母親は就寝が遅く，朝も遅いので，兄弟の登園が昼近くになることもしばしばである。なお私の園は４，５歳の異年齢保育をしている。

〈エピソード〉

朝のお集まりのとき，Ｓくんの隣に座った４歳児のＫくんがアニメのキャラクターのついたワッペンを手に持っているのに気づき，Ｓくんは「見せろ」と声をかけると強引にそれを取り上げようとした。Ｋくんが体をよじって取られまいとすると，ＳくんはＫくんの頭をパシーンと強く叩き，立ち上がってＫくんのお腹を思いきり蹴り上げた。大声で泣き出すＫくん。あまりのひどい仕打ちに，私はＳくんの思いを受け止めるよりも先に，「どうしてそうするの！そんな暴力，許さへん！」と強く怒鳴ってしまった。くるっと振り返って私を見たＳくんの目が怒りに燃えている。しまったと思ったときはすでに遅く，Ｓくんは「こんな保育園，出ていったるわ！」と肩を怒らせて泣きべそをかき，部屋を出て行こうとした。

私はＳくんを必死で抱きとめて，「出て行ったらあかん。Ｓくんはこのクラスの大事な子どもや！」と伝えた。泣き叫び，私の腕の中で暴れながらも，私が抱きしめているうちに少し落ち着き，恨めしそうな顔を私に向けて，「先生のおらんときに，おれ，死んだるしな」と言った。

私とＳくんのやりとりを他の子どもたちが不安そうに見ていたので，「みんな，朝の会やのにごめんな，いま先生，みんなに大事な話しをしたいんや」と子どもたちに声をかけた。そしてＳくんを抱き止めたまま，子どもたちに「みんなＳくんのことどう思った？」と訊いてみた。子どもたちは，「ＳくんがＫちゃんを叩いたんは，やっぱりあかんと思う。そやけ

第 2 章　家族関係のなかの子どもの思い

ど，Sくんはやさしいところもいっぱいある」。「Sくんは大事なぞう組の友達や」。「朝も一緒に遊んでて，めちゃ面白かったし，またSくんと遊びたい」。「出て行ったらあかん，ここにいて」と口々に言う。私が心配しているのとは裏腹に，子どもたちはSくんを大事に思う気持ちを次々に伝えてくれた。私は涙が出るほど嬉しかったが，ふと気がつくと，Sくんが私の体にしがみつくようにしている。そこで，子どもたちにお礼を言って，「Sくんが先生に話があるみたいやし，今日は朝の会は終わりにして，みんな先に外に出て遊んでてくれる？」と声をかけた。

　子どもたちが園庭に出て室内で2人きりになると，Sくんは「あのな，うちでしばかれてばっかりやねん。うち出て行って，反省して来いって，お母さんいつもいうねん。出て行って泣いてたら怒られるし，静かに反省したら，家に入れてくれるんや」と話し出した。私は「そうやったんか，Sくん，しんどい思いしてたんやな」と言ってSくんを抱きしめた。「先生はSくんのこと大好きや，先生，何が嫌いか知ってるか？」と言うと，「人を叩いたり，蹴ったり，悪いことすることやろ？」とSくん。そして「遊びに行く」と立ち上がると，「Kちゃんにごめん言うてくるわ」と言って，走って園庭に向かった。

　〈考察〉
　Sくんが難しい家庭事情にあることは十分把握していたはずなのに，あまりにもひどい暴力だったので，ついカッとなってみんなの前で不用意に叱ってしまった。集団でSくんを責める結果になり，「出ていったる」「死んだる」と言わせてしまったのは担任としての私の大きな反省点である。けれども，周りの子どもたちの優しさに助けられ，クラスの大切な1員であることをSくんに伝えることができてほっとした。

　2人きりになったときのSくんの話は，本当に胸の詰まる思いがして，「しんどい思いしてたんやな」としか言えなかった。Sくんが厳しい家庭環境の下で健気にも一生懸命生きていることがひしひしと伝わってきた。

　そういうSくんが少しでも落ち着いて家に帰って行けるよう，保育園で

はSくんの辛い思いをていねいに受け止めて，Sくんがみんなと同じ大切な存在であることを伝え続けていきたいと思った。

〈私からのコメント〉
1) 子どもも保育者も葛藤する思いを抱えている

　Sくんのあまりの乱暴な振る舞いを前に，保育者が思わず強く叱ってしまったという場面と，その後の展開を取り上げたエピソードです。「出ていったるわ！」「死んだるしな！」というSくんの言葉も凄いし，その後の緊迫した展開に読み手もはらはらしてしまいますが，残念なことに，このSくんの事例が決して例外的な事例ではないといわねばならないほど，いま厳しい家庭環境に置かれている子どもは少なくありませんし，それに起因する対応の難しい子どもは少なくありません。

　「こいつのせいで私の頭がおかしくなる」と保育者の面前で母親に叩かれるとき，あるいは，叱られて家から放り出されるとき，さらには，反省したら家に帰ってもよい（反省しないなら家に入れてやらない）と言われるとき，Sくんの心に去来する思いはどのようなものでしょうか。

　そのような親の酷い扱いや言動はいつのまにかSくんに取り込まれ，他児に対する酷い扱いや言動に形を変えます。Sくんも，友達を叩いたり蹴ったりすることはいけないことだと頭では分かっていますが，安心できない不安定な気持ちは，何かをきっかけについ他の子どもに向かってしまいます。

　頼りは優しいK先生ですが，この先生に強く諫められると，Sくんは「この保育園，出ていったる！」「先生のいないところで死んでやる！」と怒りの言葉をぶつけずにはおれません。こうしたSくんの言葉もまた，家庭で経験したに違いない大人たちの言い争いや不安定な生活ぶりから紡ぎ出されたものに違いありません。

　このエピソードを読むと，まずSくんの内部で，叱られて怒り狂う思いと，先生に受け止めて欲しい思いが交叉しているのがわかります。それらはSくんが1個の主体だからこそ抱く逆向きの思いです。また先生の内部でも，Sくんを受け止めよう，受け止めてやりたいという思いと，許せない，受け止めきれ

ないという思いが交叉しているのが分かります。これらもまた先生が1個の主体だからこそ抱く逆向きの思いです。このように逆向きの両義的な思いと思いがぶつかりあい，せめぎあい，何とか折り合いをつけるかたちで落ち着きどころを見出していくのが保育なのでしょう。

　部屋から飛び出そうとするところをK先生に抱き止められ，「Sくんはクラスの大事な子どもや」というK先生の言葉を聞き，クラスの友達のさまざまな言葉を聞くうちに，Sくんには自分が周りからどう受け止められているかが何となく分かるのでしょう。Sくんの怒り狂う思いはしだいに鎮静化してきます。厳しい家庭事情の下にある今のSくんにとっては，保育園の先生と友達が何よりも心の拠り所なのだということが分かります。それにしてもこのエピソードは，Sくんの葛藤する思いと，先生の葛藤する思いが実によく分かる形で描き出されています。

2）「みんなSくんのことをどう思った？」の発言はこれでよかったのか？

　あるエピソード記述の勉強会でこのエピソードを紹介したとき，参加者から，「みんなSくんのことどう思った？」という先生の発言はこれでよかったのだろうか，もしもみんなが「Sくんは悪い，Sくんはいつも乱暴だから嫌いだ」と言い出したら，先生はどうしていただろうという疑問が出されました。確かに，この場面だけを読むと，そのような展開の可能性もあり得たかもしれない，と思われるところです。

　幸いなことに，私はたまたまSくんとSくんのクラスを巡回指導の折に見る機会がありました。Sくんは確かに言葉遣いが大人びていて荒く，気分の浮き沈みのある子どもだなあという印象を受けましたが，それでもカプラを組み上げて遊ぶ様子などは，周りにいる年長児たちと何も変わらない1人の子どもにみえました。またこのクラスの保育は，他にも難しい子どもがいるわりには落ち着いていて，特に荒れているという印象はなく，まさにいま私が主張している「子ども1人ひとりを主体として受け止めて」を地でいっている保育のようにみえました。つまり，どの子どもも先生にしっかり受け止めてもらっているなあ，子どもたち1人ひとりの表情がとても子どもらしいなあという印象で，

これが子どもと先生のあいだの目に見えない信頼関係に通じているのだろうと思われました。私はそこに先の疑問を解く鍵があるように思います。

　まず先生の「みんなに大事な話がしたいんや」に始まり「Sくんのことどう思った？」に繋がる発言は，他の子どもたちの意見を聞くことに主眼があったというより，息詰まるほどに煮詰まったSくんと先生のあいだの緊迫した関係を何とか打開しようとして，苦し紛れに導かれた発言だったように私には聞こえます。それが2人の煮詰まった関係に「間」を置く結果になったことが，その場面の展開としてはよかったのではないでしょうか。そして，その「間」のところでなされた他児たちのさまざまな発言がSくんを思いやる発言になったのは，Sくんを大事に思う気持ちもあったかもしれませんが，それよりもむしろ，困っている先生の必死の思いが他児たちに分かって，いまは先生を助けてあげなくてはという思いから導かれた発言のように私には聞こえます。先生がそれを当てにしていたとは思いませんが，普段の「1人ひとりを受け止める」保育が，信頼関係をあいだに挟んで子どもたちに先生を思い遣る気持ちを育んでいて，それがこの場面に現れてきたように思うのです。子どもたちとの信頼関係があるかどうかが，この場面での先生の発言をどう受け止めるかの鍵を握っているのではないでしょうか。

3）乱暴の過ぎる子どもは保育できないのか

　ともあれ，いまさまざまな家庭の事情を抱えた子どもたちが保育の場で関わり合い，まさにこのような悲喜こもごもの心の動きを積み重ねる中で，育てられて育っているのです。このエピソードを読めば，保育という営みがこれほどまで重く難しい局面を抱えているのかと思わずにはいられません。改めて，保育者の「子どもの思いを受け止めて，自分の思いを返す」保育，つまり，子どもも主体，保育者も主体として生きているということが分かる保育の重要性を考えさせられるエピソードだったと思います。

　残念なことに，Sくんのような乱暴な子どもを前にするとき，保育者の中には「こんな乱暴な子どもの保育はできない」とさじを投げ，もともと家庭に問題があるから子どもがこうなるので，家庭にできないことが私たちにできるは

ずがない，虐待防止の観点からも，これは保育園の問題ではなく児童相談所の問題だと主張する人たちが少なからずいます。確かに，家庭が不安定なままだと，子どもの不安定な行動は続くでしょう。しかし，だからといって，保育の場はさじを投げてよいかといえばどうでしょうか。保護者への指導や助言は児童相談所が受け持つにしても，子どもを保育するのはやはり保育園です。子どもが生まれつき乱暴で手に負えないのではありません。その乱暴は，周囲の大人に受け止めてもらえずに，周囲の大人の思いに振り回されるからこそ生まれる行動です。今回のエピソードに見られるように，乱暴な振る舞いをする子どもも，自分が受け止めてもらえることが分かれば必ず落ち着きます。落ち着けば，その子の中にも子どもらしい面がしっかり残っていることが表面に出てくるはずです。つまり，乱暴な子どもこそ，保育者がその苦しい胸の内を分かって対応する必要がある子どもなのです。

　しかしながら，「家庭がこうだからこの子はこうなのだ」と考え，乱暴が目立つ扱いにくい子どもに対しては，強い禁止や制止を課す対応をして押さえ込もうとする保育者が少なくありません。そういう現実を思うにつけ，ここでのK保育士の真摯な対応には，本当に頭の下がる思いがします。Sくんを1個の主体として受け止めて，自分も1個の主体として自分の思いをSくんに返す。それはいつもうまく展開するとはかぎらず，今回のような緊張を孕む場面をもたらすことがあります。しかし，それが保育なのであり，こういう保育者の対応を通して子どもは1個の主体として育つのです。厳しい場面であったにもかかわらず，読後に何かしらほっとしたものを感じるのはそのためではないでしょうか。

エピソード11：クリスマス・プレゼント　　　　　　　　　I保育士

　〈背景〉
　　5歳4カ月の女の子Yちゃん。2月〜8月まで，両親は遠隔地で働き，その間，祖母と2人暮しをしていた。両親がたまに戻ってくることもあり，その時は登園時泣いてぐずることもあったが，祖母と2人になると情緒も

安定し落ち着いていた。

　そして6カ月の雇用期間を終え，両親が帰って来た頃にはお母さんのお腹の中に赤ちゃんもいて，12月に弟が生まれた。そんな状況でYちゃんは情緒が崩れ，落ち着きがない。

　12月に入り，子どもたちの会話はサンタクロースの話で盛り上がるようになった。Yちゃんもお友達と一緒に「サンタさんのプレゼント何かな〜」と話したりし，楽しみに待っているところだった。

〈エピソード〉

　12月24日，クリスマスイヴの日。いつもに比べてクラス全体がウキウキしている様子でだった。Yちゃんもふざけ過ぎることが多く，何度か注意を受けていた。それを見ていたある女の子が「いい子にしていないとサンタさん来ないかもよ〜」と声を上げると，それを聞いたYちゃんは「いいも〜ん」と口をとがらせていた。その場に私もいたが，特に何も言わず耳だけを傾けていた。

　翌日，12月25日の朝，嬉しそうに登園してきた子どもたちは次々にサンタさんから届いたプレゼントの話をはじめ，私も「良かったね！」と声をかけ，子どもたちの喜びを受け止めていた。そんななか，Yちゃんがそぉっと私の所にやって来て，「サンタさん来なかったんだぁ」と苦笑いを見せた。その一言にハッと思った私は，返す言葉にとても迷った。「そうだったんだぁ」と頭をなでることしかできなかった。

〈考察〉

　毎年のことだが，子どもたちにとってクリスマスという行事はとても楽しみな日である。その気持ちを高めるために，クリスマス制作などを通して色々な話をしたり，「楽しみだね」と共感してきたが，Yちゃんの一言を聞いて，とても複雑な思いになった。

　「いい子にしないとサンタさん来ないよ」とつい使ってしまいそうな言葉だが，本当にプレゼントがなかった子たちにとって，その言葉は「自分はいい子じゃなかったからプレゼントがなかった」と自分を否定する原因

にもなることがあると思う。女の子が何気なく言った言葉を私はただ聞いているだけだったことをとても後悔した。

　後からだったが，他の保育者より，昨年もクリスマスケーキ・プレゼントがなくて，かわいそうな思いをしていたので，「ちょっとした物でいいのであげたらＹちゃんも嬉しいと思いますよ」とＹちゃんの母親に話をしたそうだ。だが，「そのようなことはしないようにしている」と母親から返事が返ってきたという。

　最近は家庭環境が複雑な子も増えてきている。それぞれの家庭の考え方もあるので，保育する側の援助にも限度があるが，子どもの思いに寄り添い，嬉しい時や楽しい時は一緒に喜び，悲しい時にはその気持ちを受け止めてあげられるような保育者を目指したい。

〈私からのコメント〉

　どの子どももサンタさんからもらったプレゼントの話をしているときに，その話の輪からそっと離れ，「サンタさん来なかったんだぁ」と苦笑いする子どもの言葉を聞いた保育者はどんな気持ちだったでしょう。ほとんどの子どもに当たり前のことが，当たり前にならない家庭があります。経済的に困窮してプレゼントが本当にできないのか，家庭の価値観の違いなのか，他にも理由があるのか分かりませんが，とにかくＹちゃんにとっては厳しい場面だったことは間違いありません。サンタさんのプレゼントは親がくれるものだということをうすうす分かっていても，プレゼントのなかった子どもはやはり淋しいものでしょう。「自分がいい子でなかったから来なかったのだ」と思い込んでしまう可能性もあります。こういうとき，保育者はどのように子どもの心を支えればよいのでしょうか。

　このような事態に配慮して，ある園では，サンタさんが園にやってきて，みんなに簡単なプレゼントをくれる状況をつくっているようです。またある園では，年長児がみなクリスマスカードを制作して，保護者に渡すように企画していました。いずれにせよ，Ｙちゃんのように「自分だけが来ない」と孤立した状況を作らないことが肝要です。そのためにも，保護者との話し合いを含め，

事前の対応策はなかったものかと思わずにはいられません。

エピソード12：Ａくん親子の七五三祝い　　　　　　　　　Ｋ保育士

〈背景〉

　Ａくん（年中児）は０歳からの入所。１人っ子で父母と３人暮らし。母Ｂさんは大変気性が激しく，０歳からＡくんに体罰を加えたり，自分の意に沿わないことがあると園の職員を怒鳴ったり，暴言を吐いたりすることが多々あり，時には他の園児や保護者へも自分の感情をぶつけたりすることもあって，他の保護者からも距離をおかれている。父親が家庭の中でどのような存在なのかは今ひとつよくわからない。その反面，母Ｂさんは自分の気分次第で，自分の悩みや相談ごとや世間話など延々と職員に話し続けることもある。

　私たちもＢさんにはかなり振り回され，ひどい言葉をなげつけられて深く傷つく職員もいたが，お互いに愚痴をこぼしあったり励まし合ったりしながら，なんとかもちこたえている。今年度の夏，Ｂさんが担任へひどい暴言を吐き，その時には園側から抗議し，反省を求めた。その件以来，Ｂさんは多少感情的になることはあるものの，比較的落ち着いて私たちと対応してくれているので少し安心していた。しかし，Ａくんへは感情的に叱ることも相変わらず時々あり，Ａくんは夕方母の機嫌をうかがいながら降園する毎日である。こんな不安定な母の下で暮らすＡくんは，やはり自分の気持ちをうまく言葉で伝えたり友達の気持ちを感じとったりすることが苦手で，トラブルが絶えず，友達からも仲間はずれにされがちである。しかし，担任をはじめ職員みんなでエピソード研修などの勉強を続け，Ａくんの辛さや悔しさ，寂しさなどの気持ちを受け止める努力を重ねていくなかで，少しずつＡくんにも変化が出てきた。Ａくんは友達の注目を集めたいようで，相変わらず悪ふざけは多いが，友達との気持ちの交流も徐々にできるようになり，担任への信頼も増し，困ったときには担任へ助けを求めてくることも増えてきた。私は主任だが，Ａくんを０歳から２歳と担任

したこともあり，Ａくん親子の様子はいつも気になり，Ａくんには積極的に自分から関わっていくようにして，「ＡくんはＡくん」「Ａくんはみんなの中の大事なＡくん」でいてほしいとの思いを伝えるように努力している。そんな毎日の中，11月の七五三のお祝いのときの出来事である。

〈エピソード〉

当園では該当児の希望者は七五三のお祝いに神社に連れて行く。保護者が同伴する場合，たいていは着飾ってくる。今年はＡくんも該当児だったので参加をどうするか前日に私がＢさんに尋ねた。Ｂさんはあまり乗り気ではない様子だったし，今日になって明日の衣装の準備もできないだろうと私も思ったので，強くは勧めなかった。時間のことや当日の衣装のこと等も一応説明はしたのだが，Ｂさんには衣装のことは全く耳にはいっていなかった様子で，後日「衣装の説明をしてくれなかった」と私は何度かＢさんから抗議されることになった。七五三のお祝いにはＡくんのみ出席，ということで渋々話は落ち着いた。しかし，当日になってＢさんも出席するといい，親子での参加となった。他の親子は綺麗に着飾っているが，Ａくん親子は普段着姿。Ｂさんは恥ずかしさをごまかすようにニコニコしており，Ａくんも最初ははしゃいでいたが，友達の晴れ着を目にするうちに少しずつ元気をなくし，私は申し訳ない気持ちでいっぱいになった。式の途中もＡくん親子の様子が気になり，Ａくんを注視していた。Ａくんは気持ちの切り替えがいつも早く，当日も式が始まるとＢさんと並んでお行儀よく座り，時々もぞもぞしながらも神主さんのお話もよく聞いて，私と目が合うとわざと変な顔をして見せたり，手を振って合図をしてみせたりと元気よく振る舞い，私は安心した。式の後の記念撮影でも嫌がることなくみんなの中に入りポーズをきめて写真に収まった。

そのときのＡくんがとてもいじらしく，また申し訳ない気持ちもあったので，翌日（式で配った）「おまんじゅうを食べた？」と尋ねると，「うん，おいしかったよ。お父さんとお母さんと食べたよ。七五三楽しかったよ。先生がこんなおはなししてくれたんだよ〜」とＡくんは神主さんの話の内

容を正確に聞かせてくれた。しかし，Bさんは怒りがおさまらない様子で，私の顔を見ると，「恥をかかせた」「Aの気持ちを考えてほしい」「記念写真なんかいらない。思い出したくもない」と2,3日は言い続けた。私は言葉が足りなかったことを詫びた。本当に私がもっとしっかり当日の衣装の説明をしておくべきだったと深く反省した。Aくん親子に恥ずかしい惨めな思いをさせてしまった。もし私が逆の立場なら，やはりすごく不愉快な気持ちになったと思う。

〈考察〉

　Aくんの母親に私は0歳担任の時に，いきなりわけもわからずに怒鳴られ，今まで言われたこともないようなひどい言葉を浴びせられたことがあり，大変ショックを受け，それからしばらくはBさんの姿を見るだけで胸がドキドキし，足が震えたことを覚えている。今回，またあんなふうに言われたらどうしようと内心心配していたが，そこまでひどい抗議ではなくホッとした。このBさんへは，どのように職員が心や言葉を尽くしても思いが届かないので，とても残念で腹立たしく思うことが多い。しかし，このようなBさんの人柄に接するにつけ，Bさん自身，どのような家庭環境で育てられたのか，どのように今まで生きてきたのかと思い，本人の「生きづらさ」を思うと気の毒に思うこともある。いわゆるモンスターペアレントとは少し違い，病的なところを感じたり，ただ単に気性が激しいだけなのかと思ったり……考えてもよく分からない。それにしても，Aくんはこの母親の下で毎日を過ごし，母親の影響を受けながら成長していく。Bさんには，どうか，せめてAくんにだけは感情をぶつけずに，できるだけ心穏やかに接してほしいとひたすら願うだけだ。過去に虐待もあったので，関係機関と共にこれからもAくん親子を見守っていかなければならないのだが，Aくんに対しては卒園までのあと1年を楽しいことをたくさん経験し，友達と心を通わせる安心感や嬉しさをもっともっと知ってほしいと思うので，職員みんなで努力していきたい。もう少し大きくなると自分の母親を少し客観的にみることができるようになるだろう。その時に，がっか

りしたり嫌悪感を持ったりせずに,「いろいろあるけれど僕にとっては良いお母さんだ」と思って欲しいと心から思う。そして私たちはBさんに対しては必要以上に気を遣わずに,他の保護者への対応と基本的にはかわらないようにしたほうがいいと思う。Bさんも根っからの悪人というわけではなく,怒りの仮面の下には数々の辛さや悲しさや惨めさなど,負の感情が隠されているのだろう。願わくばAくんの成長を共に見守り手助けする者同士,少しでも心を通わせあうことができればいいなと思う。あまり身構えずに接していきたい。

〈私からのコメント〉

確かに伝えたことも,保護者の記憶の中でごちゃごちゃになり,それを保育者の伝え方の悪さにしてしまって保育者と感情的に反目しあうというのは,保育現場としては辛いものがあると思います。もしかしたらこのお母さんは心に弱い部分があるのかもしれません。もしそうだとすれば,ますます保育者側の対応は難しくなりますね。

そのような感情の起伏の激しいお母さんとの生活の中では,Aくんがお母さんの顔色をうかがって行動せざるを得ないのもある意味で当然かもしれません。

このエピソードでは,せっかくのお祝いの席で,周囲が着飾っている中,自分たちだけがそうでないことに気づいたAくん,きまり悪さを笑ってごまかすお母さん,その2人を見守って辛い思いをしている保育者というように,3者それぞれの居心地の悪い思いが伝わってきます。そしてAくんがまるでK先生を気遣うかのように元気に振る舞ってみせるところがいじらしい感じです。

実はこのエピソードに登場するAくんは,本書の第7章で取り上げるエピソードに登場するAくんと同一人物で,第7章の職員間の討論を読めば,母親のBさんの大変な様子も分かり,またAくんも少し前までは周囲の子どもへの乱暴が酷かったことが分かります。それを踏まえると,このエピソードでのAくんは,書き手が触れているように,担任をはじめとする保育者たちの懸命な対応によって,徐々に落ち着きつつあるように見えます。それだけに,Aくんのいじらしさが際立つのでしょう。この書き手が〈考察〉の最後で,Aくんが大

きくなったときに,「いろいろあるけど僕にとっては良いお母さんだ」と思えるように援助していきたいと書いていること,そして母Bさんに対しても,同じく子どもを育てていく仲間として,身構えずにできるだけ心を通わせていきたいと書いていることに,深く感じるところがありました。

第3章　エピソード記述を研修参加者で読み合う

　本章では，あるエピソード記述研修会で提出されたエピソードを参加者で読み合って意見を交わし，それに私（鯨岡和子）がコメントを加えたときの経験をまとめてみます。通常，この種の研修会では7，8人で1グループを作り，そこで1つのエピソードを読み合わせ，それからそのグループで司会役，発表役を決めて討論します。その後，各グループで検討したエピソードを全体の場で再度読み合わせ，そのグループの討議の内容を紹介し，その後に研修担当者がコメントするというやり方をします。この研修会でもほぼそのやり方が取られました。

1．エピソード記述を読み合う

　　エピソード1：「パパと約束したのに……」　　　　　　　　S保育士
　　　〈背景〉
　　現在4歳クラスのNちゃんは，1歳クラスになるときに転園してきました。私はNちゃんを1歳クラスのときに担任しました。両親は忙しく，1人っ子のNちゃんは，毎朝，父親と2人か，両親と3人かで登園しています。お迎えは祖母や叔母さんが来られるときもあります。たくさんの大人に関わってもらっているNちゃんは，実習生さんやクラスの友達の保護者にも自分から積極的に関わることができます。
　　　〈エピソード〉
　　この日，私は早勤でした。クラスを掃除しているときに，Nちゃんが両親と3人で登園してきました。3人が朝の準備をしている4歳児室から，

母の「Nちゃんどうしたん？」という声と，父の「さっきの車の中のことと違うか？なあ，N」という声が聞こえてきました。Nちゃんは黙ったまま朝の準備をしているようでした。朝の準備を終え，Nちゃんは母と手をつないでテラスに出てきたので，私の方からNちゃんに近づいていきました。母は私の目の前で「何でやろ？急に機嫌が悪くなった」と言い，Nちゃんに「Nちゃんどうしたん？」と再び聞きましたが，Nちゃんは黙ったままでした。父は門の方に向かって歩き出し，少し離れたところからNちゃんに「もう大丈夫やな？行ってくるで」と言いました。私は両親がNちゃんのことは気になるけれど，仕事に行かなければならないのでゆっくり関わっていられないのだと思いました。それで，「Nちゃん，車の中で何かあったのかな？」と尋ねながら，母と手を繋いでいるNちゃんを抱き上げました。Nちゃんは私にすっと抱かれましたが，黙ったままでした。母は理由が分からず納得した表情ではありませんでしたが，私がNちゃんに「Nちゃん，お母さんにバイバイしようか」と言い，Nちゃんが「バイバイ」と言って手を振ると，母は私に「お願いします」と言い，Nちゃんにも「Nちゃん，バイバイ」と言って，仕事に向かわれました。

　両親の姿を見送った後，私に抱かれていたNちゃんが「あんな，Nな，車の中でパパに怒られてん……」と話し始めました。私はNちゃんが気持ちよく保育所で過ごせるように，Nちゃんの気持ちを受け止めたいと思い，Nちゃんに「車の中でパパに怒られたんや，それを思い出したんやね，パパは何で怒ったんやろう？」と言いました。するとNちゃんは，「あんな，Nな，早く起きへんかってん。ほんで，早くごはん食べられへんかってん。夜のとき，ビデオ見たかって，パパは『朝起きられへんからアカン』って言ったけど，『Nちゃんとする』って言ってん……（でもできなかった）」と言いました。

　私は「それで，ビデオ見たんや？」と訊きました。「うん，『約束やで』とパパが言って，夜遅いときまでアンパンマン見てん」と言いました。私が「それでNちゃん朝眠くて起きられへんかったんや」と言うと，Nちゃ

んは「うん,『だからアカンって言ったのに』って怒られてん」と言いました。私が「パパと『朝ちゃんと起きる』って約束したのに,起きられへんかってんね」と言うと,「うん」と言いました。そしてNちゃんの気持ちに思いを寄せて,「でもビデオも見たかったんやね,先生も,夜遅いときまでテレビ見て朝寝坊したときあるで。朝,起きよう思ってても起きられへんなぁ。夜遅くなったからNちゃんの体はもっといっぱい寝たかったんやわ。今日はお昼寝いっぱいして,元気パワーためようね」と言いました。そしてNちゃんを下ろし,一緒に保育室に入りました。

〈考察〉

朝の登園時のもう少し早い段階で,私が様子を尋ねながらNちゃんと両親のあいだに入ることができれば,Nちゃんは自分の思いを両親に伝えられたのではないかと思いました。

私はこのエピソードを担任に伝えるのがお昼寝の始まる時間になってしまいました。Nちゃんは日中,いつもと変わりなく過ごしていたようですが,朝の受け入れのときの様子として伝えておくべきだったと思いました。また保護者には,登所時にNちゃんの機嫌が悪くなった理由がこういうことだったということを伝えてもらうように担任にお願いしました。後日,母から私に,この日の朝のことについて話があったので,私はNちゃんの心中でいろいろと葛藤があったと思うことや,そのことにNちゃんの成長を感じたことを伝えました。

〈討論の様子〉

・この保育者はNちゃんによく共感できている。だから自然にNちゃんも話ができ,気持ちがすっきりしたのだろう。
・なぜ機嫌が悪いのかを知ろうとして,「どうして？どうして？」と聞き出すのではなく,すっと抱き上げて一緒にお母さんを見送った後で,Nちゃんが自分から話し出せたのがよかった。
・保育者が「よいか」「悪いか」でNちゃんを評価するのでなく,Nちゃんのビデオが見たかった思いを受け止め,「ちゃんとする」と約束したの

に朝起きられなかったこと，そのためにお父さんに叱られたことを，自分の寝坊したときのことを話をしながら共感していけたのがよかった。
・子どもの機嫌が悪いまま出勤しなければならない保護者は，この日一日，子どものことが気懸かりだったのではないか。特にお母さんは状況が分からなかったようで，不安な気持ちが大きかったのではないか。
・Nちゃんが自分のしたかったことだけど約束を守れずにお父さんに叱られたことで複雑な気持ちになったこと（葛藤したこと）を，保育者がNちゃんの成長と受け止めたことはよかった。またそのように保護者に伝えたのもよかった。

〈私からのコメント〉

　登園時，いつもと違う様子のNちゃんを出勤を急ぐ両親から引き受け，Nちゃんをふっと抱き上げてNちゃんの気持ちに寄り添い，Nちゃんの話を聞いたことによって，Nちゃんの気持ちがほぐれていった様子がよく分かりました。

　朝，1人ひとりの子どもがお家の状況を諸々抱えてやってくるあわただしい時に，機嫌が悪い子どもがいると，保育者はなかなか事情が分からずに困ることがよくあります。Nちゃんは明るく元気で，保育者や園によく慣れているのでしょう。お父さんに叱られたことと，その叱られる原因になった夜遅くまでアンパンマンのビデオを見て朝起きられなかったことを，保育者に話しをすることで気持ちを切り替え，1日を過ごすことができたのはよかったと思います。

　討論では，Nちゃんへの保育者の対応や保護者へのフォローの仕方が話し合われましたが，私がエピソードで一番考えさせられたことは，Nちゃんが夜遅くビデオを見たいといったときに，朝ちゃんと起きるからというNちゃんと約束したことをもって，保護者がビデオを見る事を許したこと，そして朝起きられなかったことでNちゃんが約束を守らなかったとして保護者がNちゃんを叱ったことです。

　お父さんは遅くまで起きていると朝起きられなくなるから駄目と，駄目出しをしたのに，Nちゃんの「ちゃんと起きる」という言葉でついビデオを見ることを許してしまったようです。そしてやはり起きられなかった子どもを叱るこ

とになってしまいました。家庭ではこういうことはよくあることです。

　よく大人は子どもの思いを受け入れる代わりに子どもに何かを求める約束をしますが，Nちゃんが4歳ということを考えると，Nちゃんが約束どおり朝起きなかったからといってNちゃんが悪いと言えるでしょうか？子どもの気持ちを受け止める（Nちゃんのアンパンマンのビデオを見たいという気持ちを分かってあげる）ことと，それをそのまま容認することのあいだには大きな違いがあることに，保護者は十分に気づいていないようです。また，ここで大人が子どもに約束を守ることを求め，うまく子どもが約束を守れなかったときに子どもを叱るのは，子どもを自分と対等の存在と思っているからではないでしょうか。「大人とは対等ではない未熟な子どもを一個の主体として受け止めていく」ということは，とても難しいことだと改めて思いました。

　確かに，こういう葛藤を経験しながら子どもは育っていくのだと言えなくもありません。また，いつもは素直で明るいNちゃんだからこそ，保育者に話すことで自分の気持ちを立て直していけたのでしょう。ともあれ，幼児を心身とも健康に育てるのが大人の責任だということを考えると，朝起きられなかったNちゃんの問題というより，それを許した大人側の問題だったと思います。そのことに気づけるように，大人の側も成長できればよいのですが。

エピソード2：「押したんちがうもん！」　　　　　　　　　K保育士

〈背景〉

　5歳女児Kちゃんは，活発だが自分の思いが通らないとトラブルになってしまうことが多い。大人には甘えてくるが，抱っこをしてもなかなか満足せず，下りようとしない。

　5歳児クラスになり，事務所に来てはよく職員のことを「おーい，○○くん，何やってるん？」などと言って，からかったり，憎まれ口を叩くようなところがあった。

　この日はお天気がよく，昼食後しばらく経ってから5歳児が担任と一緒に園庭に出て遊んでいた。ブランコ，サッカー，鬼ごっこなど，それぞれ

が好きな遊びを楽しんでおり，その声を聞きながら，私は事務室の仕事をしていた。

〈エピソード〉

　ふと園庭を見ると，女の子数人が鬼ごっこをしていた。逃げるMちゃんにKちゃんが追いつき，「でん」をしたが，勢いがあったため，Mちゃんの背中を押してしまい，追いつかれた悔しさと痛さから，Mちゃんは振り返り，「もう押さんといてや！」と言って，両手でKちゃんを突き飛ばした。Kちゃんはしりもちをつき，「押したんとちがうもん」と言ったが，感情を抑えきれずにワーッと泣きだしてしまった。

　私は悲しくなり，Kちゃんのそばに駆け寄り，横にしゃがんで「大丈夫？いまのは押したんとちゃうよなぁ。先生，ちゃんと見てたで。押したんちゃうなぁ」と声をかけた。ほっとしたのかKちゃんは私の顔を見ると余計に激しく泣きながら抱きついてきたので，「大丈夫，大丈夫」と背中をさすりながら事務所のベンチまで連れて行った。Kちゃんを膝の上に座らせ，黙って背中をトントンと叩いたり，「押したつもりじゃなかったのになぁ，スピードが出てたんやぁ，押したって言われて悔しいよな，Kちゃん」と話しかけていると，泣きながらも「押してへんもん……押してへんのに……」と少し話をし出し，落ち着いてきた。涙が止まってきたので，「Mちゃんに，言いに行こうか？」とこちらから提案したが，「ううん，もういいねん」とKちゃん。私が「でも，押したって思われてて腹を立ててへん？　一緒に行ってあげるよ」と言ったが，「うん，もういい，大丈夫」とKちゃんは別の友達のところへ一人で行って一緒に遊び始めた。

〈考察〉

　誤解をしたままのMちゃんに対して腹立たしい気持ちが私に多少あり，本当のことを伝えて謝らせようと思っていたが，「もう，いい」と言ったときのKちゃんの笑顔を見て，やめた。Kちゃんの気持ちの中ではもう解決していて，遊びたい気持ちもあったようだ。

　それに対して私は，まだ気持ちがすっきりしていなかったので，もしも

Mちゃんを前にすると，クドクド注意をしていたと思う。Kちゃんに助けられたのかもしれない。

　その後，Kちゃんは私に対して悪態をついたりすることがなくなり，「U先生」と呼んでくれている。ときには「抱っこして」と甘えてくるものの，少し抱っこすると「ありがとう」と言って，自分から下りて友達との遊びに戻っていく。話をするときもまっすぐ顔を見てくれるので，気持ちが伝わってくる。

　担任をはずれて3年目に入り，受け持ちの子どものいない寂しさにも少し慣れてきたが，Kちゃんとの関係から，これまでの子どもへの関わりを振り返り，反省した。広く浅い見方しかできていなかったのではないか？本当の意味での信頼関係を築いていくには，もっとじっくりと子どもの内面に目を向けなければならないと思う。

〈討論の様子〉
・保育者の正直な思いが素直に出ていて，それが正直に書かれていてよかった。
・KちゃんとMちゃんの2人に公平に関わる必要があったのではないか。Kちゃんに傾きすぎているのではないか。Mちゃんにクドクド注意する必要はないが，MちゃんにもKちゃんの思いを伝えていく必要があったのではないか。
・こういうことは遊びの中にはよくあることだが，5歳児だからもうちょっと子ども同士で解決できるようにもっていくことができなかっただろうか。私だったら，Mちゃんの話も聞き，Kちゃんの思いを伝えて，あいだを取り持ったのにと思う。またMちゃんにクドクド言わないにしても，「さっきのはちょっとひどかったよ」と，一言あってもよかったのではないか。
・Mちゃんは何も言っていないが，Mちゃんも先生が見ていたというのは分かっていたのではないか。だから，こういう対応のあり方もあってよいのではないか。

・これらの話に対して，このエピソードを書いた保育者は，子どもの気持ちに寄り添うということを園でやっているのだけれども，日々の保育で気にかかっているKちゃんに寄り添うことで，Kちゃんと自分のあいだが変わってきたことにとても嬉しい思いをしたので，これを書きたかったと話した。

〈私からのコメント〉

　保育者がKちゃんの悔しい気持ちに共感して付き合ったことで，Kちゃんとの関係が変わっていきました。そのことから，子どもの気持ちを受け止めていくことの大切さを改めて考え直すことができたということのようです。

　このときの討論では，保育者はKちゃんにはしっかり寄り添っていけたけれど，Mちゃんの思いにももっと付き合っていくべきだったのではと指摘した人が多くいました。けれどもこの保育者は，日頃なかなかKちゃんと気持ちが繋がらない思いを抱いていて，このときKちゃんにとことん寄り添ってみると，Kちゃんと気持ちが繋がれた感じがして，以来，Kちゃんとの関係が変わってきたのが嬉しく，だからこのエピソードを書くことになったと言っていました。私の読み方では，そういう自分のありのままの姿を正直に書いたことがこのエピソードの一番よかったところだと思います。だからこそ，後でいろいろ議論することができたのです。

　子ども同士のトラブルの時，お互いの思いに気がつき，お互いに相手の思いを受け止めるようにもっていくのは難しいものです。お互いに謝ったから良いのではなく，相手に悪かったという気持ちが持てることが大切だと思います。MちゃんもおそらくKちゃんを突き飛ばしてしまったことを後で後悔しているのではないでしょうか。お互いにその気持ちを伝え合うことができ，分かり合おうという気持ちを無理をせずに持てるようなところまで行きたいと思います。実際の保育では，状況が目まぐるしく変化し，時間に追われ，とてもそこまではやれないかもしれません。難しいところですね。

エピソード3：お団子，壊れちゃった　　　　　　　　　　　　N保育士

〈背景〉

Kくん（4歳）は，活発で面白く，お友達からも人気がある。しかし，自分の身の回りのことについては，とてもマイペースなところがあり，ついつい保育者も「早く準備しいやー」と声をかけてしまうことになる。それに，自分の思いが通らなかったり，気分が乗らなかったりすると，怒りながら泣いてしまうこともある。何でもやればできるのだが，自己中心的なところは相変わらずなので，少しでも，皆とペースが合うように，保育者は気にかけて声かけをしている。

〈エピソード〉

その日の朝，戸外で遊んでいると，砂場に1人で一生懸命お団子作りをしているKくんがいた。お団子作りをしているのは見て分かっていたが，「何しているの？」とKくんに声をかけてみた。すると当然のように，「団子作ってるねん」という答えが返ってきた。（一生懸命作っているし，邪魔してしまうと気分を損ねてしまうかな）と思ったが，「先生もKくんのお団子にさらさらのお砂かけるの手伝ってもいい？」と聞くと，無表情ではあったが，「いいよ」と言ってくれた。その後，私がさらさらのお砂を作り，Kくんはそれをお団子にかけるという作業が続いた。

その作業をしていくうちに，「上手にできるやろ？」「かたくなってきたわ」「もうちょっとお砂ちょうだい」などのお話がでて，そこから，自分の作っているお団子がとても大事で，得意げなのが分かった。するとそこへ3歳の女の子が「何しているの？」とやってきた。と同時にバランスを崩し，Kくんの肩にぶつかってしまった。その瞬間，Kくんのお団子は手の中にはなく，2つに割れて砂場に落ちていた。

私は「Kくんがキレる！」と思いながら，Kくんを恐る恐る見た。すると何も言わず，いまにも溢れそうな涙を溜めながら，割れた団子を2つの手で握り締めていた。きっと悔しくてたまらなく，「何するねん！」といつもなら女の子に何か言っていたに違いない。しかし，「ごめんね」とわ

ざとじゃないよという表情をしながら謝る女の子に対し,「僕よりも小さい組やし,ごめんね言ってくれてるから,許してあげるわ」と言っているかのように,「いいよ…」と伝えていた。
　私は「よく頑張った！えらい！」と思いながら，Kくんをぎゅっと抱きしめた。そして，「もう1回，一緒に作ろうか？」というと，Kくんは「違う遊びするからもういい」と言って，団子を置いて，となりで穴掘りをしていたお友達の所に行った。

〈考察〉
　些細なことであるが，小さいことでも気に障ると自分の思いを思い切りぶつけてくるKくんだからこそ，このエピソードが私の心に残ったのだと思う。悔しくて，ぐっと堪えるKくんの表情が忘れられなかった。きっとこのような経験が積み重なり，Kくんは成長していくんだろうなと思った。

〈討論の様子〉
・保育者がKくんと一緒に遊んでKくんの気持ちに共感できていたから，Kくんがキレなかったのではないか。
・キレる子，気持ちをぶつけてくる子には，ぎゅっと抱き締める。それによって保育者の気持ちが伝わると思う。
・ぎゅっと抱きしめる前に，Kくんの気持ちを考えて共感したことを言葉にする方が先ではなかったか。
・何かあったときに，すぐ「ごめんね」と言うとそれでいいと思ってしまうことが多いが，3歳の女の子には，これまでKくんが一生懸命心を込めてお団子を作っていたことを教えてあげてほしかった。
・この場面は年度初めの頃のことだろうか？傍にいて思いが通い合っていたら，言葉でもう少し言っていたのではないか。保育者がKくんのことを「キレやすい」と決め付けて見ているのではないか。だから，ヒヤヒヤして遠慮がちなのがKくんに伝わってしまい，それで抱きしめたのにその後の遊びが続かなかったのではないか。

〈私からのコメント〉

　マイペースだけど元気で明るい，でもときどきキレることがある（と保育者が思っている）Kくんが，一生懸命作ったお団子が壊れてしまったにもかかわらず，キレなかったときのエピソードです。

　討論ではKくんの思いがよく分かっていたのだから，保育者の思いをもっと素直に言ったらよかったのではないかとか，逆に，キレるのではないかとヒヤヒヤしていたから，Kくんの思いを受止めかねていることがKくんに伝わったのではないか，というような指摘がなされました。

　私の読みでは，お団子を作るときのKくんの真剣な気持ちは，そのお団子作りを手伝った保育者にはよく分かっていたようです。だからこそ，後で「よく頑張った，偉い」ではなく，「一所懸命作ったのに残念だったねー」と，壊れてしまって悔しいKくんの思いに共感し，しっかりその思いを受け止めてから，「でもわざとじゃないし，小さい子があやまったから許してあげたのね，先生，嬉しいよ」と，その次に保育者の思いを伝えていったらどうだったでしょうか。大人は子どもに対して良いことをした，よく頑張ったと，子どもの行動を評価的に見て褒めたり叱ったりします。しかし，大人に褒められることをしようという気持ちを育てるのではなく，大人に自分の今の気持ちを受け止めてもらい，分かってもらえ，自分のありのままを認めてもらえていると子どもが実感できることで，子どもは自分で自分をありのまま認めて自分らしくあることに自信を持って生きてゆく心が育つと思うのです。

エピソード4：Sちゃん，行こうか？　　　　　　　　　　Y保育士
　〈背景〉
　3歳児のSちゃんは1月生まれで身体も小さく，時々癇癪を起こしたり，座り込んで動かなかったり，気持ちをなかなか言葉で伝えられないこともあり，担任ではないフリーの立場の私にとっては，どうすれば気持ちに寄り添ってあげることができるのかと悩んでしまう女の子である。
　お母さんは離婚して，今は実家に2人で身を寄せている。お母さんはS

ちゃんのことが気になりながらも，自分の思い通りにならなかったり，泣き出したりすると，どうしてよいか分からずに，叩いたり，廊下を引きずって保育室に連れて行ったりするのを目撃して，あわてて抱き上げに行ったこともあった。自分の機嫌のいいときには，優しく声をかけたり抱っこしたりする姿もあり，Ｓちゃんはお母さんの顔色を見ているところがある。お迎えのときにお母さんが機嫌が悪いと，呼ばれてもなかなかお母さんのところに行かずに，またそれでお母さんが苛々して叩くといった悪循環になっていた。「虐待しているって思われているよね」とお母さんはお母さんでポロリと洩らしたことがあった。

〈エピソード〉

5月のある日，Ｓちゃん達の散歩に私が一緒についていくことになった。担任と，5月から来てくれているアルバイト保育士と，フリーの私（ほとんど応援に入ったことのないクラスで，もちろん散歩の応援は初めて）。2階から機嫌よく降りてきたＳちゃんだったが，保育所のドアを出たところで急に座り込んでしまった。アルバイト保育士がなだめたり，誘いかけたりしても，口をムーッと結んで手を振り解こうとする。他のお友達や担任が痺れを切らし，「先に行くよ」と歩きかけても，一点を見つめて動こうとしない。アルバイト保育士もなぜ座り込んでしまったか分からないという。私は「Ｓちゃんの気持ちが分かってあげられるかな？」とちょっぴり不安な気持ちもあったが，そのアルバイト保育士に，クラスの最後尾について行ってもらうことにした。

「Ｓちゃん，今日は電車，見に行くんだって。行こうか？」と言っても，私を睨み付けるＳちゃん。「お友達，先に行っちゃうよ」「どんな電車，見えるかな」などと言ってみるが，早く追いつかなくてはという私の気持ちを見透かすように，イヤイヤと首を振るＳちゃん。こうなったら，後でＳちゃんと2人でゆっくり行こうと覚悟を決めて，「今日は誰と来たの？」「ママ」。「髪の毛，可愛いね，誰にくくってもらったの？」「ママ」。隣に私も座り込んで，朝ごはんのことや自転車で来たことを話していると，急

に向こうを指差して「こいのぼり！」と立ち上がるＳちゃん。「あっ！ほんと！　こいのぼりやね。見に行こうか」と言うと，ニッコリ笑って一緒に手を繋いで歩き始めた。クラスのお友達にはすぐ追いついた。そう！思ったほど時間がかかったわけではなかった。

〈考察〉

　Ｓちゃんが座り込んだ本当の理由は分からなかったけれど，それはそれでいいのかなと思う。こちらがじっくり腰を据えておしゃべりしよう，仲良くなりたいなと関わったことで，少し心を開いてくれたのではないかと思う。早く追いつかなければと焦れば焦るほど，空回りしてしまう。お散歩の本隊を任せられる人員がいたからじっくり関われたのだが，日々の保育の中では私もなかなか子どもにとことん付き合うことができないことがあった。フリーの立場だからできるフォローを今後もどんどんしていきたい。Ｓちゃんのお母さんにＳちゃんの気持ちを少しでも代弁して伝えたり，Ｓちゃんの可愛さを機会ある毎に伝えたいと思う。お母さんの育児不安を少しでも取り除いていくことで，お母さんとの関係がよくなり，Ｓちゃん自身，自分をのびのびと表現できるようになっていくのかと思う。

〈討論の様子〉

・よくある場面である。原因は分からないことが多いし，多分，なかったのではないか。心にゆとりをもって決め付けず，Ｓちゃんの気持ちに寄り添って関わっていったのがよかった。

・このように，ゆとりをもって関われたのはフリーの立場だったからではないか。担任だったらこうは関われない。

・保育者の人数にゆとりがあったからできたのではないか。早く行こう早く行こうと思うほどこうなることが多いと思う。

・自分はこんなにゆったり関わっていない。とりあえず抱っこして，後を追いかけるというふうになってしまう。

・心の紐を解いていくような会話がよかったと思う。

・私なら「なんで？」と訊いていたと思う。誰かと手を繋ぎたかったか，

自分で靴を履きたかったか，やはり何かあったのだろう。
・担任との連携がいまひとつ十分ではなかったのではないか。担任もSちゃんに「先に行ってるからね，待ってるよ」と声をかけて行くべきではなかっただろうか。
・月齢が低いのだから，保育者との1対1の対応が大切だが，担当（担任）はどう関わっているのだろうか。
・最終的に子どもたちに追いついたとき，Sちゃんが来たよと他の子どもたちにも知らせてゆくのがよいのではないか。
・お母さんは自分の思いを伝えるのが下手だけれども，Sちゃんの思いをお母さんに伝えたのだろうか。

〈私からのコメント〉

　散歩に行くとき，Sちゃんの気持ちが急に崩れて行きたくないと座り込んでしまいました。なぜそうなったのか分からない保育者が，Sちゃんの気持ちにじっくり付き合い，それでSちゃんの気持ちが立て直していけたのは，保育者に自分の思いを受け止めてもらえたという気持ちがあったからでしょう。

　討論では，このエピソードの保育者の対応はフリーの立場だからできたのであって，クラス担任などは，他の子どものこともあるし，そんなにじっくり子どもに付き合っていられないとか，じっくり付き合っていくには保育者の数が必要だという意見が多数出ました。確かに保育者の数はいろいろ工夫して何とか確保したいところですが，フリーの人だけでなく，担任も1人ひとりの子どもにじっくり付き合える時間が持てるような工夫が本当は必要だと思います。この場合はSちゃんがフリーの保育者に付き合ってもらえてよかったですが，子どもにとって担任の先生との信頼関係は保育所生活を送る上で一番大切だと思うのですが……。例えば，フリーの先生が全体をリードして，担任の先生がはずれがちな子どもに付き合って，という工夫もあり得るのではないかと思います。

　また，Sちゃんの場合は，Sちゃんの気持ちをしっかり受け止めていくことは勿論ですが，同時にお母さんをしっかり受け止めて支え，Sちゃんのお母さ

んにSちゃんの思いを伝えていくことが必要だと思います。日々それをどのようにやっているのか，もう少しそのあたりを詳しく書いていくと，そこのところを皆で考えていけたかもしれません。

2. エピソード記述の研修会に臨むときの心得

　ここでエピソード記述の研修会に臨む際に大切なことをまとめておきたいと思います。

(1) 書き手は自分の保育のありのままを正直に書くこと

　まず第1に，エピソード記述は保育者が書こうと思ったことを正直に書くことが大切です。つまり，子どもの様子はもちろん，そのときの自分の抱いた思いや実際の対応をありのままに書くことが大切です。同じ園の中での研修会ならば，たいていの保育者はクラスが違っていても取り上げた子どもの様子はだいたい分かりますが，何園もの保育者が合同で行う研修会の場合，保育の実態は書かれたエピソードからしか知ることができません。今の時代，しっかり子どもたちを育てていく保育を目指すのであれば，ありのままの自分の保育を正直にエピソードに書いて，参加者と一緒にその保育のありようを考えていこうという姿勢がどうしても必要です。

　時々，一見とてもよい保育，感心させられる保育，ほとんど完璧と言えるほどの保育が綴られているものがありますが，現実の保育の中では，いくら完璧な保育を目指しても，時間に追われ，多人数の子どもを相手にし，多様な対応を迫られるのですから，とても完璧にはならないと思います。また，保育者1人ひとりの気質や持ち味も違うわけですから，それぞれの保育者によってその時その時の対応の仕方は違ってきて当然です。一見きれいにまとめられたエピソード記述は，しばしば現実の保育から遊離していることがあり，それを踏まえれば，自分の保育のあるがままを正直に書くということが大切になってきます。

そうはいっても，保育者が他の人の前で自分の保育のありのままを曝け出すのはとても勇気のいることでしょう。それでも，エピソード記述の研修会に参加する保育者は，勇気を出して自分の保育のありのままを正直に描き，それを参加者と一緒に読み合わせ，議論して，自分の保育を見直すことが何よりも大切です。そして，実際にこの研修に携わってみると，子どもたちをしっかり育てていくために，勇気をもって正直に自分の保育のありのままを書く保育者が多数いることに感動し，また安心しました。

　ここに取り上げた4人の保育者ともそうなのですが，特にエピソード2，3を書いた保育者は，とても正直に自分の思いや子どもへの対応を読み手によく分かるかたちで書いてくださったので，参加者はいろいろに考えて活発に討論することができました。改めて感謝したいと思います。

(2) 読み手は書き手の思いを十分に受け止め尊重すること

　第2に大切なことは，エピソード記述を読む側は，そのエピソードを書いた人がどういう思いでそれを書いて発表したかをできるだけ汲み取ろうと努め，それを書いた保育者の思いを尊重し，それを十分理解したうえで，自分の保育と照らし合わせながら自分の意見を述べ，議論を交わそうとする姿勢をもつことです。

　自分の考えと違っているからといって，ただ一方的に批判するのではなく，書き手である保育者が大切にしたかったこと，気づいたことなどを尊重しながら，こういうふうに考えていけばもっと子どもを主体として受け止めていけるのではないだろうかというふうに，これを書いた保育者と一緒になって考えていくという姿勢が大事だと思います。

(3) 散漫にならないよう，テーマに沿った議論を心がけること

　そして第3に，単に自分の保育と比較してとりとめもない議論に終始するのではなく，序章でみたように，「子どもの思いを受け止める」「子どもの気持ちに寄り添う」「子どもの心を育てる」「子どもを主体として受け止め，主体とし

て育てる」といった，エピソード記述研修の中核的なテーマを常に参照しながら議論することが大切です。さもなければ，ただエピソードを書けばよい，書いたエピソードを読んでただ感想を述べればよいというような，緊張感のない散漫な議論に終始してしまうことになるでしょう。繰り返し述べてきたように，エピソード記述は書くこと自体が目的ではなく，書いたものを読み合って，自分の保育を振り返り，いま見たようなテーマに沿って保育を見直すことが最終目的なのです。

第4章　保護者支援（子育て支援）

　改訂された新「指針」においても，子育て支援が明確に謳われています。これからの保育園は，就園した子どもを保育するという役割だけでなく，広く子育て支援，あるいは次世代育成支援という観点から，未就園の子どもとその保護者への支援が求められていることは，今更言うまでもありあません。しかし，それが実際にどのようになされているのかに関しては，なかなか実態がつかめない面もあるのではないでしょうか。

　そこでここでは，エピソード記述を学び，また「相手の思いを受け止め，自分の思いを返すのが保育の基本」という内容の研修を受けた子育て支援担当の保育者が，支援の実態を綴ったエピソードを紹介し，いま保育の場に求められている子育て支援について，読者の皆さんと一緒に考えてみたいと思います。

1．私の保育園の子育て支援

(1) 概観
　　　　　　　　　　　　　　　　　　　　　　　　　　　　　　M保育士

　私の保育園の子育て支援は，0歳から3歳までの子どもたちを対象にして，週に3日，保育園の一室と園庭の一部を開放するかたちで行われているが，最近は0歳児の利用者が急に増えてきている。近所に住む人たちの口コミによるものがほとんどだが，市の配布するパンフレットを見てくる親子も少なくない。子ども同士を遊ばせるためにというよりも，しんどくてこの場にやってくるという感じのお母さんが多いという印象である。

　室内では，年齢に合った玩具で遊べるよう，いろいろな玩具を用意している。ポットン落としやフラフラボールなど，0歳の子どもたちの興味を

引き付ける玩具もある。絵本を一緒に読む親子，汽車の線路をつなげて一緒に電車を走らせて遊ぶ親子とさまざまだが，その一方で，親子で一緒に遊ぶというよりも，どちらかというと子どもが遊んでいるのを横目で見て親同士でおしゃべりしたり，保育士が子どもの相手をしているあいだ携帯でメールをしたりしているお母さん方が増えてきた印象がある。

外遊びでは，子ども同士で遊ばせておいておしゃべりを楽しんでいるお母さんたちが多い。子どもが砂遊びを始めると「砂を触るのがいや」「汚れるからいや」というお母さんもいるが，最初はそうであっても，子どもと一緒に砂遊びすることで少しずつ砂に慣れ，砂遊びが楽しいと思えるようになったというお母さんもいる。そういうお母さんに出会うと，保育士としてほっとする気持ちになる。

何かの機会にお母さんと1対1で話し合ってみると，ほとんどの人が孤立感と不安感を強く持ち，例外なく日々の子育てに疲労感を背負っていることが分かる。そのような親の思いをどのように受け止めて子育て支援を行っていけばよいのか，担当の保育士として日々，悩むところである。

お母さんたちが何を求めてこの場にやってくるのかといえば，お母さん同士で話しをしたい，ほっこりしたい，子育てから解放されたいと思って，やってくるのに違いない。お母さんたちのそんな思いをまずは受け止めて，この場が安心して過ごすことのできる場でありたいと願っている。そして，お母さんが「子どもとどう接していいのか分からない」「子どもが何を求めているのかが分からない」と，子育てに戸惑ったり，しんどい思いを訴えたりしてきたときには，まずはお母さんの話に耳を傾け，その思いに寄り添うところから始めたいと思う。

(2) エピソード：「その玩具，貸してあげなさい」
〈背景〉
本園の子育て支援の場にしばしば顔を見せるSちゃん（1歳7カ月）とお母さん。お母さんはこの半年のうちに顔なじみの友だちもたくさんでき，

お互いにメールのやりとりをしたり，子育て支援の場が開かれない日は，そうした友だちと約束をして，お互い子連れで遊びに行ったりすることも増えているらしい。

Sちゃんは父親との関係もよく，休みのときなどは父親がよく一緒に遊んでくれるようだが，Sちゃんはどちらかというとお母さんを求める方が多いと聞いている。

お母さんは友だちもできて，子育て支援の場に来ることが楽しみになってきているようである。Sちゃんも少しずつ成長し，一語文もでてきてSちゃんの話すことがなんとなく分かるようになった。それが大きいかどうかは分からないが，お母さんにも少し余裕がでてきたように思われる。

子育て支援の場に早くやって来て，他の友だちがまだ来ていないあいだは，お母さんとSちゃんとで1対1で遊ぶ姿が見られるが，お母さんの知り合いがだんだん増えてくると，お母さんはお母さん同士の話に夢中になり，Sちゃんに目が向かなくなってしまう。

Sちゃんは室内や室外をあちこち移動して，好きなおもちゃを見つけては，じっくりと遊ぶことができるようになってきた。お母さんが友だちとの話に夢中になっていても，一人で自分のやりたい遊びを楽しんでいる。

〈エピソード〉

室内でSちゃんが玩具で遊んでいると，Tちゃん（3歳2カ月）が側にやってきて横から手を出してその玩具をとろうとした。けれどもSちゃんはまだその玩具で遊びたくて，「いやー」と言ってとられまいと抵抗する。お母さんはSちゃんのそんな思いには気付かず，「お友だちに貸してあげなさい，使いたいんだって，Sちゃんはこっちの玩具で遊んだらいいから」と違う玩具をSちゃんに渡し，Sちゃんが使っていた玩具をとってTちゃんに渡してSちゃんに我慢をさせようとした。Sちゃんは納得がいかずに床に突っ伏して泣き，一生懸命にいやだという気持ちを訴えている。その姿を見てお母さんは「それはSちゃんの玩具じゃないの，保育園の玩具だよ，お友だちがこれで遊びたいって言ってるの」と少し強めの声をか

けるが，Sちゃんは泣きやまない。お母さんは困ったなあ，どうしようという表情をみせたものの，それ以上Sちゃんにかかわらず，お母さん同士のおしゃべりに戻ってしまった。

そこで私がSちゃんに「あの玩具でもっと遊びたかったのね」と声をかけると，Sちゃんは私を見て一瞬泣きやんだ。そこで私はSちゃんを抱き上げて，「もうちょっとあの玩具で遊びたかったね」ともう一度Sちゃんの気持ちを代弁すると，深くうなずく。そこで私は「お友だちにこの玩具と換えてもらおうか？」と声をかけ，「Sちゃんはまだその玩具で遊びたかったんだって，この玩具と交換してくれない？」と相手の子に頼むと，相手の子はSちゃんが自分よりも幼いと思ったためか，「いいよ」と換えてくれた。換えてもらったSちゃんは，ちょっぴり嬉しそうにして，またその玩具で遊びはじめた。

お母さんがおしゃべりの輪から離れてSちゃんのところにやってきたので，私はSちゃんが遊んでいるおもちゃを無理矢理とりあげてしまうのではなく，Sちゃんがまだこの玩具で遊びたいという気持ちをまず受け止めてあげてほしいこと，相手のTちゃんには「Sちゃんがまだこのおもちゃで遊びたいから，もう少し待っててね」とSちゃんの気持ちを伝えてほしいことをお母さんに伝えた。お母さんは「無理に譲らなくてもいいってことですね」とうなずいたが，私の真意は十分に伝わっていないなあと感じた。

〈考察〉

お母さんは，Sちゃんの月齢も大きくなり，いろいろな力がついてくる中で，子育てがしんどいという気持ちが以前より緩和されてきているように思う。けれども，仲良くなった他のお母さんたちとのおしゃべりが楽しくて，Sちゃんに目が向かなくなってしまうことがしばしばあるのも事実だし，子どもの気持ちをしっかり受け止める前に，自分の気持ちに添って子どもを動かそうとする姿が目につくのも事実である。

しかしながら，この子育て支援の場にSちゃんと一緒にやって来れば，

安心してお母さん同士でたくさんお話ができること，それによって子育てからくるストレスを発散できること，そしていろいろなお母さんたちの対応から学ぶことができること，等々，たくさんのメリットが得られる。それがこの子育て支援のよいところだと思う。お母さんたちがこの場を求めてやってきたときに，「ここにきてよかった」「ここがあって本当によかった」と感じてもらえるような支援の場にしていきたいと思う。

〈私からのコメント〉

この担当者の〈概観〉を読むと，現代の子育てママの様子が少し垣間見える感じです。いま，この種の子育て支援が必要になった大きな理由は，近所に子どもの数が少なくなり，あるいは近所にいてもお互いに交流する機会がほとんどなくなって，子育て中の親が子どもを連れて近所に出かけることが難しくなったことが第1に挙げられます。

0歳代後半の乳児でも，自分と同じような乳幼児に興味を示し，1歳前後からは他の子どものすることをじっと見て自分もやりだしたり，他の子どものもっているものに手を出したりと，子ども同士の関わりに向かい始めます。そのような子どもの成長にとって，子ども同士が関わり合う場を用意することは欠かせません。そこにいま，家庭で育つ子どもに対する子育て支援の大きな意義があります。

それに加えて，子どもを連れ出す母親側に焦点を合わせると，家庭の中での子育てに括りつけられている状況に窒息するような気分に陥っている多くの母親にとって，まずは家庭の外に出て外の空気を吸う機会，そして同じ母親同士，かつての井戸端会議のような日頃のうっぷんをはらすおしゃべりの機会，さらに他の母親の子どもの扱いや子どもの育ちを見て，そこから自分の子育てを振り返ったり学んだりする機会，等々，保育の場に開設される支援の場に出かけることには，母親サイドから見ても大きな意義があります。

こうした，子ども側，母親側のニーズに応えるべく，全国各地でこの種の子育て支援が展開されています。

この担当者によっても，この間の事情は，「子ども同士を遊ばせるためにと

いうよりも，お母さんがしんどくてこの場にやってくるという感じ」と述べられています。そして，「1対1で話し合ってみると，ほとんどの人が孤立感と不安感を強くもち，例外なく日々の子育てに疲労感を感じている」ともいいます。

　そういう母親たちは保育園の園庭に集うと，子どもを支援担当者にまかせて自分たちはおしゃべりに熱中するようです。そこで保育者は，もう少し自分の子どもの遊ぶ姿を見守ってほしいと思う面と，この場では十分におしゃべりして元気を取り戻してほしいと思う面との相容れない思いを抱きながら，それでもそのおしゃべりに熱中する様子に，みなどこかで「ほっこりしたい」「一時，子育てから解放されたい」「子育て不安を解消して安心したい」という気持ちを持っているのだと受け止めています。

　この担当者が取り上げたエピソードは，1歳7カ月のSちゃんと3歳2カ月のTちゃんのあいだで玩具の取り合いになったとき，Sちゃんのお母さんが相手の子どもに「貸してあげなさい」と言い，それが不満でSちゃんが泣いて抗議しても，お母さんは「自分のじゃないから貸してあげなさい」と言い続けるので，自分があいだに入ってSちゃんの気持ちを受け止めて対応しようとしたという内容です。

　これを読むと，Sちゃんのお母さんの周りに配慮しようとする思いが先行して，自分の子どもの思いを受け止められなくなっている姿が浮き彫りになります。確かに，いまどきの親は自分の子ども中心に場面を見ることが多く，Sちゃんのお母さんのように，相手への配慮から自分の子どもに辛抱させるという人は少なくなっています。ですから，周囲への配慮というのは必要ですが，しかし，我が子の思いを受け止める部分がもう少ししっかりしていてほしいというのが，この担当者がこのエピソードを取り上げた理由でしょう。必要なのは，我が子の思いを受け止める必要と，周りへの配慮の兼ね合いです。そのような経験をこのような子育て支援の場で多数繰り返すことが，いま，どの保護者にも求められていることのように思います。

　担当者が「Sちゃんがまだこの玩具で遊びたいから，もう少し待っててね」

とSちゃんの気持ちを相手の子どもに伝えてほしいと思ったにもかかわらず，「無理に譲らなくってもいいってことですね」とお母さんに返されたあたりに，今の文化の中での子育て支援の難しさがあるのでしょう。今のお母さん方は，子ども同士がトラブルになるとき，うまく子どもの気持ちを受け止めて対応できない人が多いようで，お母さんの中には子どもに無理に譲らせなくてもいい，したいようにやらせておけばいいと思ってしまう人もいるようです。つまり，親の思い通りにさせるか，子どもの思いに任せるか，のどちらかになってしまっているようで，なかなか子どもの気持ちを受け止めて大人の思いを伝えるということを保護者に伝えるのは難しいですね。

それでも，このレポートの最後を，いろいろなことがあるにせよ，「ここにきてよかった」「ここがあって本当によかった」と感じられるような支援の場にしていきたいと結んだ担当者に，頑張ってくださいとエールを送るしかないのが現在の状況かなと思いました。

2．私の園の子育て支援

(1) 園庭開放　　　　　　　　　　　　　　　　　　　　W保育士

私は，子育て支援担当となり1年目です。主に地域の在宅で子育て中の親子を対象に保育室の一部屋を使用して毎日園庭開放を行っています。親子がゆっくりと過ごせる居場所づくりを心がけ子育て支援をしてきました。現在10組〜20組程度の親子が利用されています。

年度当初0歳児さんの「ほっこりサロン」で出会った赤ちゃんとお母さんたちは，すっかり園庭開放に慣れ，寝たまま遊んでいた赤ちゃんたちが，好きな所へハイハイして行ったり，つかまり立ちから1歩が出るなど，それぞれの成長を見せて遊んでいます。お母さんたちも自主的な子育てサークルに参加されたり，新しい赤ちゃんが参加されると保護者に自ら声をかけたり，部屋の使い方を教えてあげて園庭開放の場で利用者が自主的に次の世代につなげている姿が見られ子育て中の親子のつながりが深くなって

きているのを実感しています。

　しかし，元気そうに子育てをしているように見えるお母さんたちのほとんどが，見た目にはわからない子育てに対しての行き詰まりや悩みを持っているのだとも感じています。

　毎日子どもたちと向き合って，1人ひとりを受け止めようと保育をしてきました。しかし，その保護者に対しては，「保護者の思いに寄り添って」と言いながら「もうちょっと子どもに目を向けてくれたらいいのに，どうなってるの」と保護者を責めるような気持ちが私のどこかにあったのではないかと思います。1人ひとりを主体として受け止めるということは，子どもだけでなく，親が育てられる側から育てる側になり，子どもを主体として受け止めることが，子育て支援ではないかと感じ日々の親子へのかかわりを丁寧にして次の世代へつなげているような支援を考えていきたいと思います。

(2)　エピソード：「離乳食の悩み」

〈背景〉

　もうじき1歳になるAちゃん（女児）親子は，Aちゃんが4カ月頃にお友達と一緒に初めて来所された。数回同じママ友だちと来られたが，その後はAちゃんを連れて親子2人で利用されるようになった。母親は，子どもに目を向けよく遊ばれる。父親も休みの日は，Aちゃんと同じようにずり這いでおもちゃを追いかけて遊ぶなど仲の良い3人家族である。母親はAちゃんのお昼寝中は下ろすと泣くのでスリングの中で抱っこしたままパソコンに向かっていることが多いといい，生活の一部だったパソコンをゆっくりする時間がないからと話される。母方の祖母はすでに他界されているようで，父方の祖父母が近くにおられる。よく行ったりお世話になったりしているようだが，Aちゃんは祖父母には泣いてなかなか慣れないようだ。園庭開放では，しばらく話をされず他の親子と支援者とのかかわりを観察されているようだったが，回を重ねていくうちに，よく話をされるよ

うになった。

　〈エピソード〉
　他のお母さんから離乳食の進め方について相談を受けたので，保育所の離乳食の進め方を写真を見ながら話していると，Aちゃん親子を含め同じくらいの月齢の数組の親子が集まり，「これくらい食べてるよ」「こんなふうに作ってみようか」と我が子の食べている量，形態などについての話が出た。Aちゃんのお母さんは，「うちはまだ何も始めていないので…」と口数が少なかったが，「母乳だけのほうが楽やんなぁ」という意見には大きくうなずかれていた。私は，急にいろいろなものが上手に食べられるようになる訳ではないので，子どもの食べる気持ちや，口，舌の成長の話をしながら形態について少しアドバイスをしてその場を離れた。そして，普段通り体操をして絵本を読んで終わりの時間を迎えた。帰られる前にAちゃんのお母さんは「寝返りとかは，それぞれ個人差があると言われるのに，なぜ離乳食だけは何カ月になったらこれを食べるとか，何カ月頃にはこれぐらいは食べてるなどと言われるのでしょうか。インターネットでは，母乳で1歳になるまでは栄養も十分だと言われているし，もっと遅くから始めてもいいと思っているのです」と言われた。私は瞬時に，Aちゃんのお母さんが離乳食に対して母乳で十分と思う反面，同じ月齢の子と比べて離乳食を進めていないことに不安と焦りを抱いていることを感じ，今日の離乳食についての私の話が決めつけたような言い方をしていなかったか思い返してみた。「そうやね。赤ちゃんはそれぞれ違うし大きさもみんな一緒じゃないし，成長の仕方も早さも違うよね。私たち大人もみんな違うから，Aちゃんに合わせていったらいいと思うよ。Aちゃんがどうしたいと思ってるのか，これからゆっくり一緒に感じていきましょう」と話をすると「Aに合わせたらいいのですよね。ありがとうございました」と言って帰っていかれた。
　後日，お昼から来られた際，利用者が他におられなかったのでゆっくりお母さんと話がしたいと思い，そばに行った。お母さんは，「ずっとここ

第4章　保護者支援（子育て支援）

の担当なんですか」「先生は何歳くらいなんですか」「お子さんはいくつですか」「先生のお家はどの辺なんですか」など，私自身のことについて沢山質問をされた。その他，Aちゃんを出産された時のこと，この保育所の前に行ったことのある子育て支援の場の話や家庭の話などをされた。お母さんは，これまで見たことのない緊張感のとれた和やかな表情になっていた。ある程度話をした後私は，Aちゃんと遊んだ。うつ伏せのまま少し動けるように興味のあるおもちゃであそびに誘ってみた。床を足でけって回転したり，簡単な手遊びや歌をうたうと機嫌よく笑顔を見せたりしたので，お母さんはまた嬉しそうにされた。その次の日も来られて「おはようございます。先生昨日は，いっぱいおしゃべりしてもらってありがとうございました」と笑顔で挨拶された。お母さんの笑顔が増えるとAちゃんも自然な笑顔が多くなり，一緒に遊ぼうと誘うような表情を見せるようになった。その頃から，Aちゃんがここに来てからずり這いで前進するようになったことや，祖父母にもなかなか慣れないのに支援者と一緒に笑顔で遊ぶようになったことをお母さんが喜び，我が子の成長を通してお母さんが私に気持ちを開いてくれたように感じることができた。

　その後も週に4，5日は遊びに来られていた。Aちゃんは，だんだん成長していったが10カ月をすぎても離乳食については「そうですね。私が食べているとAが口を動かして寄ってきます」と言われるものの，ほとんど進んでいない様子だった。私は，食べてみたいと思っているAちゃんの気持ちと，「今はまだ始めたくない，始めなくても大丈夫でしょ？」というお母さんの気持ちの両方を感じ，双方の思いをどのように受け止めていけばよいのか悩んだ。Aちゃんのお母さんには個人的に離乳食の話はせず，他の親子とつながることでAちゃん親子が何か気づけるものがあればと思い，他の親子との橋渡しの支援をすることに重点を置いた。他の親子との会話が増えていくなかで，Aちゃんが11カ月になった頃，お母さんの方から「離乳食のことですけど」と話を切り出された。「なかなか進んでいないのです。便が他の子どもさんは固まってきているのに，この子は，赤ち

ゃんの時のままに近いのです」と言われた。私が今はどんなものを食べているのかと尋ねると、「おかゆに少し味付けして……量は全然食べてません。あげてもすぐに口から出すから嫌なのかと思います。まだ母乳だけでもいいかと思ったり、もう進めないとあかんと思ったりするけど、できないんです」と話された。そこで私は「離乳食は一気に増やすとAちゃんがびっくりするから、毎日少しずつ量を増やしてみましょう。吸う力は持って生まれてくるけれど、咀嚼やごっくんすることは練習していけば上手になりますよ。大人でも食べないと便も出ないし、Aちゃんも母乳以外の固形物を食べていくと便が固まってくるのではないでしょうか」と伝えた。するとお母さんは、「毎日増やす量は、ちょっとでいいのですよね」と言われた。「それでいいですよ。昨日よりちょっとだけ多く食べる、また明日は今日よりちょっと多く食べるってしていたら、必ず増えてくるから、ちょっとずつでいいですよ」と言うと「やってみます」と初めて離乳食に関して前向きな言葉が返ってきた。

　〈考察〉
　園庭開放に来られた時、Aちゃんのお母さんは子どもをとても可愛がられているので、その可愛い子どもと一緒にこの場所を利用するにあたって、ここにはどんな人がいるのだろう、どんな人が支援者なのだろと思われていたのだと思います。子育ての話ではなく支援者の私自身がどんな人間なのかをよく知ることで、お母さんは安心されたように感じました。
　離乳食に関しては、私自身、「子どもの食べたいという気持ちに合わせて口や舌の成長と共に進めていかないといけない」という思いが先立って、お母さんの気持ちを後まわしにして自分の話を進めていたのではと反省しました。もっと早い時点で、お母さんの離乳食への不安をしっかり受け止める必要があったと思います。
　それとは別に、これまでお母さんがしてきた生活のスタイルを変えることなく、インターネットから多くの情報を得て、得た情報のなかで自分のスタイルにあったものを選択し、それが正しいと思って子育てをされてい

らしいことに少し違和感もありました。インターネットでは離乳食以外いろいろな情報が得られると思いますが，一方的な情報が多く，そこから勘違いや思い込みも生まれるのではと少し怖い感じがしました。しかし，その情報が全く間違っているというわけでもないので，インターネットを利用することを否定するのではなく，まずはお母さんの不安な気持ちを受け止め，子どもの育ちの様子を捉えて伝えたり，子どもの思いを代弁してお母さんに気づいてもらえるようにしたりしていかなければと思いました。

　子育て支援では，人と人とのつながりが一番なんだと感じています。そして，お母さんの思いを受け止めたうえで，こちらの思いをどのように返せばよいか，このエピソードに限らずいつも悩みます。子育て支援は私たち支援者と利用者のあいだの信頼関係を深めるだけではなく，それ以上に他の親子とのつながりがもてるように支援することが大事だと思っています。お母さん同士の会話のなかのちょっとしたことがきっかけで，不安になったり勇気をもらったりしている親子の様子をしっかり見守り，その中に入ったり，そっと親子に寄り添ったりすることで，インターネットという一方通行ではない，顔を見てのコミュニケーションのなかでお母さんがお母さんとして育ち，そのお母さんらしい子育ての方法を見つけていけるように支援していきたいと思います。

〈私からのコメント〉

　これも第1節とほぼ同様の趣旨で展開されている子育て支援の実態報告のレポートです。ここでは乳児中心のグループが取り上げられています。ここでも，「元気そうに子育てをしているように見えるお母さんたちのほとんどが，見た目には分からない子育てに対しての行き詰まりや悩みをもっているようだ」と述べられています。そのなかで，この担当者は「保護者の気持ちにより添って」，お母さんたちが十分おしゃべりして日頃のもやもやを発散してほしいと思いながら，他方では「もうちょっと子どもに目を向けてくれたらいいのに，どうなっているのだろう」という思いになることにも触れています。

　この担当者がこのレポートで取り上げたのは，子どもを可愛がっているのが

よく分かるけれども，なぜか離乳食を進めることに自信のなさそうなお母さんの悩みです。これまでの保育経験から，数組の親子を前に，乳児期の離乳食はこうしてというような話をしたときに，Aちゃんのお母さんは，「うちはまだ始めていない」と言い，「母乳だけの方が楽だ」という話には大きくうなずく姿を見せます。そして，インターネットで引いた知識から，母乳で1歳までは十分だから，離乳食にしなくてもと思う面と，同じ月齢の子どもと比べて離乳食を進めていない自分の子育てに不安を抱く面とのあいだで揺れているお母さんの気持ちに気づきます。

そこで担当者は「少しずつでいいから，ゆっくり，子どもの食べたい気持ちに添って」と伝え，そこからお母さんが明るくなっていく様子を述べています。

このエピソードを読むと，今のお母さんたちの子育て不安の持ち方が少し見えてくる感じです。担当者が言っているように，子育てによって「インターネットをする時間がない」と嘆き，またインターネットの知識から，「離乳食は進めなくてもよいのでは」と思い，という具合で，ネット情報に振り回されている姿があります。ネット情報は有効なものもありますが，自分に都合のよい情報だけを集める危険もあり，その情報をどのように使うかは難しいのですが，現代文化はこのようなかたちで若い母親たちの子育てに入り込んでいるのが分かります。子育て中に携帯を離せない姿も同じような問題かもしれません。

そして，とにかく周囲と比較して自分の子どもは大丈夫かと不安になるところも，まさに今風なのでしょう。そして，子育て支援の場は不安だから来るのに，他所の子を見るともっと不安になるので，行けなくなったという話があるように，支援の場がそこから学んだり，自信を得たりする場とは限らず，かえって不安を喚起される場になり得ることも，このエピソードから垣間見える感じがします。そして支援の場で支援者や周りの母親から言われた一言で当の母親が深く傷つき，支援の場に行けなくなるという話もよく聞きます。

担当者はインターネット問題に言及しながら，やはり人とのつながりが一番だとまとめています。本当にそうだと思います。このレポートを読むと，子育て支援の場が抱える課題は想像以上に大きいことを実感させられます。

第 4 章　保護者支援（子育て支援）

3．本園の子育て支援の実態

(1)　実態　　　　　　　　　　　　　　　　　　　　　　　Ａ保育士

　まず本園の子育て支援事業の実態を報告します。本園では毎日，家庭で子育て中の０歳〜３歳の親子が20組ほど，支援ホールに集ってきます。参加する親子は，ほとんど毎日参加する方，イベント時や何か悩みがあるときだけひょっこり参加する方などいろいろで，親自身がいろいろな考えの下に「まずは子どもを連れて家をでてみよう」と思って来ておられるようです。９月以降は，午前９時から12時と午後２時から４時のあいだを開放時間としています。午前は朝の家事を終えた10時半過ぎから続々と参加者が増え，ほとんど毎日20組程の利用があります。支援ホールのままごとコーナーや絵本コーナーなどで親子が向き合って遊ぶ一方で，同じくらいの年齢の子どもの親同士でおしゃべりを交わしている姿もあります。

　顔なじみになると話が盛り上がり，お母さんたちはリラックスした表情でストレス解消の会話に花を咲かせています。子どもたちは親がそばにいる安心感のもとに，広い室内をあちこちと探索し，そばにいる他の子どもや担当者と関わりながらいろいろな遊びをしています。お母さんがそばにいるから安心して遊べるのですが，親の方は子どもの様子を見守りながらも，ついつい会話に熱中して我が子から目を放してしまい，そのあいだに子ども同士のおもちゃの取り合いや転倒などのトラブルがしばしば起こります。帰り際には，もっと遊びたいと泣き叫ぶ子どもの様子も多く見られます。その度に，親の対応を見守りつつ，担当者は子どもの気持ちを汲み取り，親にねぎらいの言葉をかけます。親にとっては第三者の一言が落ち着きや安心を取り戻すきっかけになるようで，たいていは機嫌よく「さようならまた明日ね，ありがとうございました」とようやく家路につきます。

　沢山の人が集い，さまざまな声が飛び交い，楽しそうで賑やかな毎日ですが，他方で，子育ての悩みを抱える方の相談を受けることもしばしばあ

ります。少し話すだけですぐに解消できる方や，重く悩む方などさまざまです。冬の時期に入ってからは参加数が少し減少しているようですが，雨の日など悪天候にもかかわらず足を運ぶ親子が多くいて，単調な家庭での子育ての孤独感をここに来ることで癒し，親子で煮詰まった思いを解放できる居心地の良い場となっているようで，日々，新しい参加登録があります。保健所や支援センターでの紹介の他，参加している利用者からの口コミで参加する方が多く，「子どもにいろいろな経験をさせてあげたい」「いろんな方と話し，知り合いを作りたい」などの思いで参加しているようです。

今回，研修で「相手の主体としての思いを受け止め，保育者の主体としての思いを返すのが保育の基本」と学びました。この観点から本園の子育て支援事業を振り返ると，次のようなことが考えられます。

本園の子育て支援事業に参加する親のほとんどは，子どもと同じく，自分の抱くさまざまな思いや感情を誰かに受け止めてもらい，理解や共感を得たいと願っているのが分かります。自分の気持ちを誰かに打ち明けると気持ちが楽になり，意欲や希望がもてるのだと思います。ですから，担当である私の第1の役割は，ゆったりとした気持ちでお母さんの話に耳を傾け，お母さんがほっと一息つけるように，まずはお母さんの思いを受け止めることにあると思っています。お互いに信頼関係を築き上げるなかで，お母さん自身が試行錯誤しながら納得のできる子育ての仕方を見つけていければと思っています。また，集まってきた他の親たちと子育て仲間になり，孤立感から解放されれば，子育てがより前向きになっていくのではないかと思います。

支援を利用する親子の家庭事情は見えにくいのが実情です。子育て中の母親の思いや考えは，その人が育ってきた環境によりさまざまであると思います。1人ひとりの考えや受け止め方が違うことを念頭に置きながら，相手の心に届く対応をしなければと日々感じています。これは子どもにも共通することだと思います。価値観の違いを認めながら，その人の良いと

第4章 保護者支援（子育て支援）

ころを見つけ，その人が自信を持って子育てや生活に向かえるように支援していきたいと思っています。私自身も，親子との関わりを通していろいろなことを学び，人間としてお互いに成長していきたいものだと考えています。

以下に，支援を通して得た1つのエピソードを紹介します。

(2) **ボランティアをしたいお母さん**

〈背景〉

NさんはTちゃん（10月生まれで現在3歳）の母親である。1歳6カ月の頃に，児童館や本園があるこの近所を選んで引っ越しして来られ，本園を利用されるようになったといういきさつがある。

保健所からの紹介で初めて来所された時，とても険しい表情で育児に不安があると話し始めるなり，唐突に「主人の親戚にADHD（注意欠陥多動性障害）の人がいて，わが子もそうではないかと不安です。多動で落ち着きがありません。この子はおかしくないですか？」と真剣な面持ちで尋ねられたのが印象に残っている。Tちゃんは好奇心が旺盛で，色々なものを見つけては口に入れたり，ちょっと触ってまた別の物を取りに行ったりと，広い室内をあちこち動きまわっている姿が見られた。ちょうど自我が芽生え，大人から見るととても大変な時期である。そこで，皆の集まっているホールへ誘って，悩みや不安は一緒に考えていきましょうと伝えたのが最初だった。

その日以降，毎日続けて来園するようになった。保健師と連携をとりながらTちゃんの様子を何度か見てもらったところ，Tちゃんの発達には特に問題がないことが分かり，障害についてのお母さんの不安は解消した。Nさんは子育てをしながらヘルパーの資格を取得するなど，とても努力家だった。半年以上が経過し，親同士の交流も深まったころに，Nさんの方から子育て支援事業のボランティア活動をしたいとの要望があった。Nさんは洋裁が得意で，手作りおもちゃや洋裁の講師をしたいとのことだったので，受け入れることにした。Nさんは，わが子に対するときよりも，他

171

の子どもや他の親への気配りが目立つ人だった。Tちゃんに対してはお母さんの思いが強いのだろうか，Tちゃんの思いを受け止める前に，注意したり叱ったりする姿がしばしば見られた。

　Tちゃんは活発で力強い面があり，2歳過ぎから他の子どもとトラブルになることも増え，Nさんは子どもを交えた親同士の付き合い方に悩みを訴え始めた。また，家庭でもTちゃんとぶつかることが多かったようで，育児が辛い様子がうかがえた。

　〈エピソード：「もう，うんざり！」〉
　2歳10カ月頃のある日，花はじきを独占して遊ぶTちゃんと後から来たKくんとで，花はじきの取り合いになった。Tちゃんは大声を出して拒み，Kくんを押しやろうとした。Nさんは素直に貸してあげないTちゃんが許せなかったようで，「もう〜あんたがいるからうんざりするわ！」と苛立ち，大声で叱りつけた。私はTちゃんとKくんの思いを代弁して「Tちゃんが今使ってるんやな。Kくんも欲しいんやな。困ったなあ……じゃあ，Tちゃんがいっぱい使ったら，Kくん貸してもらおうか」などと話していると，子ども同士のあいだでのトラブルは鎮まった。子どもの味方をすると親を否定しているようにも受け取られるので，Nさんには「この年齢はお互いに思いがしっかりあってぶつかり合うので，どうしても喧嘩になるんですね。目が離せないしお母さん方は大変ですね。」と一言添えた。Kくんのお母さんもNさんの気持ちを気遣い，「うちの子が悪いんですよ。すみません。」と言葉をかけたが，Nさんの表情は暗いままだった。私は落胆するNさんの姿をそっと見守るしかなかった。

　それから少しして，以前からの要望に応えて，ボランティア講師として巾着袋作りをNさんに依頼した。今日までのおよそ1年半のNさんとの関わりを踏まえ，Nさんの生活状況や性格や子育てのしんどさなどに配慮しながら企画案を一緒に考えた。Nさんは丁寧なレジュメを用意し，分かりやすく手順を説明してくださったので，予定通りの2時間で参加者全員の作品が完成した。身近な子育て支援の場で，顔見知りのお母さん方へ手ほ

どきする様子はとても親切丁寧で，途中失敗した方へも手直しして励ましてあげるなど，とても配慮があった。後で分かったことだが，実はNさんは家庭科の教員免許を持っているのだった。参加したお母さん方は会話を楽しみながら素敵な巾着袋を完成し，皆とても喜んでおられた。Nさんの表情も明るく生き生きとしていて，自己実現の充実感が漂っていた。この日はTちゃんを実家に預けてやってきていたので，子育てから少し離れることができたこともあり，Nさんらしさを取り戻すことのできたひとときであった。

〈考察〉

出産をして仕事を辞め，子育てに専念する毎日で何か物足りなさを感じたり，子どもと向き合い離れる時間がなかったりなど，さまざまなストレスが子育て中の母親に圧し掛かってくる。子ども同士のトラブルで周りの人に気を使い，良き母親でいようとするばかりに自分らしさを失ってしまう。Nさんと出会うなかで，「うちの子は素直でない」という厳しい眼差しや，Tちゃんとの間が何かうまく噛み合ってないことが気になっていた。Nさんの子育ての悩みをじっくり聞いたり，Tちゃんの思いを受け止めた対応になるための糸口を探そうとしたりして，私なりに懸命に関わってきた。そのなかで，Tちゃんはこんな遊びが好きだとか，こんな可愛らしいしぐさや会話があったとか，気づいたことをできるだけお母さんに伝えてきた。

しかし振り返ってみると，Tちゃんへお母さんの意識を向けるだけでは不十分であったことに改めて気づく。ボランティアのエピソードに見られるように，Nさんは心のなかで，「私を見て，私は子育てより他の仕事がしたいのよ！」と叫んでいるように感じられた。実際，私がNさんからボランティア活動をしたいとの要望を受けたとき，子どもと一緒にいる時間を割いてまでボランティア活動をすることに意味があるのだろうか，この申し出を受け入れることは子育て支援の主旨に合致することなのだろうかと，とまどいがあったのも事実である。しかし，Nさんとのやりとりを通

して，時にはお母さんの味方になって，お母さんがお母さんらしくあることを支えるのも必要なことなのだと感じた。今後も，お母さん方1人ひとりの持ち味や心の成長にも目を向けて，その人らしさを引き出していけるような対応を心がけたいと思っている。

〈私からのコメント〉

　私がこの園の支援ホールを訪れたときにも，このエピソードにあるとおり，たくさんの親子が集まってきていて，子どもたちが思い思いに遊んだり，親同士で談笑したりしていました。今の時代，このような集う場がなければ，子ども同士が関わって遊ぶ機会はもちろんのこと，親が他の親の子育てを見る機会も，親同士が横でつながる機会も得られないのだと，改めて思わずにはいられません。そして，保育の場がいま担っているこの種の子育て支援が，わが国の社会的文化的営みのなかできわめて重要な役割を果たすとともに，保育がどのようなものかを保護者が理解して就園に至る，その重要なステップになっているとも感じました。

　今回のエピソードは，子育て支援担当者がお母さんの思いを受け止める中で感じたこと，支援に努めたことを中心に描かれています。子どもの思いを受け止める前に親の思いが先に立ってしまうというのは，このエピソードに登場するNさんばかりでなく，現代の保護者に共通して見られる傾向でもあるでしょう。他の人によく思われたいという思いも，自分の自己実現を目指したいという思いも，みな「自分」に向かう思い，広い意味での「自己愛」に向かう思いです。それが時代の傾向なのですが，しかし子育ては，自分の思いではない「子どもの思いを受け止める」ことを出発点にしています。そこに，現代の親たちが子育てを難しい，しんどいと思う大きな理由の一端があるように見えます。

　保育園での子育て支援は，保護者の子育ての肩代わりをするのが役目ではなく，保護者がそのようなむずかしい子育てをわが身に引き受け，親として成長するのを支援するのがその主旨です。それには，まず親同士が集う場を提供し，子どもを挟んで親同士が他の親の子どもへの対応を見る機会を得，またいろい

ろな子どもの育ちを見て，子育てへの不安や緊張を和らげることが必要になります。さらに，親の「自分らしくありたい」という思いを担当者が受け止めることで，親は「私らしくある」ことが取り戻される喜びをバネに，「子どもの思いを受け止める」ことに転回していくことが期待できます。つまり，子育て支援は親が親として成長するのを支援することでもあります。

もちろん，実態のなかには，子どもを遊ばせておいて，ただ自分たちだけのおしゃべりに終始する親たちがいます。また「子育ての方法」を教えて欲しいとやってきて，教えてくれないのならもう来ないと口にする親たちもいます。そのようなとき，担当者は「何のために……」とこの子育て支援事業に疑問を感じてしまう場合もあるでしょう。

しかし，子育ては家の中に閉じこもって母親だけが担う仕事では決してありません。同世代の横のつながりと，経験の世代間伝達のなかで，少しずつ身についてくるものです。それも，単にこういうときにはこうすればという「関わり方」の習得ではなく，子どもを1人の主体として尊重し，その思いを受け止めるという目に見えない心構えのようなものを身につけることなのです。

このエピソードで，Tちゃんのお母さんの「もう，うんざり！」という言葉は，まさにいま子育て中の多くの母親の叫びなのかもしれません。決して子育てがいつも嫌なのではないけれども，息が詰まるような毎日が続くなかで，自分のしたいことができない，ほんのひと時も自分の時間が持てないという状況におかれた現代の母親たちは，煮詰まったある瞬間に，「もう，うんざり！」という気分になるのでしょう。それを受け止め，お母さんたちがまた元気を取り戻して子育てに向かえるようにという配慮が担当者に期待されていることが分かります。

そして担当者が母親たちに自分らしさを発揮できる場を用意したとき，Tちゃんのお母さんが生き生きした姿を見せてくれました。そこに，これからの子育て支援の1つのヒントがあるかもしれません。この担当者が〈考察〉で述べているように，「子育てに保護者の目を向けようとするだけでは支援にならない」のかもしれません。これは多くの子育て支援の経験を重ね合わせて，今後，

多面的に考察していく必要のある問題だと思われました。

第5章　1つの事例をエピソードで綴る

　今回は1つの不思議な事例について，担任保育者が数個のエピソードで綴ったものを紹介してみます。エピソード記述が事例の理解に最も役立つという点を知っていただきたいのと，エピソードを通して見えてくる1つの事例の深い意味を読者の皆さんと一緒に考えていきたいという思いで，これを選んでみました。このエピソードはある事例研究発表会のなかで示されたものです。

1．Cちゃんの事例を取り上げるに至った経緯　　　　　　M保育士

　Cちゃん（現在4歳児クラスで5歳になったばかり）は，2歳児のときに本園に入園してきた女児である。私はCちゃんの入園当初から現在に至るまで3年間ずっと担任をしてきている。Cちゃんは入園式のときから目立つ感じの子どもで，式のときに前の方に出てきてくるくる回りをしたり，ゴミ箱の蓋をバタバタさせたりし，母親が止めようとしてもケラケラ笑って抑えられず，母親の困惑している姿がとても印象に残っている。
　2歳児クラスでは，他の子どもが誘ってもほとんど関わろうとせず，たいていは1人で人形遊びをしていて，たまに私に「絵本読んで」と要求してくるぐらいだった。子どもらしく夢中になって遊んでいる姿はほとんど見たことがなかった。とはいえ，おとなしいという印象ではなく，体が大きいこともあって，何かを邪魔されたり，相手の子が手を出したりしたようなときには，必ず相手を強く叩いて仕返しをするようなところがあり，友達からも「Cちゃんは怖いから……」と恐れられるようになって，誘われることもなければ，誘うこともなく，なかなか仲良しの友達ができないのが気になっていた。

そんなＣちゃんを見ていて，Ｃちゃんの心には何かひっかかるものがあるに違いないと思っていたが，食事の折に横に座って話しかけてもほとんど反応がなく，どういうふうに関わったらいいのか，途方に暮れる思いが私の中にはあった。
　3歳児クラスになっても様子は変わらず，人形を寝かしつける遊びを1人でするか，園庭でトロトロ粘土をして遊ぶか，1人で走り回るか，といった感じで，友達と関わって遊ぶ姿は，Ｈちゃんがたまに人形遊びに加わるぐらいでほとんどなかった。ぼーっとしているときには，たいてい指しゃぶりをしていた。ただ，午睡は私と1対1でないと寝ついてくれず，寝つく前に決まって私の手の甲を触ってくるので，Ｃちゃんには何か満たされないものがあるのだろうと思っていた。
　そして今年4歳児クラスになってからは，次第に気になる行動が目立ってきた。友達のロッカーから衣類を持ち帰ったり，他の子どもの持ち物が気に入るとそれを取り上げたり，それをその子が嫌がると叩きに行ったり，困った行動が増えてきた。そのことを母親に伝えてみたが，母親は母親で「次々に新しいものを買ってとねだるので困っている」と自分の困った状態を伝えるばかりで，Ｃちゃんがクラスの中でしている行動が気になるという私の話はなかなか受け止めてもらえなかった。
　このようなＣちゃんの様子が気になっていた折に，就学が予定されている学校の特別支援教室の先生に出会う機会があり，Ｃちゃんの心配な様子を伝えたところ，「Ｃちゃんと1対1の時間をつくるように努めてみたらどうか」との助言を得た。それが今回，この事例をエピソードに綴ってみようと思ったきっかけである。

＜Ｃちゃんの家族＞
　Ｃちゃんの家族構成はかなり複雑である。Ｃちゃんには2歳年下の弟がおり，母方祖父母と母と叔母（母の妹）の6人暮らしで，父親とは入園直前に離婚して，それ以後会っていないという。
　母親は温和で人当たりがよく，世間話などは十分できる人だが，子どものこ

とについての話になると，いつもはぐらかすような感じになるのが不思議だった。何かに悩んでいるらしいのだけれども，何に悩んでいるかが分からなかったし，それを語ろうとはしなかった。下の弟がやんちゃをいったり，いけないことをしたりしたときにも，注意はするものの，強く叱るというようなことはなかった。そしてＣちゃんに対しては，いけないことをしても注意することはほとんどなく，言うなりになることが多くて，母親なのに何かＣちゃんに気兼ねしている感じがあった。

これとは対照的に，時折出会う叔母の方ははっきりしていて，はきはきと物を言い，感情をストレートに出す人で，Ｃちゃんにも弟にも，言うことを聞かないときつく叱り，ときには手も出るほどであった。そのせいか，Ｃちゃんはこの叔母の言うことはとてもよく聞いていた。この叔母は「姉は子どもに舐められている。叱るときもメリハリがなくて，ちゃんと子どもを叱れない人」と私に言い，母親も「妹に，ちゃんと叱らないと子どもがだめになると言われている」と語ったことがあった。

弟の方は，Ｃちゃんに比べれば明るく，かなりやんちゃで生傷もたえないが，人の顔色を窺うところはある。休み明けに顔などに傷をしてくることが多く，たいていそれはＣちゃんとの喧嘩のせいのようである。先日など，顔に傷があるので訊ねたら，Ｃちゃんがハサミを投げつけてできた傷だと教えてくれた。

以上が，これまでの経緯と家族の様子である。以下，意識して１対１対応を試みたときの様子をエピソードに描いていくことにする。

２．エピソード１：「先生，赤ちゃんごっこしよう」

〈背景〉

２歳児クラスからＣちゃんを見てきた私は，Ｃちゃんがお人形遊びを好んでしているところから，Ｃちゃんは「お母さんごっこ」が好きな子どもだなと感じていた。「お母さんごっこ」といっても，たいていはＣちゃんがお母さんで，他の人形やたまに遊びに入るＨさんが子どもと決まってい

て，その大半はお母さんが赤ちゃんを寝かしつけるという遊びであった。私は，この遊びによってＣちゃんは自分の心を落ち着かせているのではないか，だから私がその遊びに入っては邪魔になっていけないのではないかと思い，ずっと静観してきていた。しかし，Ｃちゃんの内面をもっと知るには，何か私の方から働きかけてみる必要があるのではないかと思っていた。

〈エピソード〉

　私が「Ｃちゃん一緒に遊ぼう」と誘うと，意外にもＣちゃんは即座に「いいよ」と答え，続けて「赤ちゃんごっこしよう，先生，赤ちゃんになって」と言う。私は，「えっ，私が赤ちゃん役なの……」という気持ちが一瞬よぎったが，ここはＣちゃんにしっかり関わろうと思っていたので，「いいよ，じゃあ，先生赤ちゃんになるね」と快く応じ，眠くなったら泣き，お腹がすいたら泣く，赤ちゃんの本来の姿でいこうと思った。

　私が仰向けになって寝ていると，Ｃちゃんはせっせと赤ちゃんのご飯を作っている。しばらくすると，「赤ちゃん，ご飯できたよー」と声をかけてきた。私は赤ちゃんなのだから，１人では食べられないと思って「あーん」と口を開けると，Ｃちゃんは急に怖い顔になって，「１人で食べなさい！」と怒った。それでも私は赤ちゃんのつもりなので，「いや〜，あーん！」となおも口を開けたままでいると，「だめ！１人で食べなさい！」と怒りながら，私の体を羽交い絞めにし，私の口に作ったおかずを強引にスプーンで押し込もうとした。私が嫌がると，声を荒げて「だめ！食べるの！」となおも迫ってくる。その強引さに私は正直いってＣちゃんが怖いと思った。

　それから突然，「先生，いい赤ちゃんになって！」と言った。私は「いい赤ちゃんって？」と思ったが，Ｃちゃんのいう「いい赤ちゃん」とは，親の言うことをよく聞く赤ちゃんのことかなと考え，「分かったよ」と応えて，私なりのいい赤ちゃんを演じてみた。１人でご飯を食べ，１人で布団に入り，１人で寝る赤ちゃんである。そして甘えた声で「お母ちゃんも

一緒にねんねして〜」と言うと,「いいよ」とＣちゃんも優しく応じ,布団の中で赤ちゃんの私を優しく抱きしめてくれた。何だかとてもよい気持ちになり,Ｃちゃんに母性のような優しさを感じた。

　そんな気持ちも束の間,Ｃちゃんは今度は「先生,やっぱり,わがままな赤ちゃんになって！」と言う。そのとき,Ｃちゃんは一体何を求めているのだろうと,Ｃちゃんの気持ちが本当に分からない気がした。

　何とか「赤ちゃんごっこ」に一区切りが着いたが,私はとても疲れた感じになり,Ｃちゃんのことがさらに分からなくなった気分で落ち込んでしまった。翌日,送ってきた母親は「先生,昨日の先生との赤ちゃんごっこが楽しかったみたいで,今日も先生に赤ちゃんになってもらうって張り切って,珍しく早起きしたんですよ」と言ってくれた。その隣で,Ｃちゃんもいつになくニコニコしていた。

〈考察１〉
　私を羽交い絞めにして強引に食べさせようとするＣちゃんに,私は正直いって怖さのようなものを感じた。その一方で,Ｃちゃんは赤ちゃんの頃,こうやって強引に食べ物を口に入れられて育てられてきたのだろうか,その記憶がこの遊びの中で再現されているのだろうかと思わずにはいられなかった。そして私が嫌がれば嫌がるほど,声を荒げて迫ってくるところに,Ｃちゃんの今までの不満,私に対する不満も込められているように感じた。

　その後,態度が一変して私を優しく抱きしめてくれたＣちゃんだったが,それからまた「わがままになって！」の要求である。私はＣちゃんに翻弄されるばかりで,心底くたびれてしまった。Ｃちゃんはお母さんにどんなふうに甘えてきたんだろう,どんなに甘えられなくてきたんだろうと,いろいろな考えが頭の中をぐるぐる巡るばかりだった。

　これまでのＣちゃんとの付き合いを振り返ってみると,Ｃちゃんが他の子どもに乱暴をしたときに強く叱ることはあったが,乱暴をするＣちゃんの気持ちを十分に考えたことがなかったことに改めて気がついた。これまで私はＣちゃんを気になる子としては見てきたが,Ｃちゃんの心の奥底を

見ようとせずに付き合ってきたのではなかっただろうか。そんな私に，Cちゃんは怒りのようなものをぶつけてきたのかもしれないと思った。赤ちゃんごっこが終わったあと，私の動揺とは裏腹に，Cちゃんがスッキリして見えたのは，私に不満をぶつけることができたからではないだろうか。

3. エピソード2：「Cちゃん，赤ちゃんごっこしよう」

〈背景〉

それからしばらくCちゃんから赤ちゃんごっこの誘いはなかったが，この遊びを続けることでCちゃんともっと向きあえるのではないかと思った私は，私の方から「Cちゃん，赤ちゃんごっこしよう！」と声をかけてみた。すると「いいよ！」の返事。そしてCちゃんから「今日はいい赤ちゃんになってよ〜」と注文がついた。「分かった，いい赤ちゃんだね」とそれを受け，赤ちゃんごっこが始まった。

〈エピソード〉

Cちゃんは外にゴザやシートを敷いて家に見立てると，すぐさまごちそう作りに向かう。仰向けにゴザの上に寝ている私に，他の子どもが「赤ちゃんガムだよ〜」と何かをガムに見立てて持ってくる（「小さいモモちゃん」の話に出てくる赤ちゃんガム）。するとCちゃんは「赤ちゃんは，ガム，まだ食べられないよ〜」と止める。

私はCちゃんが料理をつくっているあいだ，仰向けになってじっとしていたが，そろそろいいかなーと思って起き上がると，その様子を見て，急にCちゃんはその場から逃げていく。「あれ〜」と不思議に思いながら，私が再び仰向けになって寝た振りをすると，Cちゃんは戻ってきてまた料理を作り始める。そこで「お母ちゃん，お腹がすいたよ〜」と起き上がりかけると，またCちゃんはさっと逃げて物陰から私をうかがうように見ている。

そこで私が「お母ちゃんがいいよう，お母ちゃんどこだ〜」と探す振り

第5章　1つの事例をエピソードで綴る

をすると，そばにいたNちゃんが，「お母ちゃんはこっちだよ」と私の手を引いてCちゃんのところに連れて行く。そこでCちゃんと対面するかたちになったので，「お母ちゃんがいた〜」と抱きつくと，Cちゃんはまんざらでもない顔になって，「分かったから，いまご飯作っているから，もうちょっと待ってなさい」と私をまた寝かせ，再び料理を作り始めた。

〈考察2〉
　私が起き上がれば逃げ，寝ると戻って料理を作るという，不思議なCちゃんの姿から，エピソード1とは違ったCちゃんの心情が見えた気がした。私を見て逃げるCちゃんの姿から，Cちゃんは，私が最後まで赤ちゃんごっこに付き合うかどうか，試しているのではないかとも思ったし，探して見つかったときのまんざらでもない顔から，お母さんにそのように応対してほしかったのかとも思った。
　そして，「いい子」を私にさせようとする姿からは，母親のCちゃんに対する「いい子して」という思いをCちゃん自身が感じ取っているのではないかとも思った。
　いずれにしても，この赤ちゃんごっこはCちゃんと私を繋ぐ遊びのように思え，この遊びを通してもっとCちゃんの心の底を見てみたいという思いが募った。

4. エピソード3：「先生を切って」

〈背景〉
　エピソード2の赤ちゃんごっこ以降，何度かこの遊びに誘われたり，誘ったりした。時には，ほのぼのとした赤ちゃんごっこになったこともあった。赤ちゃんの私にCちゃんは優しくご飯を食べさせてくれたり，お風呂に入れてくれたりしたことがあった。しかし時には，Cちゃんは私を所有物のように扱い，私を押入れに入れて出られなくするようなこともあった。このときはさすがに私にも「赤ちゃんの私」から「保育者の私」へとスイ

183

ッチが入り,「こんなことするんだったら私だって嫌だ」とＣちゃんに伝えた。その一方で,私が「保育者の私」にならなかったら,遊びはどんなふうに展開しただろうかと思わないでもなかった。「保育者の私」にならないで,「赤ちゃんの私」をやり続けていたらどうなるのか,Ｃちゃんのありのままの姿を見たいと思う気持ちも強かった。そんな折,Ｃちゃんからまた「先生,赤ちゃんごっこしよう」と声がかかった。Ｃちゃんからの誘いを待っていた私は,今日こそは「赤ちゃんの私」を最後まで演じてみようと心に決めた。

〈エピソード〉

　今日の我が家は部屋の中。４体の人形の横に布団を敷いてＣちゃんは私をそこに寝かせた。たまたま私が咳をしたところ,そばにいたＨさんとＳさんが,「わー,赤ちゃんが風邪を引いたから病院に連れて行かないとー」と話しかけてきた。この話を聞いたＣちゃんは「ここは病院だよー」と言い,我が家は突然病院に変わった。そしてＣちゃんは「お薬でーす」と言いながらままごとの鍋を持ってきて,「熱いですよー」と言いながら,私の顔やお腹にかける仕草をした。そしてそばにいたＫくんにままごとの包丁を渡し,「(先生を)切ってください」と頼んだ。Ｋくんは最初は笑っていたが,包丁を渡されると緊張した顔になり,私を切ろうとしなかった。

　私は「包丁で切られる」という遊びの展開についてゆけず,赤ちゃんに徹すると心に決めていたのに,思わず「嫌だわ!」と逃げた。その私の動きをＣちゃんは面白がり,鍋を持って私を追い掛け回した。Ｃちゃんが鍋を私に放り投げたので,それを拾った私は今度はＣちゃんに「やってやるー」とＣちゃんを追いかけた。しばらくその追いかけっこが続き,私もさすがに息が切れて,「疲れたー」と部屋の床に大の字になった。その様子をみたＣちゃんは「死んだわ……」と一言。そして笑みを浮かべて包丁を取りに行った。私は「切られる?」とドキドキしながら目をつぶっていた。

　Ｃちゃんは私の横に来ると,私の手首,足首,首,と順々に切っていった。何か恐ろしいものをＣちゃんに感じてしまった。

第5章　1つの事例をエピソードで綴る

　何とかその遊びに一段落がついた後，私はCちゃんがどんな心境だったのかどうしても知りたくて感想を聞いてみた。元々，Cちゃんは自分の気持ちを上手く伝えることが苦手な子どもだったので，「どんな気持ちだった？」と聞いても首を傾げるばかりだった。私が「楽しかった？」と聞くとCちゃんは首を傾げる。「面白かった？」と聞いても首を傾げる。そこで「すっきりした？」と聞いてみると，「うん！」という返事。Cちゃんは満足した表情になった。

〈考察3〉
　この赤ちゃんごっこが終わった後，私には深い疲労感が残り，私は落ち込んでしまった。この赤ちゃんごっこはもうやりたくないといううんざりした気持ちになって，この遊びの限界のようなものを感じてしまった。翌日，Cちゃんがどんな気持ちで登園するのだろうかと思っていた私は，登園してきたCちゃんを直視できなかった。ところが登園してきたCちゃんはいつもどおりのCちゃんで，私がへこんでいた分，はぐらかされた気分になった。

〈まとめの考察〉
　Cちゃんの担任をしてからずっとCちゃんのことが気にかかり，いつもCちゃんとどうしたら気持ちが通じるだろうかとか，Cちゃんもお友達ができてクラスの一員として皆と一緒に楽しく遊べるようになればいいなとか思っていたが，なかなかCちゃんときちんと向き合うことができなかった。今回，このままでは駄目だと思い，何とかCちゃんと私の気持ちが繋がるようにと思って始めた赤ちゃんごっこだった。
　この遊びを始めたとき，これを通してCちゃんの心の内が見えるのではないかと思っていた。繰り返しの赤ちゃんごっこを通して，Cちゃんの心の内は，時には冷酷だったり，時には母のような優しさがあったり，時には激しい感情があったりと，5歳の年齢でこんなにも複雑な心の動きがあるのかと心底驚いた。
　改めて振り返ってみると，こんなふうに子どもの心と深く向き合ったの

は，私が保育者になってから初めての経験だったと思う。子どもの心と向き合うということがいかに大変で，いかに難しくて，いかにエネルギーを使うことかを私は身をもって経験した。クラスの他の子どもたちも，きっと1人ひとりいろんな思いを抱きながら生きているのだろう。そんな子どもたちに真剣に寄り添うことは容易ではないと，保育者である自分の仕事の責任の重さを痛感した。

冷酷さと優しさの2面あるCちゃんに対して，私はどんなふうに接していったらいいのか，またCちゃんの母親にCちゃんのこの2面性を伝えていってよいものかどうか，今の私には分からなくなってきている。

5．このエピソードを読む私の基本的なスタンス

読者の皆さんはCちゃんの3つのエピソードをどのように読まれたでしょうか。エピソード1で「よい赤ちゃんになって」と言ったかと思うと，「わがままな赤ちゃんになって」というCちゃん発言に，戸惑いを感じた方もおられたでしょう。またエピソード2で，「お腹がすいたよう」という赤ちゃん（保育者）の言葉を聞いてCちゃんが逃げ出す場面では，「どうして逃げるの？」といぶかしく思った方もおられたかもしれません。そしてエピソード3で，赤ちゃん役の保育者をCちゃんが（ままごとの）ナイフで切ろうとする場面では，とてもいたたまれない気分になった方が多かったのではないかと思います。

複雑な家族背景の中で育つCちゃんに1対1の関わりを持とうと思って始めたはずの赤ちゃんごっこが，当初は思っても見なかった展開になっていきます。それに付き合い，その遊びの展開に巻き込まれた保育者の戸惑いと苦悩が3つのエピソードからとてもよく伝わってきます。そして最後の所で，この保育者は今後どんなふうにCちゃんに接したらいいのか，Cちゃんの2面性をお母さんに伝えた方がいいのだろうかと疑問を呈しています。

そこで，ここではその疑問に答えるかたちで，3つのエピソードを次の観点から読んでみたいと思います。(1)保育者の1対1の対応のあり方として，(2)ご

第5章　1つの事例をエピソードで綴る

っこ遊びの臨床的な解釈の問題として，(3)エピソードの描き方として，の3点です。

(1) 保育士の1対1の対応のあり方として

　2歳児クラスに入園してから3年間，担任として関わってきたM先生は，複雑な家庭背景をもつCちゃんが集団になかなか馴染めず，また遊びに没頭できなかったり，仲良しのお友達をなかなか作れなかったりすることから，Cちゃんを「気になる子ども」と見ていたようです。助言もあり，その「気になる」Cちゃんと1対1の関係を作ろうと思ってCちゃんを遊びに誘い，そこからCちゃんの提案で一連の赤ちゃんごっこ（お母さんごっこ）が始まったということですが，少し疑問に思うのは，3年間もの付き合いのなかで，気になっている子どもとなぜこれまで1対1の関係を築いてこれなかったのかという点です。このことが後の遊びの展開にも響いているように思うのですが，ここでそれは措いて，赤ちゃんごっこの展開の経緯を見ていきましょう。

1）　赤ちゃんごっこの経過

　まずエピソード1のなかで，M先生は聞き分けの良い赤ちゃんと，わがままな赤ちゃんの両方の役割を負わされます。良い赤ちゃんの時には優しく抱きしめてもらいますが，指示に従わないと，お母さん役のCちゃんは声を荒げて赤ちゃん役のM先生を強引に従わせようと迫ってきます。このCちゃんの演じるお母さんの2面性にM先生は戸惑い，遊びの後でとても疲れた気持ちになりました。

　このエピソードからM先生は，これまで他の子に乱暴するCちゃんを叱ったことはあるが，乱暴せずにはおれないCちゃんの気持ちを十分に考えたことはなかったと反省し，Cちゃんの「心の奥底」を見ようと，この赤ちゃんごっこを継続しようとします。

　次のエピソード2では，赤ちゃんが寝ているあいだは家で料理を作るお母さんが，赤ちゃんが起きてお母さんを探し始めると逃げて隠れ，赤ちゃんに見つかって赤ちゃんがお母さんに寄って行くと，まんざらでもない表情になるとい

う不思議な場面が展開します。エピソード1の2面性とはまた違った，お母さん役の別の一面が見えた感じもありますが，なぜこういう展開になるか摑めないもどかしさをM先生は感じています。

　そしてエピソード2からエピソード3に至るまでのところで，M先生はCちゃん演じるお母さんに優しくしてもらったかと思うと，押入れに強引に閉じ込められたりするというように，お母さんの2面性に翻弄されます。そしてごっこ遊びだと思いながらも，ついつい現実に引き戻されて，「それは嫌」という先生の立場をCちゃんにぶつける場面も出てきます。そんななかで始まったのがエピソード3ですが，ここでM先生はこれまでの中途半端な対応を止めて，Cちゃんの遊びにとことん付き合ってみようと心に決めます。

　ところが，遊びのなかで，何とCちゃんは友達のKくんに包丁で先生を切ってと言います。そこでM先生は，とことん付き合ってみようと思っていたにもかかわらず，「嫌だ！」とその場を逃げ，必死の追いかけっこになりました。そして疲れて仰向けに倒れた先生に，Cちゃんは「死んだ」と言い，死んだ赤ちゃんの先生を包丁で手首，足首，首と切っていくのです。先生はたまらない気分だったに違いありません。

　何とか遊びが一段落するなかで，先生は深い疲労感に捉えられます。そして，保育者の対応としてどうだったのだろうという疑問に辿り着くのです。

2）保育者の1対1対応のあり方として考えるべきこと

　この3つのエピソードと〈考察〉を読んでまず言えることは，保育者としてはあくまでも「ごっこ遊び」なのだということをわきまえて，これまで叱る対応以外に関わりが少なかったというCちゃんに1対1で濃密に関わり，その中で，Cちゃんの思いを受け止めたり，先生の思いを伝えたりという，素朴な対応に徹するべきではなかったかということです。

　どうやらM先生は，複雑な家庭的背景を抱えるCちゃんを「気になる子」と見ていたために，それが先入観になって，ごっこ遊びの展開に見られるCちゃんの「怖いお母さん」の様子をすぐさまCちゃんの「心の奥底」と結び付けて捉え，そのために保育者自身が苦しくなったところがなかったでしょうか。

第5章　1つの事例をエピソードで綴る

　M先生は保育者であってセラピストではありません。周りの子どもたちにも目を向けなければなりませんし，Cちゃんとだけのごっこ遊びに没頭することもできません。ですから，「とことん付き合う」といっても，当然ながら制約はあるはずです。気になるCちゃんの「心の奥底」を覗いてみたい気持ちは分からないではありませんが，その奥底が透けて見えてくる感じになると恐ろしくなり，逃げ出したくなったというのは，保育者の1対1対応のあり方としてはどうだったのでしょうか。

　Cちゃんに対する先入見を排して，子どもになったつもりでCちゃんと遊べば，「嫌なことは嫌」という対応がもっと自然に出てきたと思います。Cちゃんの作り出す遊びの流れにひたすら添おうとして我慢しなくても，自分も1人の子どもになったつもりで自分の考えをぶつけてみてもよかったのではないでしょうか。押入れに閉じ込められたときに，つい保育者の立場が出たとありましたが，遊び相手の出方としては「閉じ込められるのは嫌だー」と言っても一向におかしくありません。また包丁で切られるときにも，じっと我慢するのではなく，「そんなの嫌」と拒んだり，「お父さん，助けてー」とか「お母さん，怖いよう」と言ってみたり，「切られても，赤ちゃんは死にません！」とふざけたり，遊びの相手に徹していれば，当然出てくる対応があったはずです。そのように素朴に対応せずにそれに必死に耐えようとしたのは，Cちゃんの気持ちを受け止める前に，Cちゃんの「心の奥底」を知りたいという構えがあったからでしょうが，それは保育者の対応としてはどうだったでしょうか。

　「これまでしっかりした1対1の関係を築いてこなかったから，ここは一つCちゃんとじっくり遊んでみよう」。そう思ったことに何の問題もありません。しかし，そこから遊びを通してCちゃんの「心の奥底」を覗いてみたいといういわば「臨床家的な思い」が，却って自然な遊びに徹することを妨げ，過剰にCちゃんの遊びにそおうとし，そいきれなくなって，結果として深い疲労感に捉えられることになった，ということではなかったでしょうか。

　もっとも，遊びだとはいっても，その遊びが何か重苦しいものをもっていたことは事実です。自然な遊びに徹していても，このCちゃんとの遊びのなかで

は，何か重たいものが心に残ったことは避けられなかったかもしれません。それでも，Cちゃんのいまの大変な気持ちを保育者である自分がしっかり受け止め，場合によっては抱えたり，支えたりしようと思って関わることが，保育者としては何よりも必要なことだったと思います。

　まとめると，M先生は，これらの遊びを通してCちゃんの「心の奥底」に触れた気分になり，重苦しい気持ちになってしまいましたが，保育者の対応のあり方としては，後で詳しく述べるように，「これはごっこ遊びの世界での出来事なのだと」というように，現実の世界としっかり一線を画し，それゆえに遊びを現実（Cちゃんの家庭的背景など）に引き寄せすぎて混乱してしまうことなく，保育者自身がどっしりと構えることができればよかったように思います。その点で言えば，エピソード2でM先生が「お母ちゃんがいいよう，お母ちゃんどこだあ～」という対応をした箇所は自然でとてもよかったと思いました。

(2) ごっこ遊びの解釈の問題として

　さて，遊びの問題を現実に絡めて捉えすぎているのではないかといま述べたばかりですが，他方で，このCちゃんの遊びの展開は，確かに多くの人をCちゃんの内面にいざなう面をもっているのも事実です。特に，遊びに現れるお母さん像の2面性は，従来，メラニー・クラインなど，著名な臨床家の「良い母親」「悪い母親」の2面性の議論を髣髴とさせるものでした。

1) このごっこ遊びから見えてくること

　一般論としていえば，子どもは誕生からずっと自分を世話してきてくれた母親に「何でも思いを叶えてくれる良い母親」のイメージを抱くようになりますが，成長するにつれ，母親は何でも思いを叶えてやるわけにはいかなくなり，時に制止や禁止を課し，しつけをする必要が生まれてきます。このとき，従来の臨床理論によれば，子どもは母親に怖い面，意地悪な面を見出し，「悪い母親」のイメージを抱くようになると考えられています。つまり子どもは同じ1人の母親に，良い母親イメージと悪い母親イメージを同時に抱くようになるということです。そして多くの場合に，良い母親イメージが悪い母親イメージよ

りも優勢であることによって，自分は最後は良い母親イメージによって守ってもらえるのだという安心感を抱き，結局は母親との信頼関係を築いていくというのが，一般的な（良好な）子どもの母親との関係の築き方だと考えられています。

ですから，赤ちゃんごっこやお母さんごっこには，しばしばこの「2つの母親イメージ」が顔を出します。強引に迫る「悪い母親イメージ」と，優しく抱っこしてくれる「良い母親」イメージは，Cちゃんに例外的に現れてきたものではなく，むしろどの子どもにもあるものと考えなければなりません。その点からすれば，M先生の場合，「悪い母親イメージ」が遊びに現れてきたときに，それがあたかもCちゃんだからこそ現れてきた例外的な母親イメージだとばかりに，過剰に反応してしまっているようにも見えます。

確かに，Cちゃんの場合，M先生がそう考えるのもあながち無理ではないような複雑な家族背景を抱えていました。実際，強く制止や禁止を課さないけれども，本気で自分を抱えてくれているのかどうか不確かな母親の現実の姿があります。他方で，強く禁止や制止を課し，強引に振り回す面をもっているけれども，自分の事を真剣に考えてくれる面ももっていそうな叔母，つまり，もう1人の別の母親像があります。このように，奇妙にねじれた2人の母親イメージがあることによって，Cちゃんは「2面性を統合した1人の母親像」をなかなか抱きにくい状態に置かれていると考えても，それほど的外れではありません。そしてそれゆえに，Cちゃんはいまだ良い母親イメージが悪い母親イメージよりも優勢だという確信を抱けないでいて，本当の意味の信頼関係が築けないでいる可能性は多分にあります。

要するに，Cちゃんと先生の赤ちゃんごっこには，これまでの母子関係にかかわる諸学説の議論を考えさせる1面もあったということです。

2）ごっこ遊びの「治療的」意味

母親の2面性を指摘したメラニー・クラインは，子どもの臨床にドールプレイ（人形遊び）を導入した人としても有名です。その理論に従えば，ドールプレイから子どもの内面（無意識の世界）を知ることができると同時に，その遊

びという非現実の世界で展開されることが治療的意味をもつのだとも指摘しています。そして，ドールプレイのなかで子どもはしばしば赤ちゃんの役と母親の役を同時に1人で演じたりします。そのような遊びのなかで，母親と自分の立場を両方とも経験し，それを現実の生活と重ね合わせていくことが治療的意味をもつとされるのです。

　その観点からこの赤ちゃんごっこの遊びを振り返ってみると，Cちゃんはお母さんに徹しているように見えながら，実はM先生にさせている赤ちゃんに自分を重ねている面もあるのだと考えてみる必要もあるはずです。

　そこから考えると，赤ちゃんを押入れに閉じ込めたり，強引に食べ物を食べさせたりする悪い母親イメージは，M先生が感じたように，Cちゃんが現実の世界で自分がそのように扱われたことを反映した母親イメージが再現された可能性がないとはいえません。

　他方で臨床理論は，子どもの抱く母親イメージと子どもが自己について抱く自己イメージは密接に繋がっているとも教えています。つまり，良い母親イメージはよい自己イメージと，悪い母親イメージは悪い子のイメージと密接に繋がっているというのです。そのことを踏まえると，子どもは母親役を演じながらも，赤ちゃん役に自分を重ねてみている可能性があるということになります。言い換えれば，自分は怖い母親を演じていても，その遊びのなかでひどい扱いを受けている赤ちゃんは，自分のイメージでもあるということです。ですから，遊びの中で酷い扱いを受けている赤ちゃんが，それにもかかわらず死んでしまわずに元気で生き続けているということは，その赤ちゃんに自分を重ねている可能性のあるCちゃんにとっては，自分自身が元気に生き残ることでもあるということになります。これが遊びの治療的意味に他なりません。

　この事例でいえば，赤ちゃん役のM先生が「閉じ込められるのは嫌だ」と言い返したり，包丁で切られても，「大丈夫，私は生きているよ，死んでないよ，お母さん」などと言い返したりして，赤ちゃんはそれでも生き続けているという遊びが展開することは，赤ちゃんに自分を重ねている可能性のあるCちゃんにとっては，これから自分が元気に生きていく方向を示してもいるわけです。

悪い母親イメージに沿ってＣちゃんが振舞っているときに，ひたすら辛抱し，切られて死んでしまう赤ちゃんは，Ｃちゃんにとっても辛い面をもっていたはずで，それが「楽しかった？」という問いかけに首を傾げた理由（おそらくはＣちゃんの無意識の理由）ではなかったでしょうか。

　逆に，Ｃちゃんが悪い赤ちゃんを演じ，母親役のＭ先生に攻撃を向けてくるような遊びになったときには，母親役のＭ先生が攻撃されて死んでしまわずに（怒り狂ってしまうことは，優しい母親が死んだことを意味します），生き残ることが大事になります。これもウイニコットなどの臨床理論が教えてくれているところです。

　まとめると，どの子どもも母親に対して２面あるイメージをもつこと，そしてその母親の２面のイメージに対応して，自分にも２面のイメージをもつことを踏まえ，悪い母親イメージに沿った遊びの展開に対して，過剰に反応しないことがまず求められます。そしてその遊びの展開に対して，相手役の保育者がごく普通の対応をすること（元気な赤ちゃんや，優しい母親を演じること）が，「心の奥底」に何かの問題を抱えている可能性のある子どもにとって，治療的意味をもつということが言えるでしょう。その点では，見かけとは違って，エピソード２が意外に大事な意味を持っているのではないかと私は思いました。

　「死んだ」赤ちゃんを包丁で切るという遊びの展開にＭ先生は重たい気分になっているのに，Ｃちゃんが普通に振舞えるということをＭ先生は不気味に思ったようですが，これを読んだ私は，不気味に思うというより，むしろＣちゃんの心に健康な面が残っているのではないかと考えました。Ｃちゃんの家庭的背景を考え，重い遊びの内容を考えると，どうしてもＣちゃんの「大変さ」が前景に出てしまいますが，現実の大変さにもかかわらず，Ｃちゃんの心に健康な面が生き残っていることを感じ取り，Ｃちゃんを１人の子どもとしてしっかり受け止めていくことが何よりも大事なことではないでしょうか。

　もちろん，私は実際にＣちゃんに接していないので，この第５節で述べたことは従来の臨床理論に従って考えたことにとどまりますが，こういう視点を保育者がもつことも必要ではないかと思いました。

(3) **エピソード記述として**

　最後に，エピソード記述の問題に少し触れておきます。この3つのエピソードは，詳しい背景があり，緊迫感漂うエピソード本体があり，考察もあって，エピソード記述の体裁はほぼ整っているといえます。このエピソードを保育者同士で読み合って，感想を述べ合うこともできるに違いありません。加えて，1つの事例を時間経過に添っていくつものエピソードで綴るということは，今回のCちゃんのケースがそうであったように，いろいろな角度から考察を加え，深く子どもやその家族を理解することに通じます。そこにこの事例の重要な意義があったといえるでしょう。

　しかしながら，上に私が述べてきたことを踏まえてこのエピソード記述について付言すれば，もっとも肝心のところがもう少し書かれていればという気がしないでもありません。例えば，エピソード3の先生がCちゃんに切られて「何か恐ろしいものを感じた」その後の展開です。その遊びがどのように収束したかが分かれば，この事例についてもっと突っ込んだ議論ができたかもしれません。そこに触れられていなかったのが少し残念に思われました。

第6章　障碍児保育

1．障碍児と向き合う

エピソード1：M子ちゃん，強いよ！　　　　　　　　　　T保育士

〈背景〉

　11月上旬から移行準備を始め，12月に1・2歳児クラス（さくら組）へと移行してきた私と3名の子。その中のM子（2歳11カ月・ダウン症児）は，他児にわかるような発語がほとんどなく，保育者と一緒に遊んだり，ひとりあそびが多く，友達と同じイメージを共有して遊ぶことはまだ難しい。

　さくら組のK子（3歳6カ月）は友だちと一緒ならば私と遊ぶのだが，時々私のことをじっと見たり，なかなか着替えられずにいる時に声をかけても「K子ちゃん1人でできる」と慌てて着替え始めたり…と私を意識しながらも，なかなか1対1で関わることがなかった。ゆっくり信頼関係を築いていこうと思っていたところ，12月中旬頃にK子の方から絵本を持って私の膝に座ってくれた。その日から，私は"さくら組の先生"としてK子に認められた気がした。

〈エピソード〉

　午前のおやつの後，準備ができた子から園庭に遊びに出るのだが，この日もN保育士と数人の子がまず出て，次にY保育士と数人の子，最後に私とH子（2歳5カ月）とM子が出た。N保育士は数人の子どもたちと固定遊具の向こう側の木立ちで追いかけごっこ，Y保育士は砂場で遊び始めていた。私と一緒に出たH子は「葉っぱを拾う」とビニール袋を持ち張り切

っており，ズックを履くとN保育士のいる木立ちの方に走って行った。
　M子はズックを履き終えるとウサギを見に向かったので，私も後について歩き始めた。
　滑り台の上からK子の「T先生〜たいへんたいへん！来て〜」と大きな声が聞こえたので，M子に「ちょっとK子ちゃんの所に行ってくるね」と声をかけ，私は滑り台に向かい走っていった。滑り台の下から「どうしたの？」と私がK子に尋ねると「たいへんなの。鬼が来るの。早く上がってきて！」とまた慌てた様子で言うのだ。私はこちらを見ているM子に手招きをしてから「鬼？」と思いながらも滑り台に登った。木立ちの方から「今度N先生鬼ね！」という声が聞こえてきたので，私はK子が鬼ごっこの鬼を怖がって隠れるようにここにいるのだとわかった（鬼ごっこといっても，追いかけごっこの延長のような感じ）。
　私が滑り台に上がると「あ〜よかった」とK子。そしてK子はすぐに下を見て「M子ちゃんもおいで〜こっちこっち」と私の姿を探してか不安そうな表情のM子にも声をかけていた。M子も滑り台に登るとK子は「よかった，M子ちゃん，もう大丈夫やよ」とM子の顔をのぞき込むようにして話しかけている。M子はその言葉にうなずくと，すぐに滑り台を滑ろうとした。K子は「だめ！滑ったら下に鬼おるよ！」とM子の体をおさえている。2人が同じイメージを共有していないので仕方がないのだが，私に声をかけたように，M子を自分と同じイメージで遊ぶ仲間として関わってくれたK子の思いを大切にしたいと思った私は，「M子ちゃん，鬼のこと怖くないのかもしれないよ」とK子に話してみた。K子は「え〜」と本当に？大丈夫？とでも言うような表情になりながらもM子を離した。そしてM子が滑っていくと，「あ〜行っちゃった…」と，ずっとM子の行方を目で追っていた。M子は上にいる私たちに「バッバ〜イ」と笑顔で手を振ると，滑り台の隣の汽車の固定遊具に向かって行った。鬼ごっこをしている木立ちに近づいていくので，K子は「M子ちゃ〜ん，だめだめ〜」と呼んでいるが，M子はお構いなしに進んでいく。今度は私が「あ〜行っちゃっ

た…」と言うと，K子は「T先生，ここにおってや。K子ちゃん，M子ちゃん呼んでくるし！」と私の腕を押さえ，一大決心をしたように言うと滑り台から下りて行った。

　私は，K子の行方を滑り台の上から目で追った。声は聞こえないが，K子はM子に追いつき何やら一生懸命話しかけ，M子もうなづいたり首を横に振ったりしている様子が見えた。その後K子が1人で戻ってきて「T先生，M子ちゃん強いよ！鬼，怖くないんやて！」と目を大きく見開いて話していた。私は「え〜怖くないって〜，M子ちゃんって強いんだね」とK子の気持ちを可愛いと思いながら，話を合わせた。

　〈考察〉

　M子は，K子のイメージする「鬼ごっこの鬼が怖い」ということをイメージして滑り台に来たわけではない。だから滑り台そのものを楽しむ気持ちになり，その後も自分のしたい遊びを楽しみ始めたのだと思う。

　このように，この2人の遊びのイメージは嚙み合っていないが，言葉で表現しないM子に対して，K子はM子の表情や仕草をみて何とか気持ちを理解しようとしていた。このK子の姿をみると，K子はM子をさくら組の仲間としてみているように感じた。言葉でコミュニケーションをとることはとても大切だが，たとえ言葉がなくても，一緒に生活する日々の中で，相手の気持ちを理解しようとし，相手を自分と同じ仲間として尊重しようとする姿勢が生まれることに改めて気づかされた。

　〈私からのコメント〉

　3歳になってイメージが膨らむようになると，そのイメージにしたがって遊びを展開するようになりますが，自分のイメージと相手のイメージがたいてい嚙み合わず，そこから3歳児特有の遊びを巡るトラブルが起こりやすくなります。ここでは障碍があって言葉の意味がまだ十分に理解できず，鬼が怖いというK子ちゃんのイメージを共有できずに，M子ちゃんと一緒に滑り台に来ようとしないM子ちゃんに対して，K子ちゃんがM子ちゃんは鬼が怖くないから強いんだと受け止めるところが可愛いですね。これを取り上げた保育者は，言葉

が無くても一生懸命M子ちゃんを対等なさくら組の仲間として見て，M子ちゃんの思いを尊重するK子ちゃんが可愛いし嬉しいという気持ちで，このエピソードを描いています。大人はややもすれば障碍のある子どもを特別視しますが，大人がM子ちゃんをクラスの中の子どもと受け止めていれば，自然に子ども同士は同じクラスの仲間として受け止めて対応してくれます。それが障碍児保育の基盤だといってもよいでしょう。しかし，本章の最後に出てくるエピソード9にもあるように，年齢が上がると，この感覚がずれてきて，対等な仲間として受け止めるよりも，健常な自分たちが上という感じになる場合があります。そうならないようにもっていくのが障碍児保育の難しいところですね。

エピソード2：周りは全員，敵か味方か！　　　　　　　　　　K教諭

　Rくんは3歳の男の子で発達障碍と言われている。4月，私にとっては台風のようなRくんが入園してきた。慣れない園に入園式初日から大暴れ。初対面の私は彼にとって敵らしく，抱っこもさせてくれない。大泣きの理由は入園式で同じ場所に捕まえられていることだった。いろんな所に行ってみたいし，触りたいものもたくさんある。なのにこの敵が僕の事を捕まえる。僕はこんな人知らない！！きっと彼の気持ちはこんなふうだったに違いない。

　彼を必死で捕まえていた私は，当然叩かれ，蹴られ，嚙まれ……髪はひっぱられ……たくさんの保護者のビデオにうつっているだろうRくんと私の攻防！Rくんと戦いながら私は思った。あの，派手に泣いている子と同じクラスはイヤだなと思われませんように……そんな感じで入園式は終わった。

　Rくんの保護者はとてもよく努力しておられ，Rくんは身の回りのことは何でもできた。ただ，お友達を嚙んでしまう，叩いてしまうことに関しては，いけないと思いながらも，どこか3歳児だから仕方ないと思っているようだった。

　園生活が始まった。入園式で僕のじゃまをする敵！！と判断されている

私の話は全く聞かない。自由気ままに過ごしてきているようで，規制されるのを何よりも嫌がった。でも，少しずつ味方になれればと思いながら，日々の保育を進めていった。

同じクラスの子どもが怖がらないように……基本的に活発で動きも大きいので，女の子たちは少し敬遠し始めたし，またルールを守らないので"Rくんは悪い子"のレッテルが見え隠れし始めた。私はRくんにその都度ルールや決まり，友達について話をしてきたが，内心は少し焦っていたように思う。

その頃，クラスの子がRくんを悪い子と決めつけてしまう決定的なことが起こった。友達に貸してもらえなかったRくんがその友達を嚙んでしまったのだ……。私と信頼関係が築けていないRくんは，どうして嚙んだのかの理由も言えず，ただ泣くばかり。クラスの子どもたちの中にはRくんを避けるようになった子も出てきた。

私は，Rくんとはできるだけコミュニケーションを取ろうと努め，クラスの子どもにはできるだけRくんのいいところを伝えるようにしてきた。保護者とも密に連絡をとるようにし，Rくんの様子を伝え，私たちの取り組みを伝えてきた。

そして入園から2カ月余りたったとき，Rくんを抱っこしたら，しっかり抱かれてきたのだ。あんなにのけぞったり，下りようとしていたRくんが……。私が敵ではなくなった瞬間だった。今では泣きながら駆け寄ってきては，「〜された」とか「〜されたから〜した」と言えるようになっている。クラスの子どもたちもRくんのことを怖がらないようになり，Rくんいい子になったと言い，仲良く過ごしている。

私は今回のことで，3歳児にとって集団生活がどんなに大変なことか改めて実感した。確かに大変だったが，今ではRくんの成長が嬉しく，そしてこれからが楽しみで仕方ない。あと半年余り，思い切り楽しみたいと思っている。

〈私からのコメント〉

　読んでいて，とても微笑ましい感じがしました。発達障碍と言われているＲくんをこの書き手は「台風のような子ども」と表現していますが，集団生活を経験していない子どもがだんだん集団に慣れていくまでの大変な様子，それを扱う先生の大変な様子がとてもよく伝わってきます。障碍のある子どもというとすぐに身構えて，特別な対応を考えがちですが，しっかり受け止めて対応していると，いつのまにか集団生活に慣れてきて，当初の大変さが影を潜めていくという，ほとんど一般的と言ってよい変化が生まれてきます。このエピソードはその種のものでしょう。

　エピソード記述という観点からすると，３つのエピソードがこの中に含まれていように思います。入園式の日，友だちとぶつかった日，先生に抱っこを求めてきたとき，この３つを「エピソード１・２・３」というふうにクローズアップして，それをしっかり描くと，先生の格闘ぶりがもっとよく伝わってきたのではないかと思います。エピソードはその場面の様子を生き生きと描き出すところに意義があります。その意味で，今回書いたものは，エピソード的ではありますが，まだ本来のエピソード記述の形になっていません。経過を描こうとする気持ちが強いせいかもしれません。

　しかし，Ｒくんという子がどんな子で，入園式のときがどれほど大変で，先生がどんな思いをしていたかが，そのＲくんを抱っこしたとき，あれほどのけぞって嫌がっていたのに，しっかり抱っこされるようになったのがどれほど嬉しかったか，先生の気持ちがしっかり伝わってきます。例えば，「彼の気持ちはきっとこんなふうだったに違いない」と，Ｒくんの気持ちに先生が寄り添っているところ，他の保護者に「あの派手に泣いている子と同じクラスは嫌だなと思われませんように」という先生の思いなど，先生の主体としての思いが描かれているところは十分にエピソード記述的といってよいでしょう。

第6章　障碍児保育

エピソード3：言えない気持ち　　　　　　　　　　　　　　N教諭

〈背景〉

　Kちゃんは高機能自閉症と診断されている年長組の子どもである。去年，年中組の運動会前，突然幼稚園に行きたくないと言いはじめたことをきっかけに，今まで，こだわりが強いことや，友だちとの関わりに消極的なこと，初めての事にすごく抵抗を示すことに不安を抱いていたお母さんが，療育センターへ相談。療育センターの教室に通い，年長組になった今年4月に高機能自閉症と診断された。年長組は30人のクラス。仲良しのお友だちはRちゃんとMちゃん。お母さんは診断されたことで安心し，「この子のためにできることを」と前向きな姿を見せている。

〈エピソード〉

　高機能自閉症と診断されているKちゃん。4月のクラス替えで，クラスのメンバーも担任も変わったので，きっと不安でいっぱいなんだろうなあと思いながら年長組がスタートした。最初は，少し緊張した表情だったが，少しずつ「あのね，きのうね」と出来事を話してくれたり，笑顔を見せてくれるようになり，私も安心していた。

　Kちゃんはバスで通っていて，バスの中で新しいお友だち（Nちゃん）とも仲良くなったようで，2人で楽しそうに手をつないだり，話をしたり，大笑いしている姿をよく見かけるようになり，「新しい友だちできたんだ」「楽しそうで良かった」と微笑ましい気持ちでNちゃんとKちゃんの様子を見ていた。私は2人が仲良しになったのだと思い込んでいたのだ。

　ある日，心配していたことが起こった。Kちゃんが幼稚園に行きたくない，と家で大暴れしたのだ。その日はお休みすることになり，Kちゃんのお母さんから事情を聞くと，「Nちゃんのことが嫌みたいです」と言われた。あんなに仲良さそうにしていたのに，どうして？という疑問が私の中に大きくあった。よくよく事情を聞くと，「お話ししたくないのに話しかけてくる」「したくない遊びをやろう！と誘ってくる」とおうちで話していたようだ。今まで，Kちゃんにしてみれば，自分の気持ちを言えずに我

慢していたものが，一気に爆発したのだろうなと思う。Nちゃんが嫌だと思ったけれど，言えなかったことや，困ったなという気持ちをKちゃんが少しずつでも私に話すことができていれば，あるいは，もう少し気持ちを吐き出す場所があれば，Kちゃんもこんなに思いつめることはなかったのになぁとその時感じた。

　もっともっと私から働きかけてKちゃんの気持ちに気づいたり，言いやすい関係を築いていかなくてはと思い，その日からは必ず，一声かけるようにした。

　Nちゃんとの関係も「言ってしまったらNちゃんに悪いな」と，それとなくNちゃんと話したり，Kちゃんと話したり2人の心をつないでいけるようにした。その結果なのか，NちゃんとKちゃんの関わりの結果なのか，今ではすっかり仲良しの2人になった。この前も，Kちゃんに「最近，Nちゃんとどう？」とこっそり聞いてみると，あっさりと「もう大丈夫」と言ってくれた。

　少しずつ時間がかかっても，気持ちを大切にしていくことが必要なんだと感じている。今，Kちゃんは，運動会に向けて鉄棒を頑張っている。幼稚園では「先生！手伝って」と毎日張り切っているが，家では「鉄棒嫌だ」と言っているそうだ。

　頑張らないと！という強い思いを持って取り組んでくれることは，とても嬉しいのだけれど，力を抜ける場所も作ってあげなくてはいけないなと思う。私の声かけひとつでも大きく変わると思うので，言葉一つひとつも気をつけなければいけないなと思っている。Kちゃんにはこれからも楽しく幼稚園に来て欲しいなと思っているので，私もしっかり支えていけるよき理解者である保育者になりたいと思う。

〈私からのコメント〉

　高機能自閉症の子どもによくある友達とのトラブルのエピソードです。お母さんに「Nちゃんのこと嫌いみたいです」と言われたようですが，それを保育者がどのように受け止めるかがポイントです。子どもは仲がよい相手でも，そ

れぞれの思いが噛み合わない場合もあり，虫の居所が悪いと「嫌い」といってみたりすることはしばしばあります。また「幼稚園に行きたくない」と言うと，大人はすぐにその理由を求めようとします。この場合がどうかは分かりませんが，自分でも行きたくない理由が分からないときに理由を聞かれると，苦し紛れに理由を言おうとして「誰それが嫌い」と言ってしまうことがあります。ところが大人にとってはそのまま「Nちゃんが嫌い」にエスカレートしやすいのです。そこに障碍が絡んでくると，ますますその傾向が強まるでしょう。このエピソードでは，その時の「嫌な」気持ちを保育者に出せていたらよかったのにと反省しているところがよいと思います。そして2人のあいだをさりげなく繋いでいるうちに，たいていの場合，子ども同士はまた仲良しになれるのです。高機能自閉症の子どもの場合，子どもの言葉を字義通りに取ると，かえってそれに振り回されることがあるということも踏まえておいてよいのではないでしょうか。

エピソード4：「集団行動が苦手なKくん」　　　　　　　　T教諭
〈背景〉

　現在，私は年長5歳児クラスを担任しています。私のクラスにはKくんというアスペルガー症候群の男の子がいます。Kくんは，父，母，妹と4人暮らしで，年中から幼稚園に通い始めて障碍に気づき，療育センターにも行きました。

　Kくんは，理解する能力や記憶力などはとても発達しているのですが，対人関係がうまくいかず，友達とのトラブルが目立ちます。友達のことは大好きなのですが，自分の思いが通らなかったり，自分勝手なことをしたりして人から注意されると，激しく暴れ出し，「死ね！ばか！あっち行け！」などの暴言や，叩く，ける，物を投げるといった行動を起こし，どうしてもそれをおさえることができないようです。

　また，集団行動が苦手で，クラスから出て行ってしまうこともしばしばあります。そんなときは，補佐の先生と，年中のSくん（アスペルガー症

候群）と一緒に園庭で虫取りや鬼ごっこをして遊んでいます。

　私はまず，Kくんが安心して過ごせるように，そして園が楽しいと感じられるように，無理にクラスへ戻そうとせず，少しずつコミュニケーションをとりながら，見守り，信頼関係を育んでいきました。クラスにはいつもKくんの場所（椅子）を用意し，帰ってきたときは必ず「お帰り」と目をあわせ，いつも待っているよ，Kくんが大好きだよという気持ちを表すようにしました（時には言葉で伝えました）。そして，Kくんがクラスにいないときでも，Kくんのことをみんなの前で話題にしています。

　ですが，Kくんが起こすトラブルへの対応に悩むこともあり，またKくんのことを良く思っていない一部の保護者からの声に落ち込んだこともありました。

　Kくんとのかかわりが少ない日が続くと，これでいいのかなあ？どうしていけばいいのだろう？と不安に思うことも沢山ありました。

　Kくんと過ごした1学期間を振り返り，「心が通じた」と思えた瞬間が2度ありました。

　〈エピソード①〜Kくんに迎え入れてもらった時〜〉
　お弁当のとき，Kくんはほとんどクラスでは食べず，Sくんたちと他のクラスのテラスで食べていました。クラスに誘っても頑固に拒絶するKくんでしたが，ある日テラスへ行ってみると……Kくんが恥ずかしそうに，「ここあいとるよ！」と一言。嬉しくなってその日は私もテラスで食べ，補佐の先生にクラスで食べてもらいました。

　お弁当が終わると，Kくんは自分のお弁当に入っていた"ラッコ"の絵のゼリーカップを誰かにあげると言い出し，私と他の先生にジャンケンをさせました。そして，私が負けたら，「負けた人にあげようとおもっとった！」と私にポンとそれを投げて渡してくれました。Kくんに迎え入れてもらったことを感じて，とても嬉しいひと時でした。

　〈エピソード②〜Kくんに迎え入れてもらった時〜〉
　Kくんが暴れだしたとき，ギュッと抱きしめて，「分かったよ。Kくん

はお友達が大好きなのに，どうしても気持ちがおさえられなくて，お友達に嫌なことをしてしまったのね……。でも友達と同じくらい，Kくんも悲しい気持ちだったね」と言うと，それまでは離れようともがいていたのに，暴れるのがピタリととまって，しっかり抱きついてきました。そして私にしっかりしがみつきながら，それでも「やめろ！はなせ！」といい，「僕なんかどうせみんな嫌いなんだ！」と言います。Kくんの苦しみや悲しみが伝わってきて，思わず私も涙を流しながら，「先生はKくんのことが好きだよ」と言いました。涙は出たけど，はじめてしっかりKくんと繋がれた気持ちになれました。

〈考察〉

最初はどのように関わればよいか悩みましたが，ともかくKくんの嫌がることをさせないように心がけているうちに，私にとっては嬉しい2つのエピソードを経験し，どうにかKくんと一緒に園生活ができるなと思えるようになってきました。2つのエピソードとも私が何かをしたというより，Kくんのほうが私を迎え入れてくれたのだという感じが強いです。これからも難しいことがいろいろ起こるでしょうが，しっかりKくんと関わっていきたいと思います。

〈私からのコメント〉

背景が詳しく，2つのエピソードには先生の思いがたっぷり詰まったエピソード記述だったと思います。おそらく，アスペルガーの子どもに対応するときのほとんど理想的といってもよい対応になっているのではないでしょうか。このタイプの子どもは「させる保育」が最も苦手で，自分のやりたいことをやらせてくれるとわかれば，園の中で案外落ち着いて過ごせます。食事も強引にクラスに引き込まなかったのがよかったですね。それと，アスペルガーの子どもは言葉が溢れ出てくるのが特徴ですが，大人はしばしばその言葉の意味に振り回されてしまいがちです。そうではなく，その子の言葉にならない思い，あるいはその言葉の背後の意味を受け止められるかどうかが，子どもと先生の気持ちが継ぎ合わせられるかどうかを左右します。お友達と仲良く遊びたいのに，

自分の思い通りにならないと乱暴するとか,「やめろ,はなせ」と言いながらしがみつくところに,このタイプの子どもたちのしんどさがよくあらわれています。先生との関係が築かれていく様子がよく分かるエピソードでした。

エピソード5:「いまのまんまじゃ小学校行けないね」　　　U教諭
〈背景〉

Rくん(4歳)は,家族以外の人や子どもと関わる経験が少なく,言葉で自分の思いを上手く表現することが難しく,一言一言単語で思いを言う少し幼い面のある男の子で,入園前の未就園児教室の時から,パネルシアターを見るとき,前に出てきてうろうろしたり,自由に遊ぶ時間には,ずっと水道で水を流して遊んだりするなど,少し気になる存在でした。そして,この4月,年中組より,2年保育で入園してきました。そして,私はRくんのクラスの担任となりました。

入園当初,周りは年少組から進級してきた子どもたちばかりでした。Rくんは室内で思い切り蛇口をひねって,大好きな水が出るところを指でおさえて,水をまきちらして保育室を水浸しにしたり,トイレの水道でも同じようにしてトイレを大洪水にしたり,保育室の電気のスイッチをつけたり消したりすることが楽しくて,にこにこ笑いながら長時間やっていたりして,毎日,水浸しになった服を,帰るときに着替えることが日課になっていました。

周りの子どもたちは,その様子を見て,「だめよ!」「先生,Rくんがまた水で遊んでいるよ」「水,散っちゃった」といったり,注意してやめさせようと子どもたちが水道を止めると,Rくんはとても怒って,力づくで水道をひねり,自分のしたいことを止められたり,注意されることで,気分を損ねて,機嫌が悪くなってしまうのと同時に,みんなに否定されたという思いが募って,クラスを出て行ってしまうこともしばしばでした。

〈エピソード〉
ある日,Aちゃん,Yちゃん,Kちゃんの3人で,Rくんの話をしてい

ました。「Rくんって，今のまんまじゃ小学校にいけないよね」と話しているのを聞いて，私は，自分のRくんに対する関わりや子どもたちへの対応の中で，そのような思いをさせてしまったのでは……と，とてもショックでした。自分のそれまでの対応を反省すると同時に，Aちゃん，Yちゃん，Kちゃんには，そんな話を聞いてとても悲しかったと自分の気持ちを率直に伝えました。そして，私自身のこれまでを見つめ直し，Rくんの思いを受け止める気持ちを強く持ち，関わりも考えていこうと悩みながらその日の保育を終わりました。

次の日，Aちゃんがにこにこと登園してきて，嬉しそうに「今日ね～，Rくんと一緒に遊ぶんだ！」といって，支度が未だ終わっていないRくんのところへ行って，「今日，一緒に遊ぼー！」と声をかけ，やさしく支度も一緒に手伝いながら済ませました。それから2人で一緒に折り紙や箱を持ってきて，お団子やお菓子をつくって，おでかけをしていました。Rくんのとても嬉しそうな笑顔，生き生きとした表情，同時にAちゃんの嬉しそうな笑顔を見て，私もとても心が動かされ，嬉しい何ともいえない気持ちになりました。

〈考察〉

その日以来，Rくんに対する子どもたちの関わりが少しずつ変わってきて，強い口調で注意していた男の子も，優しく「手伝おうか？」と声をかけたり，「Rくん，遊ぼう！」と誘ったり，友達が増えて，言葉数が少なかったRくんも，少しずつ話すようになり，だんだんとRくんの方から「一緒に遊ぼう！」と誘う姿が見られるようになってきました。

子どもたちが，Rくんのことを大切に思う声かけやかかわりを見て，私も毎日心が洗われる思いです。子どもたちのこの変化をみるにつけ，やはり自分の中にRくんをしっかり受け止める気持ちが弱かったのだと改めて反省します。まだまだ悩むこともたくさんありますが，純粋な気持ちを持つRくんや子どもたちからこれからも学んでいこうと思います。

〈私からのコメント〉
　保育の場ではよくみられるエピソードかもしれませんが，障碍のある子どもと健常な子どもが一緒に保育される障碍児保育の最も基本的な問題が浮き彫りになっているエピソードだったと思います。くる日もくる日も困ったことをするＲくんに何とかその行為を止めてほしいと思い，いつのまにか先生は「また，そんなことばかりして」という目でＲくんを見ていたのでしょうか。周りの子どもたちのあいだから「今のまんまじゃ学校に行けない」という言葉が聞こえて先生はショックを受けます。そこで先生はその悲しい気持ちを子どもたちにしっかり伝えますが，そこがこのエピソードのクライマックスの部分だと思うので，そこをもっと分厚く描いてもよかったのではないでしょうか。それが次の日のエピソードにつながり，次第に子どもたちにＲくんが受け入れられて，Ｒくんが自分らしさを発揮できるようになるという，障碍児保育のエッセンスに結びついたのだと思います。〈考察〉のところで，自分のそれまでの保育のどこに問題があったと思っているかをしっかり表現できれば，さらに保育がもっと深いところで理解できるようになると思います。

エピソード6：「遊びたかったんよね」　　　　　　　　　　　　Ｍ教諭
　〈背景〉
　　3歳児クラスに入園したＳくんは，発達遅滞の境界域という診断を受けており，母親とは事前の話し合いで，"物事の切り替えが難しい。親しくなった子に対し加減しないで接触してしまうことが心配だ"という旨を聞いていた。
　　最初の印象は笑顔でいることが多く，言葉はオウム返しになったり，単語で物の名前を言うだけだったりしたが，やわらかい印象を受けることが多かった。「Ｓくん」と呼びかけると，「ハイ」と答えるしぐさなど，とてもほほえましいことが多かった。
　　1学期の最初は，私の後をついて遊ぶことが多く，「1人でブラッと外に出るのではないか」という母親の心配は杞憂であると思われた。しかし，

第6章　障碍児保育

園の中でSくんはまだ自分の遊びを見つけられなかったことを思えば，安心できる「先生」の側にいたのは当然だったのだろう。担任である私は，1日の生活のリズムを知らせていくことが必要だと考えていたので，つい，注意したり促したりすることが多く，私の近くよりも，他の先生の近くのほうが居心地よさそうな様子に，「仕方ないなあ」とちょっぴり淋しく思いながらも，「今は，園の楽しいところも，友達との間で守らないといけないこと（順番など）も，少しずつ気づいてもらおう」と，渡り鳥のようにいろいろな先生について回っているSくんを，1日1回は抱っこするようにして，私はSくんが好きだよということを伝えるようにしていた。

　6月になる頃に，Sくんは大好きな遊びを見つけることができた。三輪車に乗ることである。登園してくると，すぐにかばんを置いて，空いている三輪車を探す。数台しかないので，とても競争率が高いのだが，年少だからといって年長児が譲ってくれることがあったり，びっくりするくらい目ざとく空車を見つけたりして，よく乗ることができた。その中でクラスの子とも触れ合いが生まれてきて，連だってこいでいったり（ツーリング），2人乗り三輪車に「乗せて!」といって乗せてもらったり，先生が近くにいなくても，よく遊ぶことが多くなってきた。そんな楽しい遊びなので切り替えが大変である。

〈エピソード〉

　6月下中にはプール遊びが始まり，年齢毎にプールの時間が決まっているため，お片づけの時間になって，「Sくん，プールするよ。片付けようね」といっても，Sくんは「片付けない！プールしない！」という。反抗期も加わり，全て反対言葉で返してくる。その言葉の進歩はたいしたものだなあと感心しながらも，プール遊びは本来大好きなので，させてやりたい……という大人の都合で部屋につれて戻ってしまった。そして，Sくんは大泣きになり，「プールしない」「靴脱がない」「用意しない」といういろんな反対語で抵抗してきた。

　入園当初に比べたら，二語文になったよなあ〜と感じていたが，ふと私

が「遊びたかったよね〜」といった言葉に，Ｓくんはすっと泣き止み，「うん！」と言う。それから私が「そうよねー，また乗ろうねー」，「うん」……あとは不思議なくらいスムーズに水着になり，プール遊びを存分に楽しんでいた。

〈考察〉

遊びから遊びへの切り替えが難しいとはいえ，その気持ちにピッタリと合う言葉を見つけることができて共感していけたら……。切り替えるということは，心の中で何をあきらめて，何を受け入れるということなのか。それを瞬時に感じとっていくことができれば……。Ｓくんの気持ちをもっと分かってあげてやるべきだったのに……と申し訳ない気持ちで一杯になった。私の保育者としての思いとＳくんへの思いとが一緒にならないと伝わらないのだなと思った。これからＳくんがどう成長するか，私とどんなつながりができていくか，とても楽しみである。そして，それと同時に自分の心の中と向き合わせてもらう，そんなＳくんとの出会いなのだと，今，感じている。

〈私からのコメント〉

なかなか気持ちを切り替えるのが難しいＳくんに対して，保育者がＳくんの気持ちを分かりたい，寄り添いたいと思って対応したというエピソードです。子どもは自分の気持ちを保育者に受け止めてもらうと，分かってもらえたと思ってほっとしますが，そこで保育者が何かを提案すると，子ども自らそれを受け止めるようになっていくというパターンは，保育の基本といってよいものです。こだわりが強く，なかなか気持ちが切り替えられないときも，その気持ちに付き合っていくと，ふっと切り替えられるときがくるようです。Ｓくんの場合は時間がかかって大変なのですが，「子どもの思いを受け止め，それから保育者の思いを返す」と私が述べてきたことが，現実の場面で展開されている様子が微笑ましく思われました。また，居心地のよい先生を探してついてまわったり，三輪車に興味を惹かれたりする様子から，Ｓくんの人となりがとてもよく伝わってきました。後半の所で，「気持ちにぴったりあった言葉を見つける

ことができて共感していけたら」とか「切り替えるということは，心の中で何をあきらめて，何を受け入れるということなのか，それを瞬時に感じとっていくこと」と，とても重要な考察をしていました。障碍児保育の原点となるようなエピソード記述です。

エピソード7　事例発表から：高機能自閉症と診断されたＡくんとの関わり
M教諭

〈背景〉

　私は昨年度，初めて「高機能自閉症」と診断されたＡくんを担任しました。そして引き続き，今年度もＡくんを担任として受け持っています。

　Ａくんは年中組から幼稚園に通っていますが，入園前から療育センター内で行われている専門の先生による教室にも定期的に通っています。

　２年前，最初に私がＡくんの担任と知らされた時，まず思ったのは正直な気持ち「どうしよう，困ったな」でした。発達障碍については学校や研修で勉強してきましたが，いざ担任として受け持つこととなると，「私に保育していくことができるだろうか？」と，とても不安だったのです。

　それでも，「心配ばかりしてはどうにもならない……自分なりに気負わず，ゆっくりと保育できるように心がけよう」と思い，同時に「Ａくんだけでなく保護者の方にも安心して頂けるような信頼関係を築き，保育者は１番の援助者であるという気持ちを忘れずに１年間を過ごしていこう」と心に強く思いました。

　園生活を始めるにあたり不安の中，手探りの状態だったので，Ａくんの"座る位置""ロッカーの場所""専用のマーク""活動を表した絵カード"等々，療育センターの先生に必要だと言われた物や，こうしたら良いとアドバイスされたことはすべて用意しました。

　また，私にとってもＡくんにとっても，もちろんＡくんのお母さんにとっても全てが初めての園生活だったので，４月の間はお母さんにも一緒に園に来て頂きサポートして頂きました。

そんな中，Ａくんにとって初めての園生活が始まりました。Ａくんが年中時に過ごしたクラスは，男の子７名・女の子７名の計14名。ほとんどの子どもたちが年少組から園に通っており，新入園児はＡくんを含め３名でした。

　〈入園初日〉

　登園初日，私はＡくんがお友だちとどんな関わりをするのか，とてもドキドキしていました。お母さんと一緒に登園してきたＡくんは緊張した様子もなく，『これから始まる園生活が楽しみで仕方ない！』というような，はじけんばかりの笑顔で元気一杯「せんせい，おはよう」と言ってくれたのがとても印象的でした。クラスのお友だちにも興味津々で，初対面にもかかわらず自ら「おはよー」と声をかけたり，手をギュッと握ったり，積極的に関わりを持っていました。お友だちにもとびきりの笑顔だったので，Ａくんは幼稚園に通ってお友だちと遊んだり話をしたりすることが大好きなんだなぁ……と感じ，微笑ましい気持ちでその様子を見ていました。初対面なのにＡくんは誰にでも満面の笑顔で接したり，スキンシップを積極的にとる姿には戸惑いも感じましたが，明るくて活発なＡくんの姿を見て「これから，どんな風に成長していくのか楽しみだなぁ」と嬉しく，大きな期待を持つことができました。

　クラスに入ったＡくんは，最初はグルッと部屋を見回し，それからウロウロと様子を見始めました。私は，その様子を見て『どんな遊びをしようかな？』『何があるのかな？』と迷っているのかもしれないと思ったので，声をかけようとしました。でもその時Ａくんは，『みつけた！』という表情をして一直線に勢いよく走って行きました。走っていった先は，クラスで大人気の「大型積み木」です。

　Ａくんは，Ｔくんが使っていた積み木をサッと取り，持っていこうとしましたが，Ｔくんは「なんでかってに持って行くん？！」と無言ながら当然，不満たっぷりの表情で大型積み木を引っ張り返します。

　「今，ぼくが使いたい」という思いのＡくんと「勝手に持っていくな」

と抵抗するTくん……。2人はしばらくの間，ものすごい表情で見つめ合いながら，無言で大型積み木を引っ張り合っていました。

　それでも，使いたい気持ち強くてお構いなしに力ずくで無理やり持っていこうとするAくんに対して，ついにTくんが「いま，Tがつかっとるんよ！！」と強い口調で言いました。Aくんは，お友だちの強い口調に一瞬驚いたような，少し考え込むような表情をしましたが，使いたい気持ちを抑えられなかったようで，「これAくんのよー！」と言って突然，泣き始めました。

　とっても大きな声で手足をバタバタさせ，全身で『使いたい！』という気持ちを表現するAくんに対して，Tくんはもちろん周りのお友だちまでも驚き『どうしたの？』という表情で見ています。

　その雰囲気を感じて私は，『このままではいけない。何とかしなければ』と思い，まずAくんと話をしました。自分の体を少しAくんに密着させながら，努めて穏やかに「Aくん，この積み木が使いたかったんだよね。今，すぐに使いたかったんだよね」そう気持ちを代弁してみると，少し落ち着いた表情で身を委ねながら「うん」と言いました。

　次に『物の貸し借りについてのやり取りを，今，伝えたい！』と思ったので「使いたい時にはね，お友だちの目を見て"かして"って言うと貸してくれるかもしれないよ」と言いました。するとAくんは，涙を流しながらも「かして」と落ち着いてTくんに言うことができました。

　「良かったー」私は，Aくんが自分の想いをきちんと落ち着いて言葉で伝えられたことで，安心とともに満足していました。しかし，この思いはTくんの一言で崩れます。

　Tくんから返ってきた返事は，何と「あとでね」というそっけない返事でした。勇気を出して「かして」と言ったのに，Tくんから少し怒り気味の口調で簡単に断られてしまったAくんは「かしてもらえないじゃないか！」とでも言わんばかりに「ぼくのー」と，さらに大きな声で泣き出してしまいました。

私は，Tくんが断ると思っていなかったので，その答えに驚きましたが，『Tくんの気持ちを考えたら，急に貸してって言われても困っちゃうし，Tくんだって使いたいんだから当然の答えだよね。Aくんが上手くいくことばかり考えてたわ』と思い，次の手を考えました。
　私は，どうしても2人が仲良く遊び，楽しい気持ちを共有してほしかったので，2人が一緒に遊べるような提案をしてみました。長い積み木と三角の積み木で，シーソーのように動かしてみると，2人の顔は急にパッと明るくなり「これ，どうするん？」と興味を示してくれました。私が「これなら2人で遊べるよ，乗ってみてごらん」と言うや否や，2人は早速乗って遊び始めました。2人で顔を見合わせてキャッキャッと笑い合う姿は，さっきまでの険悪な雰囲気がうそのようです。楽しそうにしている表情を見て，私も嬉しく楽しい気持ちになりました。
　また関わりの始終を，部屋の隅で不安そうに黙って見ていたお母さんも「すごいね，楽しいね，良かったー」と涙を流して喜んでいました。その涙を見て私は，お母さんともしっかり関わって，不安も成長も何でも言い合える信頼関係を築かなければいけないな，と思いました。
　あまりに楽しそうな2人の様子に，周りの子どもたちも「ボクもやる」「わたしにもさせて」と言いながら集まり，自然と順番待ちの列ができてきました。私は，Aくんに『クラスのたくさんのお友だちと関わって，楽しさを共有してほしい！関わりながら，順番のルールを知る良いチャンスにもなるかも！』と思ったので，「Aくん，みんなで使ってるから順番ね，次は代わってあげてね」と言いました。
　しかし，どうやってもAくんに私の言葉は届きません。Aくんは，とにかく楽しくて仕方ないという表情で一生懸命にシーソー遊びを続けます。『自分のところに次々と違うお友だちが来てくれて嬉しい。みな楽しそうに笑ってる！僕も楽しい！お友だちってすてき！』，Aくんにとってはそんな気持ちだったのだと思います。
　私も，初日からお友だちと楽しさを共有できるなんて素敵だなぁと微笑

第6章　障碍児保育

ましく思いましたが，次第に誰ともなく「どうしてAくんはずっと代わらんの？ずるい」と不満を表す子どもも出始めました。私は「そうね，でもAくんとっても楽しくて，いろんなお友だちともう少し乗っておきたいんだって」と言いつつも，ルールは伝えたかったので声をかけ続けたり，気持ちの切り替えはどうかな？と別の遊びを提案したりしました。でも結局，全く効果はありませんでした。この初日の関わりを通して『Aくんの楽しんでいる気持ちを受け止めて大切にしながらも，周りのお友だちとのルールを伝えていくことはすごく難しいなぁ』と感じた事を，今でもハッキリ覚えています。

〈その後のAくん〉

　Aくんは，お友だちが大好きなために過剰なスキンシップを取ってしまい，お友だちから嫌がられてしまったり，順番を待つことが難しかったり，いろいろなトラブルがありましたが，年中組で1年間お友だちと過ごしていくうちに，お友だちとの関わり方や園生活のルールなどは，日々の小さな出来事を経験していく中で次第に身についていきました。

　結局，発達障碍があるからと変に気負っていたのは私の方で，Aくんには皆と同じように，様々な事を吸収していく力があるんだ！そう強く感じました。こうして，全力疾走で過ぎていった年中も終わり，Aくんはいよいよ年長組となりました。縁あって，今年も私がこの組を担任することになりました。

〈年長組になってからのAくん〉

今年の年長組は，男の子13名・女の子17名の計30名です。様々な事情から，今年度はこの年長1クラスを新任の先生と2人で受け持って過ごしています。

　クラスの半分がAくんと年中時代を共に過ごしてきたお友達だったため，Aくんも初日からとても嬉しそうにしていました。大好きなKちゃんの所に行って「Kちゃん！」と言い，手を握ったり抱きついたりしながら全身で"大好きな気持ち"を表現していました。

Aくんは，特にKちゃん，Mちゃん，Nくんのことが大好きで，ちょっと強すぎる感じのスキンシップを取っていました。私は，その姿を見て『お友達のことをこんなにも大好きだと思えるなんて，すごく素敵なことだなぁ』と思って，あまり気にせずにいました。Kちゃんも，Mちゃんも，Nくんも，Aくんのストレートな表現に恥ずかしがりながらも，嬉しそうな表情に見えたからです。

　また時折，Mちゃんが「Aくんが，やめてって言うのに，やめてくれんのよ」と困って言ってくることもありましたが，私はただ「AくんはMちゃんが大好きなんだよ」とMちゃんの気持ちを考えることもせずに答えていました。

〈クライマックスのエピソード〉

　そんなある日のこと，「やめて！」とあまりに激しく大きな声が聞こえたので，驚いて声のする方に行きました。すると，AくんがRちゃんの腕に抱きついたり，何度も何度もたたいたり，つかんだり，ひっぱったりしています。Rちゃんはすごく困った顔で，Aくんから逃げるように顔を背けながら「やめて，やめて，やめてよ！」と何度も言っていました。その表情は嫌だという気持ちと同時に，Aくんを怖がっているようにも見えました。周りのお友だちは「またしよる！」と怒っています。

　私は，Aくんの楽しそうな表情を見て，お友達に嫌がらせをしようとしているのではないことは分かったので，Aくんの気持ちも大切にしたいと思いました。しかし「またしよる！」の言葉に『このままではAくんが，お友だちから嫌われてしまうのではないか？』という不安もよぎり，『よし，きちんと伝えよう』と思いました。

　私がAくんの両肩をしっかり持って「Aくん，お友だちが"やめて"って言っているよ」と伝えると，Aくんは「うん！」と言ってすんなりと止めました。続けて「やめってどういう意味か分かる？」と聞くと「いやだってこと？」と，今度はとてもシュンとした表情で，うな垂れて悲しそうに言います。私はAくんの悲しい気持ちが汲み取れたので，体を密着さ

第6章　障碍児保育

せて隣に座り「そうね，"やめて"っていわれた時は，もうしてほしくないよってことだから，終わりにしないといけないよね」と言いました。深くうなずいて「わかった……」というAくんを見て，もう大丈夫！と私は思いました。

〈その後の成り行き〉

しかし，Aくんのこの行動は，なくなるどころか日々エスカレートしていったのです。当然のことながら「せんせいAくんが……」と困って訴える子どもが増えてきました。そこでもう一度よく観察してみると，Aくんはお友だちから「やめて」「いやだよ」と言われるほどに激しくスキンシップを取ろうとします。

「やめて」「いやだよ」と言われることよりも，自分の大好きなクラスのお友だちが，自分の行動に反応してくれることを嬉しく思い，楽しんでいるように感じました。お友だちが嫌がって逃げるのを，まるで追いかけっこのように楽しんでいるようでもあります。

とても楽しそうな笑顔だったので，私は『何でなんだろう？』と疑問に感じながらも，あまりに激しくスキンシップが繰り返されるので，いつしか私は，Aくんの気持ちより"やめさせること"や"謝らせること"に困執してしまうようになっていました。今思えば，自分でも気づかないうちに『Aくん，またか』『Aくん，いい加減にやめて』と思っていたのでしょう。Aくんに対する私の口調も徐々にきつくなっていたように思います。

〈もう1つのクライマックス・エピソード〉

こんな私の姿に気づかせてくれたのは，Aくんが大好きなお友達の一人，Nくんです。Nくんは，年中組の時からAくんと同じクラスで，とても繊細な心の持ち主です。Nくんは，少しモジモジしながら，心配そうな顔をして「せんせい……」と近づいてきました。そして，複雑な表情を浮かべて「なんでAくんは，いつも先生に怒られとるん？」と遠慮がちに，でも不思議そうに聞きました。今考えると，イライラとして怒っている私に向かって言ったその言葉は，本当に言いにくかったのではないかと思います。

217

私は深く考えることもなく「お友だちが，何回も何回も"いやだ""やめて"っていうことをやめないからよ！Nくんだって，嫌なことをやめてもらえないと嫌になっちゃうでしょ？」と答えました。でも，その時にハッと思ったのです。
　私は，Aくんが『お友達から嫌われないように』『仲良く遊べるように』と思って"やめさせたり""謝らせたり""しつこくすることは良くないと伝えている"はずだったけれど，それは全く逆で，いつの間にか私自身の言葉が，Aくんが嫌われる原因，Aくんを困ったお友だちというレッテルを張る原因になっていたのではないでしょうか？
　そして，私がAくんのためを思って取っている行動は，子どもたちから見たらただ"またAくんは怒られている""先生，いつもすごく怒っている"というふうにしか見えないんだ……と気づかされました。
　それからNくんに，よくよく話を聞いてみると，「Aくんに抱きつかれたりされるのは，嫌じゃないよ。だってAくんは僕のことが好きなんでしょ？だけど，何回もやめてっていっているのに，やめてくれんのは嫌だ。でも先生，僕はAくんのこと嫌じゃないよ。好きだよ。どうやったら"やめて"っていうの，Aくん分かってくれるんかね？」そんなことを話してくれました。
　NくんがAくんのことを，こんなに深く考えてくれていたことにとても感心したのと同時に，大きなショックを受けました。『私は何をやってるんだろう？』『いつの間にかAくんの行動を，やめさせることばかりにこだわって，そこにあるAくんの気持ちや皆の思いは無視していたなぁ。』『年長になって日々忙しく，1日の保育をこなすことに必死になっていたのかもしれない。どうしたら分かってくれるんだろうか？とか，どうしてやめられないのか？その，"どうして"の部分が抜けてしまっていたな……』と思いました。Nくんの言葉で，こんなことに気づいた私は，本当にショックでした。
　私は，Nくんに「あのね，肩をたたいてAくんと目が合った時に優しく

"やめてもうおしまい"って言ったら，きっと分かってくれるはずだよ。先生みたいに，怒って言っても分からんよね。怖いよね」と言いました。するとNくんは，「ふーん」と分かったような分からないような返事をして，行ってしまいました。

　その後，実際にNくんが，Aくんの激しいスキンシップに困っている場面が見られました。Nくんが「せんせい……」と私を見たので，私は笑顔で「さっきのよ，Nくん！」と言いました。内心は『きちんと伝わるかな？ Nくんは興奮しているけど，私行かなくて大丈夫かな？』とドキドキしていたのですが，Nくんは落ち着いてAくんの肩をたたき，しっかりと目を見ながら「Aくん，やめて」と言いました。

　するとAくんから「Nくん，ごめんね」と言う言葉が返り，さらに2人はにっこりと笑いあい，スキンシップがあっさりと終わったのです。正直，こんな単純なことで解決し，AくんもNくんも笑顔に戻れるんだなぁと，少し驚きました。そして改めて，自分の今までの行動や言動を思い返しました。

〈考察〉

　私は，2年連続の担任ということもあってか，Aくんに対して"ああさせたい""こうなるはず""Aくんにはできる力があるはずなんだから""できないのはおかしい"と勝手な期待ばかりを持ち，必要以上に『させる』事に固執していました。そこにある子どもたち自身の『気持ち』を放ったらかしにしていたのです。でも，それに気づかせてくれたのはやはり年中のときと同じで，周りの子どもたちでした。私自身が年中を受け持った時の気持ちを忘れてはいけないと思いました。難しいことではあるけれど，保育者が少し気持ちにゆとりを持って接するだけで，子どもたちは大きく変わります。また，受け持って2年目になったからこそ，もっともっと私が子どもの気持ちに気づいていかないといけない部分があるんだ……と感じます。

　保育者になって5年目からの2年間，Aくんと共に過ごしていろいろな

思いを感じ，Ａくんとの出会いが私の保育者としての人生を大きく変えました。大きな壁にぶつかることもたくさんあります。しかし，"発達障碍があるから"と特別視するのではなく，どの子どもも同じように一人ひとりと向き合い，丁寧な関わり合いをすることを忘れてはいけないと思いました。保育の中で日々起きている小さな出来事や関わりを大切にしていくことや，常に子どもの行動や言動に「どうしてだろう？」「なぜ○○って言ったり思ったりしたのかな？」と疑問を感じたり思いを汲み取ったりすることに保育者の重要な役割があり，そこには"健常"とか"障碍"などは関係ありません。

　これから残り２学期・３学期とありますが，いろいろなことに気づきながら，子どもたちと一緒に笑い，泣き，時には怒り，そして一緒に喜んで私自身も成長したいと思います。日々の保育を「させる」保育ではなく，子どもたちの思いを「受け止める」保育の行える保育者になれるよう頑張りたいです。

〈私からのコメント〉

　これはある集まりのなかでの全体発表として読み上げられたものですが，その場の様子が生き生きと伝わる，エピソード記述ならではのとても良い発表だったと思います。

　まず出会いの初日の所がとても詳しく書かれています。先生がとても心配していたことが〈背景〉から分かります。そして，そこに実際に高機能自閉症と診断を受けているＡくんという子どもがやって来ます。このＡくんは先生の予想とは違って，集団の中でもいろいろと物事に興味を示しますが，しかしぶつかり合いも出てきます。２人が積み木を取り合ってどうしようという所で，先生は積み木でシーソーを作りました。それに，２人の子どもが興味を持って……という所がとても生き生きと描かれていて，エピソード記述として大変良いと思いました。

　発達障碍があるから，と自分は気負っていたけれども，障碍がある子どもも，健常な子どもも，実は同じなんだという先生の主張がこの事例全体に染み透っ

第6章　障碍児保育

ています。それが，とても説得的で分かりやすかったですね。

ところが年長さんになって，Aくんのスキンシップがしつこいために迷惑がる子が出てきます。そこにNくんという子が登場してきて，その子の発言で先生がはっと気付くところがありました。これもとても大事なエピソードで，先生の反省する気持ちがとてもよく伝わってきます。

そして〈考察〉のこところでは「させる」に傾いていた自分の保育を反省し，子どもの思いを受け止めるところが大事と保育の本質に気づけたところはよかったと思います。

少し視点を変えれば，この発表は，周囲の人の思いが伝わりにくいけれども友達が大好きなAくんと1年半を共に過ごした先生の，保育者としての成長の記録としても読めます。Aくんの思いを尊重することが大事だとわかっていても，保育者や他の子どもの思いをAくんに伝えることがなかなか難しいとき，ついつい「分かって欲しい」が「分からせなければ」になってしまうことがよくあります。その落とし穴に落ちることなく，はっと気づいて反省していくところに，保育を見直す意味があります。保育とは子どもを育てながら保育者も育つ営みなのだと改めて思いました。

エピソード8：木に登りたい　　　　　　　　　　　　　N保育士

〈背景〉

私の担当するクラスは，乳児保育所からの移行児が19名（男児7名・女児12名）と新入児4名の計23名が在籍する3歳児クラスである。B児（4歳7カ月の男児）は，人への意識や関心が低く，また，コミュニケーションに弱さがあり，アスペルガー障碍と言われている。興味の偏りやこだわりも強く，自分の思いや感情をうまく表現できないことが多いことや，相手の状況や相手の意図を汲むことができないことと，自分の思いをうまく言葉にできないことから，一方的に自分の思いを押し付けようとするところがある。人とのかかわりの中で，相手の反応が自分が思っている反応と違うと，自分が否定されたと感じ，相手を叩いたり，「嫌いや」，「あっち

いけ」,「おまえなんか しばいたる」と相手を傷つけるような言葉を頻繁に発したり，時には人に物を投げたりするなどの攻撃をしてしまうなど，友達とのかかわりがうまくできないことで困っている様子が窺える。一方，大人に対してはようやく担任以外のその時々でかかわった保育士に甘え頼ることができてきた。課題としては，いろいろなことに興味を持って遊びを広げていくことや，いろいろなお友達とかかわって遊べるようになることである。

〈エピソード〉

その日，朝の自由遊びの時，B児はフリーの保育士と2人で畑で幼虫探しをしていた。暫くしてフリーの保育士が他のクラスに行ってしまい，また，思うように虫が探し出せなかったこともあり，B児は次にすることが見出せずに1人でぼんやりどしていた。そのとき私はクラスの他の子たち2，3人で築山の横でボール遊びをしていた。少しはなれてB児の様子を見ていると，そのうちB児は畑から築山に移動してきて，築山の横にある木に1人で登り始めた。B児はきゃしゃな体格で筋緊張も弱いところがあるため，木登りをするといつもすぐにずり落ちてしまう。今回も2，3回挑戦をしている姿が見えていたが，「N先生，たすけてー」と叫ぶB児の声が聞こえたので，私はB児の側にすぐさま駆け寄った。ボール遊びをしていた子どもたちも私について来た。

B児に向かって「どうしたの？」と聞くと「あんな，上に登りたい」と言う。手足の使い方を手取り足取りして伝え，また，支えてあげると，何度か繰り返すうちに少しの援助で木の半分くらいまで1人で登れるようになった。しばらく木にまたがった状態で周りの様子を見，B児はとても満足をした表情をしていた。私も「すごいなー」,「Bちゃん，ひとりできのぼりできたなー」,「かっこいいなー」などと声をかけていると，B児は「Bちゃん，すごいやろー」と下から見ている子どもたちに得意になって言う。他の子どもたちも「ぼくもBちゃんみたいに木登りやりたい」「私もしたい」と口々に言い出した。

それを聞いて私は，今までのＢ児の反応から，今回もおそらく登っている木を独り占めし，他の子の思いを受け入れないだろうなあと思ったので，さてＢ児にどう声かけをしようかと思案した。

しかし，他の子の思いも叶えてあげたいのと，Ｂ児にも友達の思いを伝えたいと思ったので，「Ｂちゃん，Ｂちゃんがかっこよく木登りをするのをみていたら，おともだちもしたくなったんやって，替わってくれる？」といい，「"木登りしたいし　替わって"と言ってごらん」と他児にも声をかけた。他児も口々に「Ｂちゃん　替わって？」と言った。それを聞いたＢ児は，意外にもすんなりと「いいよ」と承諾をしたのだ。「あかん，Ｂちゃんだけで遊ぶの」と言うだろうと思っていたので，その反応には，安堵と共に少し驚いた。まず１人の子（Ｃ児）が木登りをし始めたが，私が手取り足取り登り方を伝えても登れなかったのでＣ児のためにしっかりしたモデルを見せてあげたいと思い，Ｂ児に「Ｂちゃんもう１回，かっこよく木登りできるところをＣちゃんに見せてあげてくれる？」と言った。Ｂ児は「わかった，見せたげるわ」と早速得意気に木登りを見せてくれた。Ｃ児が再度挑戦をしたときにはＢ児は私より積極的になって，わざわざＣ児の足を手で支え，「Ｃちゃん，ここから登っていき」と言って手助けをする。他の子にも同じように助けようとしたり「そこのところを手でもつねん」「ほらこうすんねん」と声をかけたしながら，他児と交替して木登りの遊びが続いた。時々乱暴な言葉を使うときもあったが，他の子もＢ児の言葉を受け入れ，木登り遊びを熱中して遊んだ。部屋に戻るときにＢ児に「Ｂちゃん，すごいなぁ，ＢちゃんのおかげでＣちゃんたちも木登りができるようになったわ，ありがとう」と話しかけるとＢ児は，「だってなあ，Ｂちゃんのおともだちやし」とうれしそうに応えた。

〈考察〉

興味に偏りやこだわりが強く，また，運動遊びが苦手なＢ児は，思い通りに行かないとパニックを起こし，部屋にあるものを投げて破壊したり，友達に向かって罵声を発したりなど，自分が傷ついたことを言葉でうまく

表現できずにいた。他の子もその様子を見ているので，他の子からＢ児に関わっていくことは少なかった。Ｂ児の方から関わっていく特定の友達はいるが，その子以外の他児とは関わって遊ぶことはほとんどなかったので，木登りの場面はその子以外の友達と楽しく遊ぶいい経験となったと思われる。また私もＢ児が友達と一緒に楽しく遊びたいという思いをいっぱい持っていたことを気づかされたエピソードであった。友達の足元を自分の手で支えるのは手も痛かっただろうに，必死になって友達が木登りをできるように手助けをしていた。そして，その子が登れたときは一緒になってうれしそうな表情をしていた。友達と同じ達成感を感じられる遊びができたことはＢ児にとってもうれしい出来事だったのではないかと思われる。

〈私からのコメント〉

　普段，自分の思いどおりに動きたいＢくんのような子どもは，つい他の友達とのかかわりを好まないと見られたり，友達を求める気持ちがないと見られたりしますが，実際には，このエピソードのように（そしてこれまでみてきたエピソードのように），友達とかかわることを求めている場合がほとんどです。自分がやろうと思うことを支えてもらって，その思いが満たされると，Ｂくんも友達を助けてあげようという気持ちが湧いてきます。そしてそのようなＢくんの姿に接して，保育者が暗黙のうちにもっていた「Ｂくんはこんな子」という決めつけが崩れ，Ｂくんにはこんなところもあったのだと気づく……障碍児保育はたいてい，こういう流れになっていくようです。実際，このエピソードでも，先生は「Ｂくんは木登りを他の子どもに譲れない」と決め付けているところがありました。しかし，本当に満足すると，気前よく譲ることができるのも子どもの特徴でしょう。木の根元の所でどんなふうに登るのか，子ども同士で助け合っているシーンが目に見えるようです。

　そして気がついてみると，エピソード７の先生が語っていたように，関わりにくさの違いはあっても，基本は「健常も障碍もない」という気づきに至るのが障碍児保育といえるのではないでしょうか。

エピソード9：僕の友達だから……　　　　　　　　　　　　　　　　　　F保育士

〈背景〉

　年長クラス5歳児のRくんは，軽度発達障碍と診断を受けている子どもです。昨年度から本園に入園し，今年で2年目になります。入園した頃は，保育者の言うことが十分に理解できず，また自分の思いを言葉にすることも十分でなく，園生活の流れの理解も十分でありませんでした。そのために集団活動が難しく，友達と一緒に遊ぶことがなかなかで，室内をふらふら動き回るか，ひとり遊びがほとんどでした。友達との関係がうまくいかないときには，パニック状態になるときもありました。

　しかし1年が経過し，園生活の中で周りの子どもたちにも支えられて，Rくんはゆっくりではありますが確実に成長してきました。最近では，保育者の言葉の理解も進み，また自分の思いを相手に伝えることも少しできるようになり，園生活の流れもかなり理解できるようになってきました。そのためか，保育者と会話を楽しむ姿も見られ，自分から周りの友達に働きかける姿も僅かながら見られるようになってきました。Rくんは特に虫や海の動物，恐竜などには興味関心が深く，とても詳しく知っています。また絵はとても上手で，私がびっくりするような素敵な絵を描くこともあります。

　クラスの子どもたちは途中入園のRくんが困っている時には助けてあげたり，遊びに誘ってあげたりしながら生活を共にしてきました。しかし年長児になり，友達の力関係などが分かるようになってくると，クラスの子どもたちのRくんへの態度に気になる面がみられるようになりました。助けてあげたり，誘ってあげたりするのは変わらないのですが，明らかにRくんを自分たちより下に見ている態度が伝わってくるようになりました。Rくん自身は周りの友達と対等に遊んでいるつもりなのですが，周りの子どもたちに「仕方なく付き合ってあげている」という態度が見え隠れするようになったのです。Rくんのお母さんもそのことに気づいており，私もそのような状態をどのようにもっていけばよいか心を痛めていました。

この4月から年中組にNくんという子どもが入園してきました。Nくんは集団生活が初めてのため，ほとんどが持ち上がりの他の友達との関わり方が分からず，友達同士でしょっちゅうトラブルになっていました。衝突すると自分の思いを相手に伝える前に，相手に嚙み付いてしまうこともままあり，クラスの中でも気になる子どもとみられていました。

　本園では夕方になると，職員の勤務上，4時半からは以上児3クラスが合同になり，お迎えを待つことになっています。そして6時からは延長保育になるため，5時半には片付けをして延長保育のお部屋に移動することになっています。以下のエピソードはそのときのものです。

〈エピソード〉
　片付けになってもRくんは部屋の片隅に座り込んで動こうとしません。Rくんの様子が気になった私は「Rくん，何してるの〜？」と尋ねると，顔を上げ，私の方にやってくると，私の手を引っ張り，「ね〜ね〜，ちょっときて……」と何やら真剣な様子です。「なに？」と手を引っ張られるままにその場所に行くと，片付けていないお砂場セットのバケツがありました。「ここに，バッタ隠してる……」と心配そうなRくん。「ほんとだ〜バッタだね，Rくん，どうする？バッタさん，お家に帰してあげる？」と私が言ったとき，Nくんが走ってきて「俺がする！」と少々荒い口調で言いました。「じゃ，Nくんお願いね」とバッタを帰すのをNくんに任せ，私は他のおもちゃの片付けに戻りました。

　その数分後，築山の裏からRくんの激しい泣き声が聞こえ，他の保育士が駆けつけると，Rくんの腕に嚙みつかれた跡がありました。RくんがNくんに嚙まれたことを聞いた私は，一瞬血の気が引いてしまい，すぐに「バッタだ……」と思いました。泣き続けるRくんの傍らには憮然とした態度のNくんが立っていました。そこで私が「Nくん，何があったの？」と聞くと，Nくんは「Rがうるさいこといった」の一点張りです。泣き続けるRくんに「Nくんになんていったの？」と聞くと，Rくんは泣きながら「僕が〜バッタさんお家に帰さないと，ご飯食べれないよ〜っていった

第6章　障碍児保育

ら〜……」と言い，それからは言葉につまり，涙が止まりませんでした。2人の話から事情がすぐにわかりました。

　ちょうどそのとき，Rくんのお母さんがお迎えに来たので，状況を説明し，私は噛み付きを止められなかったことを謝りました。痛がるRくんを見て，涙が出そうなお母さん。お母さんがNくんに「噛むのはよくないよ〜」と小さい声で伝えますが，Nくんはやはり「Rがうるさいことをいった」の一点張りで反省する気配がありません。

　Rくんの噛まれた跡を消毒するために職員室に連れて行き，「痛かったねぇ」と懸命になだめながら，気分転換を図ろうとしました。クラスの子どもたちとのこれまでのいきさつもあり，お母さんの表情がとても暗く，「年下の子どもにまでこんなことをされて……」と思っていることが痛いほど伝わってきました。

　そこで，Nくんは集団生活が初めてで，友達との関わり方がまだ浅くて……とNくんのことを説明しかけていたところに，Nくんのお母さんがお迎えにきました。そしてこの間の事情を話すと，Nくんのお母さんは「ごめんなさい，痛かったでしょう……」とRくんとRくんのお母さんに謝りました。すると，Rくんに一生懸命前向きに関わってきたRくんのお母さんは，Nくんのお母さんに「大丈夫ですから，Nくん，あまり叱らないで下さいね……」と，気持ちを押し殺すようにいうと，まだ泣き止まないRくんをおんぶして足早に帰って行きました。

　次の日の朝，Rくんを送ってきたお母さんにもう1度昨日のことを謝り，昨晩の様子を聞いてみました。するとお母さんは「お家で消毒しながら，Nくんの事を聞いたら，Rは『Nくんは僕の友達だから許してあげるよ』と言ったんです。私もその言葉を聞いて，いろいろ考えさせられました。嫌な思いはしたけど，あの子なりに成長しているのを感じることができました……」と，涙をこらえながら話をされました。私もRくんの気持ちの優しさや，お母さんの大きな心に胸を打たれ，涙が止まりませんでした。

　また，Nくんのお母さんもRくんのことを気にかけてくださり，Nく

と一緒に謝るのだといって，Rくんが登園するまで50分近く待っておられました。その間，Nくんのお母さんはNくんと一緒に園庭を走りまわり，触れ合って遊んでいました。初めてみる姿でした。まるで今までの関わりの薄さを取り戻すかのように……。

〈考察〉

トラブルの後の，Rくんのお母さんの暗い表情がとても気になりました。あの時，私も一緒にバッタを帰しに行っていれば，こんなことにはならなかっただろう……と自分を責めもしました。しかし，後悔だけでは何も変わりません。

Rくんの優しい気持ち，Rくんのお母さんの大きな心，Nくんのお母さんの真摯な態度，それらに接するにつけ，私は保育者としてRくんやNくんの思いをこれまで以上にしっかり受け止めて保育をしていかなければと思いました。

〈私からのコメント〉

障碍のある子どもが保育の場にやってくると，必ずといってよいほど何らかの負の局面が現れてきます。しかしそれは，人が人と交わって生活するときに多かれ少なかれ起こることが，より鮮明な形で現れてきたものとみるべきではないでしょうか。ですから，そこから学ぶことも多くあるのです。

このエピソードでは子ども同士のトラブルもさることながら，それを巡って保護者同士の複雑な気持ちの絡み合いが見られ，また自分も当事者の1人としてそれを間近に見て悩む保育者の姿が見られます。それぞれの子どもが家庭の事情を抱え，それぞれの子どもが一人ひとり個性的な人格をもち，保育者もまたいろいろな思いを抱えた1個の主体です。そのような人たちが，さまざまなかたちで関わり合い，お互いに気持ちよく「共に生きる」ためにはどうすればよいかを考えて，それぞれの人生を歩む……障碍のある子どもがクラスにやってくると，そのような大きな保育の問題がより鮮明に浮き彫りになります。

それが難しいから，障碍児保育は専門家に任せようとか，トラブルが起きないようにプログラムに従った保育をすればよいのだとか，障碍児保育を巡って

は，それぞれの園の保育の姿勢もまた，より鮮明な形で浮き彫りになるように見えます。

　目に見えない子どもの思い，保護者の思い，保育者自身の思いに目を向けようと努め，その見えないところをエピソードに描いてみると，「育てられて育つ」子どもの現実がよりよく見えてきて，障碍児保育と言われてきたものが，健常児保育と何ら異ならないことが分かるのではないでしょうか。

2．障碍児保育をエピソードに綴ることの意味

　障碍児保育については，「障碍の特性を知ってそれに応じた対応を」とか，「場を構造化してスケジュールに沿って保育すること」とか，対応の方法や関わり方の技法が取りざたされることが多く，「こう関わればこうなる」式の分かりやすい考え方が花盛りです。

　しかし，障碍のある1人の子どもは，障碍の名前や特性で簡単に理解できる存在でしょうか。最初に出会ったときには，まさに研修で学んだ通りの特性を示す子どものように見えますが，ここに見た9つのエピソードが教えているように，保育者との関係が深まるにつれ，出会ったときの印象がかなり変わっていくのが常です。そして，その子どもとの関わりの基本は，健常な子どもの場合と同じで，まずは子どもの思いを受け止め，大人主導の「させる」働きかけに引き込まないことです。

　ところが，障碍児も一人の主体として受け止めてと保育者がどんなに心していても，どこかで皆と同じようにできないかという思いを捨てきれず，そうなると，どうしても何かをさせようと働きかけることが多くなり，それによって子どもがいろいろ力をつけてくると，させれば同じようにできるのではないかと思ってしまいがちです。そこのところをエピソードに描くことで，反省したり，主体として受け止めていくにはどう関わっていけばよいかを具体的に考え直していけるのではないでしょうか。

　そのような子どもとの関わりの機微は，子どもの行動を外側から見て，この

ように行動が改善されたというかたちの議論ではなく，むしろ子どもに接しているときに保育者に感じられる子どもの気持ちの動き，そしてそれに関わっている保育者の気持ちの動きなど，目に見えないもの，感じ取れるものをエピソードに描き出すことによって，はじめて捉えることができ，その意味を理解できるようになります。

　特に，障碍のある子どもを深く理解するためには，その子に関わり始めたときから書き溜めたエピソードを時系列に沿って配列してみることが大きな意味をもってきます。能力面の伸びに関してならば，発達検査や知能検査である程度のことは分かりますが，その子の全体像や心の育ちは，やはりエピソードの積み重ねによってしか理解できないと思うからです。そしてエピソードは，目に捉えられる客観的なその子の様子ばかりでなく，その子の思いや，それに関わる保育者が身体で感じたものはもちろん，それを描く人の思いをも重ねて描かれるものです。ですから，そのエピソードを繋ぎ合わせていくと，保育者の関わりはじめの戸惑いや息が詰まるような緊張感が次第にほぐれて，当の障碍のある子どもが保育者にだんだん可愛く思えてくる経過が見えてきます。子どもの成長変化と，関わり手である保育者の子ども理解の深まりが同時進行していくことが，エピソードから見えてくるのです。

　この章のエピソード7は，その1つの典型を示してくれているように思います。1つの事例がまるで小説の起承転結のように，1期，2期，3期というように変化を見せていきます。それは子どもの変化であると同時に，保育者の変化でもあるのです。

　本章では，そのような時系列的なエピソード群によって，障碍のある子どもと保育者との関係の変容を長期にわたって本格的に取り上げた事例を紹介することはできませんでしたが，幸い，本書に僅かに先だって出版された最新保育講座『障害児保育』（鯨岡峻編著：ミネルヴァ書房）というテキストには，その第3章にそのような事例が取り上げられています。エピソード記述を障碍児保育に活かそうと思われる方は，是非，このテキストも併せてご参看願えればと思います。

第7章　エピソード記述を職員間で読み合う

　この章では，一つのエピソード記述を同じ園の職員同士が読み合い，感想を述べ合う様子を紹介してみます。これは研修会の場で発表された一つのエピソード記述を，その研修会後に当該園の職員同士で改めて読み合い，その後の議論をテープにとってそれを起こしたものです。討議の内容は若干簡略化した部分がありますが，ほぼテープ起こしの通りです。

1．エピソード：「つばしても　スキ？」

　　〈背景〉　　　　　　　　　　　　　　　　　　　　　　　　K保育士
　　Aくんは4歳の男の子。0歳からの入所。母親が感情の起伏が激しく，Aくんに対して体罰を加えたり，激しい口調で叱ったりすることが0歳のときからみられ，目を離せない家庭環境でそれが今日まで続いている。2歳頃から友達とのトラブルが多く，会話で自分の希望や意志をうまく伝えられず，すぐに手が出てしまい，3歳，4歳と成長するに従い，友達やその保護者にまで「乱暴な親子」と見られることが多くなってきた。人なつっこい面もあり，友達と遊びたい，仲良くしたい，という思いも強くあるのだが，関わり方が一方的でしつこくなってしまうこともあり，同年齢の友達と長い時間遊びを継続させることが難しい。担任をはじめ，園全体でAくんが友達と仲良く遊べることや，安心して園で過ごすことを目標にケース会議などを重ねている。少し表情がおだやかになってきたかなと思えば，また乱暴な言動がみられたり……という毎日だ。私はAくんが0歳，1歳のときは担任だったが，いまは主任の立場なので，現担任の苦労を共

感して受けとめながら，Ａくんに対して毎日話しかけたり，だっこしたり，乱暴な言動に気づいたときには，頭ごなしにならないような叱り方で，「みんなのなかの大切なＡくん」ということを分かってもらえるような関わり方を心がけている。

〈エピソード〉

夕方，お迎えを待つ自由遊びの時間のことである。「Ａくんがブロックを黙って取った—！」とＢちゃんが泣きながら私のところに来たので，Ａくんのそばにいって話を聞こうとした。「だってこれが欲しいんだもん！これがいるんだもん！」と顔を真っ赤にして大声でまくしたてるＡくん。「うん分かった。このブロックを使いたかったんだね。欲しかったんだね」「そうだよ！Ｂちゃんがかしてくれないんだもん。だからとったんだよ—」とだんだん興奮してきて，話を聞こうとしてしゃがんだ私の顔につばを吐きかけた。私は顔につばがとび，一瞬とても不快で，腹が立ち，多分露骨に嫌な顔をしたと思う。Ａくんもハッとして私と目が合い「しまった」という顔をした。私は，内心の怒りをおさえて，「Ａくん。先生，Ａくんのつばが顔にとんで，すごく嫌な気持ちだよ」と言った。Ａくんはうなだれたまま黙っていた。「先生は，Ａくんと話をしたいんだよ。」と私が言うと，Ａくんは上目づかいに私を見て「つばしてもＡくんのこと好き？」と小さな声で聞いてきた。私もハッとして「うん。つばしてもＡくんのこと好きだよ」と答えると，Ａくんは自分のＴシャツの裾で黙って私の顔のつばをふき，またうなだれていた。私もすっかり気持ちが落ち着いたので，「Ａくん。Ｂちゃんのブロックを使いたいときには『貸して』って言うんだよ。そしてＢちゃんが『いいよ』っていったら貸してもらおうね」と言うと，Ａくんは黙ってうなずき，Ｂちゃんにブロックを返しに行った。Ｂちゃんはびっくりしてそれを受け取り，私を見たので私が頷くと，そのままそのブロックで遊びはじめ，Ａくんも別な友達のところへ行って遊びはじめた。

〈考察〉

日頃から友達やその保護者にまで，仲間はずれにされがちな雰囲気が一

部にあり,「自分は他の人から嫌われている」ということを何となくAくんも肌で感じているようで,私はそのことがとても気になっていた。Aくんにも良いところは沢山あるのだが,その良さを認める前に,乱暴な言動や職員を手こずらせるような言動が目だってしまい,Aくんの良さを丁寧に見つけ出して認めたり褒めたりしていくことがなかなかできないことを改めて反省する。Aくんは自分の言動によって周りから否定的な関わり方をされることが多いので,自尊感情や自己肯定感が育ちにくく,そのことでますます言動が乱暴になってしまうという悪循環を繰り返しているように感じている。そのことを何とかしたいとの思いはあるのだが,それほど密に接する立場ではないので,朝夕の自由遊び時や姿を見かけた時に,意識して褒めたり認めたり「Aくんスキだよ」という思いを伝えてきたつもりである。しかし,私のことばが心からのものなのか単なる口先だけのものなのか,今回の件で鋭くAくんに問われたようで,本当にハッとした。「スキだよ」と言うことは簡単なことだが,自分の子どもを思うように,本当に心から大事に思い愛しているのかと問われれば,返事に窮する。私が簡単に「スキだよ」と言ってきたことがAくんに良かったのか悪かったのか。ことばは人の命綱にもなるし,「凶器」になることもある……そんなことも考えた。Aくんには担任の2人もとても一生懸命に関わっているし,私たちは諦めたり投げだしたりせずに,Aくんが安心して自信を持って楽しく友達と園生活を送ることを願って,みんなで育てていきたいと思っている。

2. エピソード記述会議録

場所 T保育所休憩室
参加者:K先生(主任),W先生(ゾウ組4,5歳児担任),O先生(パンダ組3歳児担任),M先生(コアラ組2歳児担任),U先生(リス組0歳児担任)
全員でエピソード「つば しても スキ?」を読み合わせた後の討議の内容

K：これを書いたのは7月頃だったんですけど、この出来事があったのは5，6月くらいだったと思います。書いてあるとおりのことで…。

一同：0歳児から入所していたんだね。

K：まだ歩けない頃から。おんぶの頃から来ていた。

W：私は多分，そのときはいない。

K：自分にとっても忘れられない出来事だったので。研修のときにエピソードをと言われた時は，是非これは書きたいなって思って書きました。う〜ん，他に加えることはないんだけど，いつも思っているのは，先生好きだよって子どもたちが言ってくれたら，先生も大好きだよってよく言うんだけど，あの，なんか，こう本当に口先だけで言ってると思われるかなぁっていうことも多くて，簡単に好きだよ，好きだよって言って良いのかなぁって思うこともあるんだけども。でもこの場面でAちゃんが「好き？」って聞いてきた時はすごく私もびっくりして，う〜ん（考えながら）本当にびっくりしたとしか言いようがない出来事でした。これはまぁ私だけではもちろんないんだけど，好きって言われたことはAちゃんにとって何かこうすごく大事なことだったのかなって，思った出来事でした。W先生が担任なのでAくんのことは一番よく接していると思うんだけど，エピソードを読まれてどうでしたか？

W：う〜ん，何か，このエピソードを読んで，なんて言うんだろう，感動したというか，意外だったというか，Aくんこんなことを言ったんだって。なんていうか，自分の思ってることを興奮しながら「使いたかったんだ，だから取ったんだ」というところまでは，なんかこう浮かんできたんですけど，ツバを飛ばしてハッとしたとか，「ツバしても好き？」って，ちょっと前まで興奮してたのに，こんな状況でこんなことを言ったんだと思うと，何か意外だったというか…でしたね。こういう物の取り合いの場面だけじゃなくて，いろんな場面で話す時でも，Aくんはもう自分のことを一生懸命説明して，それを私がじっくり聞いた上で私が思ったことを言っても，Aくんはもう興奮して，ワアーって癇癪を起こしたり，聞き入れたくないって感じで。それよりも自分が思ってることを分かってもらいたい，分かってもらいたいっていうので一杯なんです。

第7章　エピソード記述を職員間で読み合う

　私はAくんから「好き？」とか，そんなことを言われたことがないので，ああ，こんなことを言ったんだなと思いました。う〜ん…何ていうんだろう，他の子からは挨拶のように「先生，○○ちゃんのこと好き？○○ちゃんは先生のこと好きだよ」って言われて，「ありがとう，先生も○○ちゃんのこと大好きだよ」って言ったりして，愛情の確認じゃないけど，挨拶のように頻繁に言うんですよね，特に女の子なんかは。で，それを真似して男の子も先生大好きって言ってきて，それには必ず，うん，ありがとう。先生も大好きだよって返すんです。けど，なんていうんだろう，まぁ私もK先生がさっき言ったように，この大好きって，どうなのかなって思う時があるんですよね。なんか先生大好き，先生大好きって，軽く言う子が多いんですよね。

　そんな中で，Aくんは好きなんて滅多に言わないので，言っても「明日，一緒に遊ぼうね」とか「明日，手紙書いてくるね」って，1回ももらったことは無いけど，好きって言われるよりも嬉しいですよね。Aくんが言ったその一言って。

（一同うん，うんとうなずきながら聞いている）

W：（今回のエピソード）なかなか言わないAくんが，「好き？」って聞いたってことは本当に心配になったのかなと思って。ひょっとしたらもう嫌われるって思ったのかなって思いました。うーん…でも自分だったらK先生のようにこんなふう（エピソードにあるように）に言えたかなって思って，K先生は落ち着いてちゃんとそれに応えてますよね，ツバしても好きだよって。でも私だったらどうかなって，こうやっていろんなケンカとかもして，ツバまで吐かれたら，自分だったら平常心に戻って，言えるかなって，ツバしても好きだよって言えたかなって思うと，どうかなって。下手したら自分も一緒になって興奮して，「ツバするのは嫌だ！」って言ってたんじゃないかなって思うと，すごいなと思ったし，どうまとめていいか分からないけど，すごいエピソードだなぁって思いました。

K：私も本当にわぁイヤって思ったんだけど。鯨岡先生にもこういうときが大事って言われて，赤でマーカーを引いたんだけど，AちゃんがハッとしてⅠ目

がしまったっていう顔をしたのね。その時にAちゃんがあっ悪いことをしたって，多分私の顔に吐くつもりはなくて，最近はあまり見ないんだけど，床にぺってつばを吐いたりしたことが前あったから，多分床に吐こうと思ったらちょうど私の顔の高さが一緒だったから，顔に飛んで，顔に吐きかけるつもりはなかったんだなっていうのが，その凄いしまったっていう顔で分かったの。だから，私も我慢できたと思うんだけど…Aくんだったから我慢できたかなって…いうのはありました。O先生はどうですか，Aくんの話に絞っていったら，日頃はあんまり一緒に遊ぶことはないかもしれないけど…。

O：やっぱりこのときのK先生の一瞬の顔をAくんが多分見逃さなかったんですよね。多分，K先生はいつもどんなことをしても，同じ姿勢で受け入れますよね。だからその露骨な嫌な顔を一瞬で見逃さなかったから，多分，本当に自分はイヤな事をしたっていうか，しまったって思ったのかな……しかし，これは何と言うか……その一瞬の空気と言うのか，なんて言うのかな，多分時間が止まったんですよね。

K：時間が止まった……うん（うなずきながら）。

O：そこでいろいろなことをAくんが感じたんですよね。いけない気持ちというのはAくんにもあるんだなぁと思って。いつも言って聞かせても，すぐ何秒か後には同じことをしたり，ケンカになったりして。でもこの時は違う空気を感じたんでしょうね。

一同：うーん（うなずくような，考えながら）。

O：でも，ちゃんと拭いてくれたんですよね，顔を。

K：うん，拭いてくれたの。ゴメンって言わせた方がいいのかなって一瞬思ったけど，拭いたっていうところで，きっと悪いと思って反省してるんだなぁって思ったから，あえて言わせなくてもいいなって思って。結局ごめんなさいは言わなかったんだけど。

　私が一番良かったなって思ったのは，顔と同じ高さで話をしていて良かったなぁって思って。私が立って言ってたら，このしまったっていう顔も見えなかっただろうし，吐いたつばが私のズボンなり床になり落ちてれば，多分もうそ

れで,「そんなことしないでね」「いやだよ」っていうところで終わったと思うから。やっぱり怒る時に, こっちを見てって言うと, Aくんは嫌がるから。
W：嫌がりますね。
K：こっちを見てって言うと嫌がるけど, このときは座ってたから。座ってる私の所へ来て, 同じ目の高さだったので。怒ったりするときには, 無理にこっちを向かさなくてもいいけど, 表情を見るっていうことはすごく大事なんだなぁって思った。本当に長く働いてるのに, こういう基本的なことが今にならないと分からないんだなぁって思って, 何か自分でも今まで仕事してきて, 何でこんな基本的なところが分からなかったのかなぁっていつも思うことなんだけど。M先生はどうですか？あまりAくんとは一緒に遊ぶ時もないと思うんだけど。
M：月案検討会とかでAくんは特別じゃないけど, ここに書いてあるようにみんなの中の大切なAくんなんだよっていう関わり方をしないといけないなって名前が出る度に思うんですけど, 関わる機会がなくて, Aくんと関わる時っていったら, 絶対って言っていいほど怒らない時はない。
一同：苦笑
M：でも絶対してはいけないことをしてるから, そんな優しく関わるわけにもいかなくて, 大好きって言われたこともないし, だからK先生が日頃からAくんに関わろうとしてるし, 好きって言われたりしてるからこそ, このエピソードが生まれたんじゃないかなって。もし私がイヤな顔をして, Aくんがそれにはっと気づいて, そこで私がこんなK先生みたいな対応してても,「ツバしても僕の事好き？」って言ってもらえなかった気がする。私がイヤな顔したら, Aくんは黙っていたような気がする。だから私の愛情を, 私がAくんを好きっていうのをまだAくんは感じてないって思うから, 怒るだけじゃなくってもっともっと自分から関わっていかないとなって, じゃないとこんなエピソードにもならないなって, やっぱり自分から伝えていくことが大事だなぁって思いました。
K：U先生, どうですか。

U：やっぱりK先生とAくんには信頼関係があると思うんですよ。私なんか無いから，ツバされて捨てぜりふを残されて行ってしまうんですよ。ありました，私もツバされたし，ほっぺたを叩かれたこともある。1回，片付けになって，ずっと回って声かけをしていたんですよ，Aくんがいたから「Aくん，お片付けだよ。また明日遊ぼうね」って言ったら，ぺってツバかけて，捨てぜりふを残して行ってしまった。（その時）私はどんな表情をしたのか分からないけど，あっけにとられたんだと思う。えっ，ツバされたのって，初めてだし。そのあと，叩かれたのは（園庭の）固定遊具の上から砂を投げていたので，「やめてね，下にお友達がいてかかるから目に入ったら目が痛いよ」っていうのにやめない。いつものように笑いながら繰り返してやるわけ，もう私もそこで怒って，上から降ろして。ちょうどかかったんですよ，砂が。でも帽子かぶってたから良かったんだけど，その時はちょっと話をしたんですよ。その時のことを副園長先生がずっと見てて，あそこで何してるんだろうって言われた時だったと思うんだけど，話をしてたんですよ。その時は時間的に余裕があったし。その時，私は本当にすごく怒ってたと思う。こんなK先生みたいな形相じゃなかった，もっとすごい顔をしてたと思う。だって他の子の命というのか，そういうのを傷つけることになる訳でしょ。例えば砂が目に入ったとかなんかしたとき。それはどうしても止めて欲しいから，帽子かぶってたから良かったけど目に入ったらどうなるのかな，そういうことを話ししたら，最後には「うん，分かった」みたいなことを口ではそう言ったけど。別に謝らせようとかっていうのはなかったんだけど，とにかくそういうことは，お友達が嫌がることはやめて，目に入ったりするようなことはやめて欲しいっていうのがあったからそういう話はしたんだけど。信頼関係がないと話を聞こうという態度もないでしょうね？

W：多分…。

U：私なんか今はほとんど外に出ないし，接触もあまりないから。W先生がさっき「私だったらこんなふうに言えなかったかも」って言ってたのは，やっぱり，あんまり担任としてしょっちゅう見てるから，いろんなことがわぁって頭

にあって「あーまたやった，またこうやってる」みたいなのが多分頭にパッと浮かぶから平静にはなれないんだろうなぁと思う。
W：そうですね。
U：だから，K先生なんかちょっと一歩引いたところで見てらっしゃるから，まぁちょっと冷静になって，こういう話がまたできるんじゃないかなと思う。担任とはやっぱり信頼関係はあるんだろうけど，あんまりにも身近すぎて，なんかちょっと逆にいろんなことが見えないじゃないのかなっていう気がする。
K：そうですね。
W：そうですね，私もいろいろお腹を蹴られたり，顔，頭を叩かれたり，ツバも吐かれたし，いろいろされたけど，やっぱり自分も顔を真っ赤にして「痛い」みたいな感じで。そんな言ってもハッってするけど，好きとは言わない。「痛いんだよ」「しないで」って言うだけで，黙ってみてる。ずーっと。「あーこの先生痛かったんだなぁ」って顔はする。同情の目じゃないけど「あっしまったな」って顔はするけど，うーん，ツバしても叩いても僕の事を好きでいてくれるかっていうのは，言われたことはないかな。うん，私もやっぱり確かにそうやって1日何回も…。
一同：そうだよね。
W：（興奮したように）結局，回数を数えたら本当に朝何回，昼何回ってもうずっと，お昼寝の時ぐらいかなぁ離れてるって言ったら。それぐらいなので，ずっと一緒に居るし，掃除をしてても何をしてても，やっぱりどこかで目で追ってて，確認は必ずビィーって見てるんですけど。
一同：笑い
W：まぁでもなんて言うんだろう，もう昨日もなんて言うか，我慢がならなくて（涙声で），今言ったことをまたして，またして，またしてってなって。やっぱり何か我慢できなくって，もうどうすればいいのって。昨日も聞いて「どうやったら，これをやめられるの？」って。同じ子を何回も引っ掻いてだったんですけど。
K：誰を引っ掻いたの？

W：Nくんですね。Aくんに聞いたら「怒ったから」って、「急に怒ったんだ」って言うので、Nくんに聞いたら「いや怒ってない」って、私も見てたんですよ。（給食の）カレーを注ぐ前だったので、みんなカレーを早く注いでもらいたくて、グループ毎に注ぐんですけど、注いでもらいたくて一生懸命自分のことに精一杯だから、Nくんは何も言ってないし、でもAくんは「怒ったんだ」って言って、何かを多分勘違いしたんだと思うです、よく勘違いが多くって変な勘違いで、そういうふうに悪く取って、それに対して怒って引っ掻くっていうのが最近多くて。この間の椅子を引いたっていうのも、Nくんが椅子を引いたんだって、活動中だったんですけど同じグループで2人とも。椅子を引かれたから怒って引っ掻いたんだって言って朝、ここ（頬）を引っ掻き、夕方カプラーで遊んでいる時に取り合いで口を引っ掻き、ちょうどお迎えに来られて、Nくんやっぱりあんな大きくても悲しかったみたいで、すぐお母さんのところへ行って、こことここをされて、朝はここをされたんだって、もう血が滲んで、ここも血がだらだら出てて。お母さんが「そうなんだね、Nもやったんでしょう」って言って、で、まぁAくんも立って呆然と部屋の中でしてたから、（Nくんが）Aくんの名前を出したので、連れて行って「謝ろうか」って言って、今こんなこんなでだったんですって、これも（朝のひっかき傷）お店屋さんごっこの準備をしてたら、Nくんが椅子を引いたって、でも本人はしてないって言って、多分身体か何かが当たったか何かで椅子を引かれたんだと勘違いしたのかなって、まぁ話の流れを聞いてるとそれしか考えられないので、見てなかったので済みませんって。それで引っ掻いてしまったみたいで、Aくんも何か言うことあるって言ったら「ごめんなさい」って言って。そしたらNくんのお母さんも「うん、いいんだよ、大丈夫だよ。Nも何かしたんでしょう。何かきつい事も言ったかな」って言って、Aくんはずっと黙ってて。「でもね、大事な身体だから、傷つけたら痛いよね、痛いからNは言えば分かるから、大きなお兄ちゃんだから言えば分かるから、言ってあげてね」って言って「Nも謝りなさい」って言って優しくAくんに教えて下さって、その時も「ごめんなさい、ごめんなさい」って言ってたけど、また次の日もまたNくんとケンカして、昨

日もケンカしてってずっと続いてたから，もう私もハァってなって，何か感情が抑えられないんですよね。「なんで？」っていう感じで。それで，先生に教えてってずっと聞いたら，黙ってて「あっ，すごいことをやってしまったのかな」っていうか，そんな顔はする。表情で伝わるのかな，言っても言ってもやっぱり変わらないんですよね。こっちが真剣に話をしてるのを何かあの子なりに受け止めて，ハッと「先生，すごいイヤだったんだな」って「見てるのが辛かったんだな」っていうのを何となく感じてもらえたかなって思って，昨日そんな話をしてたんですけど。でもやっぱり変わらないから，どうすればいいんだろうって。自分の中でもまだまだ分からない段階で，このエピソードを前に読んだ時も感じたし，また久しぶりにこれを読んだ時に「あぁ，こういう感情もあの子はあるんだな」って言うか，好きとか好きでいてもらいたいっていうか，そういう気持ちもあるんだなぁって，何かそういうところはあまり分からなかったりするみたいなので…で，このエピソードを読むとやっぱり好かれたいっていうか，自分のことを分かってもらいたいっていう気持ちとかはあるんだなって，安心するというか…。
K：そうだよね。私も安心した。
W：何て言うか，みんなと一緒なんだなっていうか…まぁ難しいですけどね。感情を抑えるのに必死ですね。
K：本当だねー…。
W：必死。
K：うん，うん。
W：もう…うーん，…すごい…（自分自身の感情が高ぶってきて押さえることができない様子）。
K：U先生がおっしゃったように，私もやっぱりずっと一緒に居ないから，うん，まぁ言えばこう，外から見てるから自分が気になる子には自分から，まぁ表現は悪いけど，気になる子だけ選んでじゃないけど，もうちょっと関わった方がいいなって思う子には自分で言って話しかけたりとかできるけど，担任の先生はそういう訳にはいかないから，やっぱりみんなも同時に見ないといけな

いし大変だなって思うけど，でも今思うのはどこでもいいから担任を持ちたいなっていうのはすごく思うから，やっぱり私から見れば担任の先生と子どもたちというのは，怒ったり怒られなかったりいろいろなんだろうけど，一緒にいる時間が長いっていうのはすごくいいんだろうなって，すごく思うから。また担任持ちたいなっていうのはすごく思うことで，このエピソードとは関係ないことなんだけど。だから，信頼関係もある程度は私ともあるのかもしれないけど，やっぱりどこかでW先生やM先生（コアラ組担任）はAちゃんと繋がっているじゃないのかなって，良いところも悪いところも全部見ているし，一緒に居る時間が長いっていうのは無駄なことじゃないっていうか，すごくそんな気がして……。私，ツバ吐きかけられた時にパッと頭をよぎったのが『機微を見つめる』（山田真理子著）っていう本で，その中でもツバを何度も吐きかける子どもが居て，そうせざるを得ない子どもの気持ちを考えると私にツバを吐きかけてくれて良かったって，そういう文章があったのをとっさに思い出したんです。そのこともあって自分で自分の感情を抑えられたと思うんだけど，それを読んでたのも良かったのかなぁって。私はいつもいつもツバを吐きかけに来られたら，とてもそんなふうには思えないけど，本の中には，ツバを吐きかけずにおられないその子の気持ちが自分にツバを吐きかけるという行為で現れて，それはそれでいいと思うっていうのもあって，すごいなってその時は思ったのもありました。

　　　　（中略）

W：やっぱりもう何か，Aくんは意地悪をするというイメージが強すぎるので，なかなかみんなのイメージを変えるのは難しいとは思うんですけど……。
K：そんな謂われのないことでイヤな思いしてることもいっぱいあるのかもしれないね，Aくんも。
W：あると思います。いっぱいあると思います。
K：だから，言われたことが歯がゆくて，ますます手を出してしまうっていうことも，あるんじゃないかなぁ…。
W：そんな感じです。やっぱり，どうしても。

第7章 エピソード記述を職員間で読み合う

一同，考え込む。
K：何か，Aくんがお母さんが好きとか言うことはないよね？
一同：「う〜ん」とうなずく…。
W：ないですね。本人は好かれようと努力はすごくしています。気を遣って…迎えに来てブーツを履いてたら，「お母さん，ブーツかわいい。似合ってるよ，似合ってるよ」って，お母さんを見ながら言って。（お母さんは）それに対しても何も言ってなかったですけど。すごく好かれたい，かわいがってもらいたいって，気を遣ってるのはすごく分かりますね。機嫌が悪いって察すると，ちょっと離れるっていうか，あんまり自分が思ってることを言わないで黙ってしまったりとか。
K：お迎えの時，お母さんだよって言った時，他の子みたいにパァー！って嬉しそうな顔じゃなく，パッって緊張した感じがしませんか。
W：喜びはしないですね。
K：パッって動きを止めて，うれしいって言うより「あっトイレに行かなきゃいけない…」みたいな感じで。でもまだKくんがお母さんを好きだっていう気持ちがあるから，まだいいのかなって。うーん，だけどどこかでお母さんイヤだ，嫌いだっていうことになる前に，お母さんと上手くできたら，お母さんも上手く受け入れられたらいいのになって，いつも思うんだけど。お母さんがなかなかねぇ…うーん…うん。
O：でも（お母さん）前よりは怒った顔はあまり見なくなったような気がします。
一同：うなずく。
W：そうですね。
K：昨日もたまたまお迎えの時に会ったら，お母さん，エプロンをお部屋で畳んでて，それで「もうほんとにきちんと入れろって言ってるのに，クシャクシャに入れてるんだから」って言いながら畳んでたら，ちょうどAくんがお部屋に帰ってきて，ハッって思ったので，私が「ねぇ，今日はケーキ作って美味しかったもんね，Aくん，ねぇ」って言ったら，お母さんも笑って「あーそう，

美味しいケーキができて良かったね」って言って，「どんなケーキ作ったんだっけ？Ａくん」って私が言ったら，Ｗ先生のグループで作ったっていろいろ話しをしてたら，お母さんも笑いが出て「良かったね」って。うーん，何かね，Ａくんがお母さん好き好きって言ってるあいだに，お母さんの方ももっとＡくんを受け止めてくれたらいいのになぁって，いつも思ってはいるんだけど…うーん，お母さんも急には変われないのかなぁ，うーん。

Ｗ：どうですかね…やっぱり，お父さんも関係してると私は思うので，やっぱりお父さんが軸になってるかな。やっぱりお父さんが機嫌が悪くてお母さんにあたると，お母さんがＡくんにっていう，その流れが多分あると思うんです。Ａくんに聞いたら，お家でもケンカをして，皿を投げたとか，コップを投げてもう家にはコップが１個しかないんだって言って。お母さんにお父さんはキックをしたり，パンチをしたりするんだって言って，それに対してお母さんは怒って，やり返すんだよって言って。昨日もコップを投げて，もう家にはコップが１個しかないんだよって言ってて。やっぱりそんな話をする日の朝は機嫌が悪かったり，「あぁ，だからか」っていうような流れがあるので，やっぱりお父さんが機嫌いいっていうか，普通だとお母さんもそのまま機嫌がいいのかなって，やっぱりお酒を飲まれたときちょっと機嫌が悪くなるみたいで，そうやってあたってしまって，お母さんもやり返すみたいで……「それをＡくんは見てるの？」って聞いたら「うん，見てる」って，「隅っこで見てるんだ」って言って，そんなふうに話をしたりするんですけど，私には。

Ｕ：辛いね…。

Ｋ：そうだよねぇ。

Ｗ：「見てるの」って私が言うと「コップも１個しかない」だって，「(同意するように) ねぇ，コップが１個しかなかったらたくさん飲めないね」って言ったら「うん…たくさん飲めないんだよ，家は」って言ってたけど，やっぱりそんな日は機嫌が悪かったり……。

Ｋ：荒れたりするもんね。Ａちゃんの辛い気持ちを考えると保育園で友達に意地悪をしたりするのも，仕方がないっていうか，それでいいってことじゃない

けど，そういうことがあるからそうなんだろうなっていうのは……。
W：大体，分かるようになりました。
K：分かるよね。うーん，頭で分かってても，でも目の前で何度も何度もするとイヤになったりするけどねぇ。
U：Aちゃんの気持ちは分かっても，また，やられるお友達もいつも決まった人だから，「あー，またか…」って。
W：そうなんですよ。
K：Nくんのお母さん，ありがたいね。気持ちを受け入れて下さって，そしてちゃんと返す……エピソード研修を受けた人みたいにね。
W：すごく優しく言って下さって。すごく有り難かったです。
U：毎日，毎日，やられてたら。
一同：そうだよねぇ。
W：もう顔を見たら，ここもされて，口は血まみれで。まぁ普通の親だったら「はぁ…」って思うだろうけど「Nも何かやったんでしょう」って言って…。
K：そんな大人がAくんの周りで増えていったらね，またね，必ず変わってくるって思うんだけどねぇ。
W：Nくんのお母さん，すごく丁寧に話をして下さったから，こっちも気持ちも，すぅーって（軽く）なったし，Aくんもすごく反省してたから。
K：活かしてくれればいんだけどね，その反省をね。
一同：苦笑
K：やっぱりそんなところが，やってないことをやったと言われたり，おしゃべりしたくて近づいていった保護者に相手にされなかったり，そんなところで，こう，嫌われてるっていうのをすごくAくん嫌がらない？「なんとかちゃんが嫌いって言った」って。
W：泣いて言ってきますね。泣く，それは泣く。
K：泣くもんね。だから，すごく嫌われてるっていうのはイヤなんだなぁって，何回か思ったことがあるから。やっぱりそのへんのアンテナはビンビンしてるね。イヤな思いもいっぱいするんだなぁって思って。

W：人の表情をよく見てる。
一同：うーんとうなずく。
U：（つぶやくように）見ざるを得ないんじゃないかな…。
一同：うーんとうなずく。
W：すごく把握してる，なんかこう全体を。それは思う。なんていうか，親の様子をこううかがって，機嫌が悪いって察したら，今日はあんまりしゃべらないでおこうとか，機嫌が良いときは走っていって「今日ね，なにがあってね」とか言ってるけど，お母さんが機嫌が悪い顔で来たらもう，サァーってバックを取りに行って，サァーって戻ってって，あんまりしゃべらないで，後ろから黙ってついて行く。大人の表情を見てハッてするのは，他の同年代の子よりもすごく感じてるかなぁって思う。そうせざるを得なかったんだろうなって，この５年生きてきて。いろんなことを見てると思う。私たちが見たことのないような状況を…。
K：そうだよね，だって親に段ボールの中に閉じ込められてガムテープを貼られるとか，ねぇ…うーん，それでもやっぱり一緒に暮らさないといけない訳だし，頼りになるのは自分のお父さんやお母さんだからっていうところで。うーん…私たちもほんと経験したことないような，親に叩かれるってねぇ，蹴られるとか，きつい思いもたくさんしてるんだろうなぁって…思います。

　　　　　（中略）

U：うーん，だから前と比べてどうなのか，例えば３歩進んで２歩下がるじゃないけど，少しずつ，良いときもあれば悪いときもあるから，こう斜めに一直線になっては行かないだろうけど，こうちょっとずつでも，こう上向きに行ってんのかな…って。
W：そうだと思います。決して下には下がってない。噛むってことはほとんどなくなったし。
K：私，気をつけてたけど，多分この後ほとんどツバを人に吐いたり，床に吐いたりは，しなくなったと思うんだけど。
一同：うん，うんとうなずく。

第7章　エピソード記述を職員間で読み合う

U：私もツバを吐かれたのも，多分このちょっと前の頃。
W：夏ですよね，多分。夏によくツバを吐く時があった。
K：だから，多分自分で気づいてこれは本当にいけないって思ったら，どこかで少しずつやめていくのかなぁって，急にはもちろんやめられないだろうけど，それはやっぱり…うーん，時間はかかるけどねぇ。
K：今のやり方で，時間がかかるけど，良い面も悪い面も含めてAくんだもんね。可哀想だなって思うところもあるしね。だからって意地悪していいってことにはならないからね，やっぱりね。やめてもらわないとね。

　いじめて気持ちがいいっていうことがあるのかな。何だろうね。満足感…満足感…それで安心はしないと思うんだけどね。安心感はないと思うんだけど，満足感があるのかな…人の上に立ちたいってそんな気持ちなのかな……。
W：「何でこんなことをしたの」って言うと「意地悪したかったから」ってストレートに言うんです。
K：ただ，意地悪したかったからって？
W：私もAくんの心を知りたいと思って聞くんですよ。「先生には分からないの，何でいきなりこんな事をしようって思うのか，分からない」って。何でこんな事になるの，どうしてこんなことをするのって聞くと，「意地悪したかったから」って。
U：自分がされたことをやってみたい……違うかな？
K：もやもやした気持ちだったり，不安だったり，イライラだったり，そのはけ口になるのかな。
K：（はけ口にされる）子もやっぱり安心して過ごしてもらうのが，保育園だからねぇ。Aちゃん，しょうがないから我慢してとは絶対言えないしね，Aちゃんは大変な子だから我慢して，とは言えないしね。
一同：考え込む。
W：でも，まあ，貴重な経験してると思います，私は。
一同：苦笑
K：本当一生忘れられないような子っていますよね。本当に。

W：おりこうさんなら，何か書きなさいって言われても，書くことないけど，多分Aくんだったら，いろんなことが書ける。
U：本が1冊書ける。
W：本が1冊書ける。それぐらい，1日中あの子と一緒に過ごしてる。ラッキーだと思って（一同笑う）。
W：担任で，ラッキーと思います。
K：どんな子が来ても大丈夫って。
W：見たことないことも見てるし。
K：言われたことないようなことも言われて。
W：言われたことないようなことも言われてるし，されたことないようなこともされてるし。お腹なんて蹴られたことないですよ，人に。誰にもされたことない。
K：ツバも吐きかけられたこともない。
K：じゃあW先生，他の先生の心のケアもお任せ下さいですね。
K：それでは，皆さん長時間ありがとうございました。

3．このエピソード記述と会議録を読んで

　読者の皆さんは，このエピソード記述とその後の討論をどのように読んだでしょうか。私がこのエピソード記述に出会ったのは研修の場においてでした。ですから，後の討論の内容はまだ知りません。あくまでもこのエピソード記述だけを読んで，コメントをすることになったのです。そこでまず，その研修会の折の私のコメントを紹介しましょう。

(1) 研修会での私のエピソード記述の読みとコメント
　一読して，私はこのエピソードのもつ緊迫感に圧倒されました。「ツバしても，好き？」と聞くAくんのいじらしい気持ちと，怒りを抑えてそれに「ツバしても好きだよ」と答える保育者の懐の深さに，何かしら胸に迫りくるものを

感じたのです。

　まずこのエピソードを簡単になぞってみましょう。AくんとBちゃんのトラブルの場面で，K先生はまずはしゃがんでAくんの言い分を聞こうとします。ところがAくんは，興奮のあまり思わずK先生につばを吐きかけてしまいました。私が実際に出会ったK先生は性格的に穏やかな人ですが，さすがに腹立たしい気持ちになったようで，怖い顔をして思わずAくんを諫めようとしました。そのとき，Aくんと目が合います。その瞬間，Aくんはハッとして，「しまった」という表情になりました。

　Aくんの「しまった」という表情とその思いはどこからくるのでしょうか。〈背景〉を読むと，K先生は今は主任だけれども，Aくんが0歳，1歳のときはAくんの担任だったこと，それ以後，ずっとAくんのことを気にかけてきたことが分かります。その〈背景〉を下敷きにすると，これまでの先生との関わりの歴史の中で，Aくんの中にK先生とのあいだで「育てられてきた何か」があったことを考えないわけにはいきません。その何かとは，いうまでもなく先生への信頼感であり，「先生のこと，すき」というAくんの思いです。

　信頼できる先生，大好きな先生に，思わずつばをかけてしまった，「しまった」という思いだったのでしょう。それに対して先生が見せたあからさまな嫌な顔は，いまAくんにとって最も大切なもの（大好きな先生）を壊してしまったのではないかという不安を生みます。

　このとき，たいていの人は，「しまった」という表情の意味を受け止める前に，「どうしてツバをかけるの！」と強い調子の言葉をかけてしまうのではないでしょうか。けれども，ここでK先生は腹立ちを抑えて「嫌な気持ちだよ，お話ししたいんだよ」と話しかけます。こうして，まずはうなだれ，それから上目遣いに先生をみて，小さな声で「つばしても，すき？」という言葉が紡がれてきたのです。

　このとき，K先生はその言葉に戸惑いながらも，気持ちを鎮めてもう1度「Aくんのこと好きだよ」と言います。このK先生の対応は，Aくんの中の大切な「優しい先生」のイメージが壊れずに生き残るために，決定的に重要だっ

たと私は思います。

　ここは大事なポイントなので，少し話がややこしくなりますが，臨床理論に従うと，大事な大人に信頼感を抱くとき（よい大人イメージを抱くとき），子どもはその裏返しとして，自分に「よい子」のイメージをもてるといいます。つまり，その大人が自分を大事にしてくれるのは，自分が可愛いからだというように，よい大人のイメージとよい子のイメージは繋がっているというのです。同じ理屈で，大人に不信感を抱くとき（悪い大人イメージを抱くとき），子どもはその裏返しとして，自分に「悪い子」のイメージをもつことになるといいます。

　この理論に従えば，信頼する先生が怒り狂うことは，優しい信頼する先生が壊れると同時に，優しい信頼する先生と結びついたよい子の自分が壊れることを意味します。逆に，先生が怒り狂うことなく優しくあり続けることは，優しい先生が生き残ると同時に，よい子の自分が生き残ることでもあります。

　このように考えると，怖い顔をした先生をみて，大事な先生を壊したのではと不安になったところで，「ツバしても好きだよ」と大事な先生が生き残っていることが分かり，その安心感の中で，Aくんの中の「よい子のイメージ＝良い子の部分」が立ち上がって，Bちゃんに取り上げたものを返すという行為が生まれてきたということが分かります。その意味で，先生が怒り狂うことなく，ぐっと耐えて，懐深く構えることができたことは，いまのAくんにとっては極めて大きな意味をもったといわねばなりません。

　Aくんは確かに乱暴が目立つ子どもなのでしょう。しかし，少なくとも幼児期の子どもは，その心の中に必ず正負両面をもっています。そして大人の心の中にも正負両面あります。この「つばを吐く」から「つばしても，すき？」「すきだよ」までの出来事は，まさにAくんの両面の心とK先生の両面の心がぶつかり合う瞬間です。これがどういう成り行きになるのかの鍵は，やはり大人が握っています。ほとんどの人が怒りの言葉をぶつけるところで，優しい心が生き残って子どもを包むことが，子どもの負の心が立ち直るために欠かせないのです。そのことを思うと，ここでのK先生の対応は凄いというしかありま

せん。

　研修会の場での私のコメントは，おおよそこのような内容だったと思います。

(2) 討論を読んで

　(1)のエピソード記述から，Aくんの育てられている家庭環境は，残念ながら愛情豊かな安心できる環境ではなさそうだということは分かりました。2歳ごろから目立ってきたというAくんの乱暴な言動は，その育てられる環境と無関係ではないことが予想できます。そして，Aくんの「乱暴な言動」は持って生まれたものではなく，育てられて育った結果なのだということも想像がつきます。

　どうやらそれは母親の感情の起伏が激しく，体罰があったり，きつい口調で叱られたりすることがあるからだということも〈背景〉から分かります。そしてK先生が書いているように，Aくんの乱暴な言動や，送迎の場面でも大声を出したり子どもに手を上げたりする母親の対応を他の子どもや保護者が見ていて，「乱暴な親子」というイメージを持つようになり，それがAくんに伝わってさらに乱暴な言動になり，というように，まさに悪循環が巡っていることも分かります。

　そういう〈背景〉があるからこそ，今のAくんにとって，いつも気にかけてくれる主任のK先生がもっとも大切な心の拠り所であり，その先生に嫌われるのではという不安が，「ツバしても，好き？」という言葉を紡がせたのではないかと(1)で考えたのでした。

　しかしどうでしょう。この「討論」を読むと，Aくんの「乱暴な言動」も母親の対応の問題も，予想をはるかに上回る厳しい内容であることに啞然とさせられます。K先生の描いた〈背景〉は，この「討論」の中身をいわば「圧縮」したものになっているのですが，この〈背景〉から圧縮される前のこの「討論」の内容を見通すことは至難だといわねばなりません。言い換えれば，エピソード記述に描かれた〈背景〉は「あるがままの事態」の氷山の一角に過ぎず，本当の〈背景〉は氷山の固まり全体なのだということを思わずにはいられませ

ん。

　まず担任のW先生は，K先生に対するAくんの「ツバしても，好き？」の言葉がある意味で意外に響いたといっています。W先生は他の子どもから「○○のこと好き？」と軽く聞かれることはあるけれども，Aくんからそんな言葉を聞いたことがなかったといい，ひたすらAくんに翻弄されている毎日だという話が続きます。そしてそこから，自分だったらツバされたときにK先生のような対応はできなかっただろうといいます。

　そこから「はっとした」表情をどう受け止めるか，その一瞬の対応の議論が続きますが，ここは(1)で私が議論したことを詳しく再現しているようにも読めました。

　その中で印象深いのは，これは研修会場でグループ討議の際にK先生自身が語ってくれていたことでもあるのですが，236頁から237頁にかけてのところの，「私が一番よかったなって思ったのは，顔と同じ高さで話していてよかったなぁって思って。私が立って言ってたら，このしまったという顔も見えなかっただろうし，吐いたツバが私のズボンなり床なりに落ちていれば，多分もうそれで，『そんなことしないでね』『いやだよ』っていうところで終わったと思うから」という箇所です。何気ないところですが，「子どもと目の高さで」という保育の基本が守られていたから（子どもを主体として尊重する姿勢が貫かれていたから）こそ，その対応が自然にできたのでしょうし，そこがやはり凄いなあと思わずにはいられません。

　そしてもう1つ，M先生の発言のなかの「（自分は日頃Aくんと『先生好き』というような関係を結んできていないから）もし私がイヤな顔をして，Aくんがそれにはっと気づき，そこで私がK先生みたいな対応をしても，「つばしても僕のこと好き？」って言ってもらえなかった気がする……（Aくんのいけないことを怒るだけじゃなくて）やっぱり自分から（Aくんのこと好きだよ）と伝えていくことが大事かなあ」という部分です。

　そこからAくんとK先生の信頼関係の話になり，担任のW先生も，Aくんにお腹を蹴られて「痛い」というと，Aくんはハッとするけれども好きとは言わ

ないで黙って見ているだけといい，言外にＫ先生のような信頼関係がＡくんとのあいだでまだ築けていないことを示唆しています。

　こうした一連の議論から，(1)で議論したように，ＡくんとＫ先生のあいだに信頼関係があって，それが揺らぐ不安が，あの言葉を紡がせたという話の流れが改めて再確認できるように思います。

　そして母親の話に移り，家庭での父親の様子，そこにある暴力の話など，読むのが辛くなる内容が続き，そこに虐待に近い状況もあることが分かってきて，(1)での議論が吹き飛びそうな重たい現実に直面させられます。

　さらにＡくんの乱暴な振る舞いに傷つくＮくんとそのＮくんの母親の鷹揚な対応がありがたいという話，そしてＡくんの母親が少しずつ変わってきている話などが続いて，最後はＷ先生の「Ａくんのような子に出会えてよかった」という話で結ばれますが，現場の抱えているこのような重い現実を前にすると，私のような立場の者は何もものを言えない感じになってしまいます。それだけに，逆にこのような討議の内容をこのように記録し，これを多くの人に読んでもらうことの意義があるのだともいえます。

　ともあれ，読後に残る重い気持ちがある一方で，Ｋ先生や他の職員のＡくんを守っていこうとする姿勢に，感動にも似た尊敬の念と，一縷の希望を抱かずにはいられません。

あとがき

　『エピソード記述で保育を描く』──保育のエピソード記述の第2弾となる本書をお届けします。
　いまからちょうど2年まえ、私は本書の姉妹編にあたる『保育のためのエピソード記述入門』を同じミネルヴァ書房から出版しました。この本は保育現場の皆さんに、保育の営みをエピソードに描くことを薦めて研修を重ねてきた私が、その経験を下に、研修に参加した人の描くエピソードを紹介し、合わせてエピソードとは何か、エピソードをどのように書くのか、エピソード記録とエピソード記述がどう違うかなど、エピソード記述の基本を平易に示したものでした。この本は、自分でいうのも変ですが、現場の皆さんに歓迎され、これをテキストに、全国各地でエピソード記述の研修会が開かれるようになりました。
　折しも、保育所保育指針の改定があり、それに私が間接的に関係したこともあって、指針の改定を巡る議論と、エピソード記述の研修と、子どもの心を育てるための保育の見直しの動きとが、偶然にも重なり合うことになりました。そのことによって、エピソード記述への関心がさらに深まったように思います。
　さらに、指針の改定に関わって、全国私立保育園連盟の皆さんとのお付き合いが深まり、その機関紙である「保育通信」にエピソード記述について都合14回に亘って連載させていただいたこともあって、エピソード記述研修の機会はいや増しに増し、そこで得られたエピソード記述の件数も800編を超えるようになりました。そして、その研修に度々参加されるメンバーからは、保育の目に見えない機微を描き出した印象深いエピソードが提出されるようになり、2年前に『入門』を出版した当時のエピソード記述の水準をはるかに超えるようになりました。当然ながら、研修に参加される人たちの中からは、エピソード記述の本の第2弾をと督促されることになり、私自身も、手元に集まった膨大なエピソード記述録を整理すれば、保育の営みの全体像を描き出せるのではな

いかと思い始めました。

　こうして，本書の序章に示したような章の構成で，多数のエピソードを整理し，まとめてみることになったのです。いま振り返れば，エピソードの取捨選択に随分とエネルギーを割かれることになりました。というのも，一つ一つを取り上げれば，それを書いた保育者の熱い思いが伝わり，これもはずせない，これも……と最終的に残すエピソードを決めがたかったからです。本に取り上げれば，またエピソード記述に取り組む意欲も強まるに違いないと思えば思うほど，どれを選び，どれをはずすかは難しい選択でした。

　ともあれ，本書にはおおよそ50個のエピソードが収録されることになりましたが，手元にあるエピソード記述録の10分の1にもなりません。本当は取り上げたかったけれども取り上げられなかったものも多数ありました。取り上げられなかった保育者の皆さんにはご寛容のほどをお願いするしかありません。

　今回，収録したエピソードは，そのほとんどが研修会の場で発表され，研修会参加者で討論されたものです。本書の第3章はその研修会の風景を再現するべく，妻和子が研修会をリードしたときのものを取り上げましたが，他のエピソード記述もほとんど同じようにして発表され，討論され，それに私や妻がその場でコメントしたものです。そのときと違っているとすれば，本書のコメントは私と妻で議論して作ったので，研修会のものよりも少し分厚くなっていることです。

　とはいえ，本当はもっと丁寧なコメントをつけるはずでしたし，それが十分にできるほど内容の濃いエピソードでした。それがそうならなかったのは，紙数を睨みながらできるだけ多数のエピソードを入れようと思ったからです。これはジレンマだったといわねばなりません。

　最初にエピソード記述の研修会を始めたところでは3年の年月が経過し，12回以上の研修を重ねるまでになりました。最初は戸惑いながらの参加だった人も，一旦，書くことの意義がわかり，保育の振り返りに役立つ，自分の保育者アイデンティティを確認できるなど，さまざまなメリットを語ってくれるようになりました。そして，子どもの思いを受け止めることが大事ということに改

めて気づいたと保育者が語ってくれるときほど，研修をリードする者として嬉しいことはありません。エピソード記述を学び，エピソードを実際に書き，書いたものを皆で読み合って，自分たちの保育を振り返り，そして子どもたちの心を育てるのが自分たちの仕事なのだと熱っぽく語ってくれる保育者に出会うことができる限り，エピソード記述研修に付き合うのも悪くはないと思っているところです。

　保育を巡る社会環境はまことに厳しいものがあります。行政の施策はこれで本当に次世代を育てる覚悟があるのかと疑いたくなるほどですが，政治向きの話は私には分かりません。ただ，社会がどのように変わろうと，政治がどのように変わろうと，子どもを育てるという昔から続いてきた人間の基本的な営みは少しも変わらないと私は信じています。子どもたちの未来の幸せのために，本書が少しでも役に立つことを願うばかりです。

＊＊＊

　本書は，編著を別にして，私が定年を迎えてから妻とまとめた最初の本になります。名古屋と京都・大阪の二重生活にも少し慣れました。引退して登山や旅行三昧の生活も魅力ですが，保育をなんとか変えたいという情熱も捨てがたくあります。学者としてはともかく，保育の世界から求められる限りは，まさに老骨に鞭打って，自分の考えを整理し，世に問わなければと思っています。

　本書もまた，第3章の執筆を分担してもらったことはもちろん，選び抜いたエピソード記述に私が付したすべてのコメントに対して再度厳しいコメントを付け直してもらった点で，本書は文字通り妻との共著になりました。私がややもすればエピソードの書き方にウエイトを置いたコメントを付しがちなのに対して，妻は保育の中身，とりわけ保育者の保育をする姿勢や構えに即してコメントを付しました。そのことによって，より保育実践に役立つコメントになったのではと密かに自負しています。

　本書は，大勢の保育者（保育士，幼稚園教諭）が自身の経験を記したエピソード記述を資料として提供していただいたお蔭の上に成り立っています。

　800編を超えるエピソード記述のなかから取り上げたのはわずか50編にすぎ

ませんが，ここにエピソード記述を資料として提供してくださった方々は勿論，ここに取り上げられなかった方々も，各自のエピソード記述を研修の場に提供してくださったばかりでなく，ここに取り上げたエピソードをその場で一緒に読み合わせ，討論に参加してくださったという意味では，資料として提供してくださった方々と同じように，本書の成立に大きく寄与したと言わねばなりません。その意味で，エピソード記述の研修会に参加したすべての方に，改めてお礼申し上げます。そして本書にエピソード記述を資料として提供していただいた方々には，巻末にお名前のみを記させていただき，それをもって，感謝の気持ちに代えさせていただきます。また，そのエピソードに記載されることになった，多数の子どもたちやその保護者の方々にも，紙上を借りて感謝の気持ちを表したいと思います。

　ミネルヴァ書房は昨年，60周年を迎え，それを記念する出版物に恥ずかしながら私も名前を連ねました。思えば1970年に京都大学の大学院を離れて以来，編集者の寺内一郎さんとはかれこれ40年のお付き合いになります。本書もまた年度末の忙しい折に，無理を押して編集を急いでもらい，何とか予定の期日に出版にこぎつけました。本書の出版の労をお取りいただいた寺内さんに改めて感謝の意を表します。

2009年3月

鯨岡　峻

協力者一覧

足利秀子	石井麻友子	板敷綾子	上田武子	有働仁美	畝本真紀	
大野智美	加納裕代	加茂晶子	樺山みちる	小嶋智江	後藤美智代	
貞本真由	椙谷玲子	住吉久美子	諏訪美奈子	高杉美妃	高橋友香	
武井晴美	田畑芳子	田村博子	玉作千加子	田中功二	手島陽子	
寺園けい子	徳浪芳江	中澤須美子	中嶌優里	中野文子	難波和子	
萩坂美祐	林かおり	藤田陽子	古川美香	本郷麻理絵	丸尾浩美	
丸田久恵	南竹彩乃	宮本しおり	村田ユキ	室井正江	森　純子	
山野暁子	吉永真由美	米田真紀	和田清里	和田優子	渡辺悦美	

《著者紹介》

鯨岡　峻（くじらおか　たかし／1943年生まれ）
　　　　　京都大学名誉教授
　　　　　京都大学博士（文学）
　　　　　『原初的コミュニケーションの諸相』（ミネルヴァ書房）
　　　　　『両義性の発達心理学』（ミネルヴァ書房）
　　　　　『関係発達論の構築』（ミネルヴァ書房）
　　　　　『関係発達論の展開』（ミネルヴァ書房）
　　　　　『保育を支える発達心理学』（共著・ミネルヴァ書房）
　　　　　『〈育てられる者〉から〈育てる者〉へ』（NHKブックス）
　　　　　『よくわかる保育心理学』（共著・ミネルヴァ書房）
　　　　　『エピソード記述入門』（東京大学出版会）
　　　　　『ひとがひとをわかるということ』（ミネルヴァ書房）
　　　　　『保育のためのエピソード記述入門』（共著・ミネルヴァ書房）
　　　　　『子どもは育てられて育つ』（慶應義塾大学出版会）
　　　　　『エピソード記述を読む』（東京大学出版会）
　　　　　『保育の場で子どもの心をどのように育むのか』（ミネルヴァ書房）

鯨岡和子（くじらおか　かずこ／1945年生まれ）
　　　　　元大阪成蹊短期大学非常勤講師
　　　　　『保育を支える発達心理学』（共著・ミネルヴァ書房）
　　　　　『母と子のあいだ』（共訳・ミネルヴァ書房）
　　　　　『親はどのようにして赤ちゃんをひとりの人間にするか』（共訳・ミネルヴァ書房）
　　　　　『保育講座　保育内容「人間関係」』（共著・ミネルヴァ書房）
　　　　　『よくわかる保育心理学』（共著・ミネルヴァ書房）
　　　　　『保育のためのエピソード記述入門』（共著・ミネルヴァ書房）

　　　　　　　　　　　エピソード記述で保育を描く

　　　2009年 5 月25日　初版第 1 刷発行　　　　　　　〈検印省略〉
　　　2025年 6 月10日　初版第 8 刷発行
　　　　　　　　　　　　　　　　　　　　　　　定価はカバーに
　　　　　　　　　　　　　　　　　　　　　　　表示しています

　　　　　　　　著　　者　　鯨　岡　　　峻
　　　　　　　　　　　　　　鯨　岡　和　子
　　　　　　　　発 行 者　　杉　田　啓　三
　　　　　　　　印 刷 者　　田　中　雅　博

　　　　　　　　発行所　株式会社　ミネルヴァ書房
　　　　　　　　　　607-8494 京都市山科区日ノ岡堤谷町 1
　　　　　　　　　　　　電話代表　(075)581-5191番
　　　　　　　　　　　　振替口座　01020-0-8076番

　　　　©鯨岡　峻・鯨岡和子, 2009　創栄図書印刷・吉田三誠堂製本

　　　　　　　　ISBN978-4-623-05495-4
　　　　　　　　　　Printed in Japan

◇鯨岡峻の著書◇

原初的コミュニケーションの諸相

鯨岡　峻 著

A5判　320頁　本体3500円

ひとがひとをわかるということ

鯨岡　峻 著

A5判　312頁　本体3000円

保育のためのエピソード記述入門

鯨岡　峻・鯨岡和子 著

A5判　256頁　本体2200円

子どもの心の育ちをエピソードで描く
――自己肯定感を育てる保育のために

鯨岡　峻 著

A5判　296頁　本体2200円

保育の場で子どもの心をどのように育むのか
――「接面」での心の動きをエピソードに綴る

鯨岡　峻 著

A5判　312頁　本体2200円

関係の中で人は生きる
――「接面」の人間学に向けて

鯨岡　峻 著

A5判　384頁　本体2800円

子どもの心を育てる新保育論のために
――「保育する」営みをエピソードに綴る

鯨岡　峻 著

A5判　298頁　本体2200円

―― ミネルヴァ書房 ――

https://www.minervashobo.co.jp/